Handbuch Erben und Vererben

Handbuch
Erben und Vererben

interna

Ihr persönlicher Experte

interna

Sie haben einen Ratgeber aus unserem Verlagsprogramm erworben. Damit haben Sie sich ständige Aktualität gesichert: Denn wir produzieren unsere Bücher für Sie digital, damit Sie nicht erst auf die nächste Auflage warten müssen, bis Sie von neuen Gesetzen oder Regelungen erfahren. Änderungen und Aktualisierungen arbeiten wir ohne Zeitverzögerung direkt in unsere Ratgeber ein. Unser monatlicher Newsletter informiert Sie über Ratgeber-Aktualisierungen und Neuigkeiten zu Ihrem Interessengebiet – und zwar kostenlos. Denn wir möchten, dass unsere Kunden auch nach dem Kauf stets auf dem Laufenden bleiben. Abbonieren Sie einfach unseren kostenlosen Newsletter auf www.verlag-interna.de (Rubrik "Über uns").

VIB – Titelmeldung
interna
Handbuch Erben und Vererben
ISBN 978-3-937887-68-5

Umschlaggestaltung: workstation GmbH, Bonn
Satz: Christoph Pohl, Bonn
Druck: Bonner Druck & Medien GmbH, Bonn

Verlag interna GmbH
Auguststr. 1, 53229 Bonn
Tel.: 02 28 / 85 44 98 - 0, Fax: 02 28 / 85 44 98 - 20
www.verlag-interna.de
info@verlag-interna.de

Printed in Germany

Inhalt

1. Wie Sie ein Berliner Testament aufsetzen

Bevor Sie ein Testament errichten, sollten Sie sich umfassend mit diesem Thema auseinander gesetzt haben. Sonst besteht die Gefahr, dass das Testament für nichtig erklärt wird und über Ihr Eigentum nicht so verfügt wird, wie Sie sich das vorgestellt haben. Es gibt unterschiedliche Möglichkeiten, Ihren letzten Willen zu dokumentieren. Das Berliner Testament, in dem beide Ehegatten sich gegenseitig als Alleinerben einsetzen und gleichzeitig den oder die Nacherben bestimmen, ist eine davon. An dieser Stelle sollen zunächst die erbrechtlichen Grundsätze kurz erläutert werden.

Das Erbrecht hat die Funktion, das Privateigentum als Grundlage der eigenverantwortlichen Lebensgestaltung mit dem Tod des Eigentümers nicht untergehen zu lassen. Der Fortbestand soll im Wege der Rechtsnachfolge gesichert werden. Das bedeutet: auch nach dem Tod soll mit dem Eigentum des Erblassers so umgegangen werden, wie er das möchte. Gesetzlich geregelt ist das Erbrecht in den §§ 1922 bis 2385 des Bürgerlichen Gesetzbuches (BGB). Diese Regeln der Erbfolge gibt der Klarheit, der Leichtigkeit des Rechtsverkehrs und der Überschaubarkeit Vorrang vor der Einzelfallgerechtigkeit. Mit anderen Worten: obwohl Sie über Ihr Vermögen verfügen können, wie Sie es wünschen, müssen bestimmte Regeln eingehalten werden. Zu differenzieren ist zwischen den fünf grundsätzlichen Prinzipien, die zum Teil von der Verfassung garantiert werden:

a) **Privaterbfolge:** Das Vermögen des Verstorbenen wird an Privatpersonen abgegeben. Nur wenn kein privater Erbe vorhanden ist, erbt der Staat (§ 1936 BGB). Er beteiligt sich allerdings über die Erbschaftsteuer wertmäßig am Nachlass und beschränkt dadurch das private Erbrecht.

b) **Familienerbrecht:** Verfügt der Erblasser nichts anderes, geht das Erbe per Gesetz auf seine Familie über, nämlich auf seinen Ehegatten bzw. seinen eingetragenen Lebenspartner und auf seine nächsten Verwandten (Eltern, Kinder, Geschwister etc.). Der Ehegatte bzw. eingetragene Lebenspartner erbt neben den Verwandten nach dem Prinzip der ehelichen Gemeinschaft. Dabei wird vom Teilungsprinzip ausgegangen. Zweck dieses Prinzips ist es, dass weder den Abkömmlingen (zum Erhalt des Vermögens in der Familie) noch dem Ehegatten/eingetragenen Lebenspartner (zu dessen Versorgung) absoluter Vorrang eingeräumt wird.

c) **Gesamtrechtsnachfolge:** Das Vermögen des Erblassers geht als Ganzes auf die Erben über (§ 1922 BGB). Das bedeutet, dass die Erben den gesamten Nachlass inklusive eventueller Schulden annehmen oder das Erbe als solches ausschlagen müssen. Ausnahmen sind jedoch möglich.

d) **Testierfreiheit:** Der Erblasser kann selbst durch Verfügung von Todes wegen bestimmen, wer was erbt. Diese Freiheit ist vertraglich unbeschränkbar (§ 2302 BGB) und wird nur durch das Pflichtteilsrecht sowie durch das Verbot sittenwidriger Verfügungen begrenzt. Ersterer Begriff wird im vierten Kapitel näher erläutert.

e) **Vonselbsterwerb:** Mit dem Tod des Erblassers fällt sein Nachlass dem Erben per Gesetz zu. Eine Mitwirkung seitens des Erben ist nicht erforderlich. Er kann sogar ohne Kenntnis und gegen seinen Willen erben. Aus diesem Grunde haben die Erben auch das Recht, das Erbe auszuschlagen (§ 1942 Absatz 1 BGB).

In Artikel 14 Absatz 1 Satz 1 des Grundgesetzes (GG) ist das Erbrecht als Grundrecht verankert. Garantiert wird dort das Recht des Erblassers, sein Vermögen zu vererben. Artikel 14 GG schützt aber auch das Recht des Erbanwärters vor staatlichen Maßnahmen, die seine Aussicht auf das Vermögen des Erblasser vereiteln würden.

Im Folgenden soll nun das Berliner Testament dargestellt werden.

1.1 Begriffserläuterung

Das Berliner Testament ist eine Sonderform des gemeinschaftlichen Testaments. Es ist geregelt in den §§ 2265, 2269 BGB. Andere Paragrafen des Erbrechts finden jedoch ebenfalls Anwendung. Ein gemeinschaftliches Testament steht nur Ehegatten oder (gleichgeschlechtlichen) eingetragenen Lebenspartnern nach § 10 Absatz 4 des Gesetzes über die eingetragene Lebenspartnerschaft (LPartG) offen. Das Wesen des gemeinschaftlichen Testaments besteht in der Gemeinschaftlichkeit seiner Errichtung aufgrund eines gemeinsamen Entschlusses beider Ehepartner/Lebenspartner.

Beim Berliner Testament setzen die Ehegatten/Lebenspartner sich gegenseitig als Alleinerben ein und bestimmen gleichzeitig, dass nach dem Tod des Längstlebenden der beiderseitige Nachlass an einen Dritten (meist die Kinder) fallen soll. Durch solche gemeinsame Verfügungen soll sichergestellt werden, dass nach dem Tod des ersten von ihnen das gemeinsame Vermögen zunächst dem Überlebenden verbleibt und dessen Versorgung sichergestellt ist. Nach dessen Ableben geht dann das restliche Vermögen auf den gemeinsam bestimmten Dritten über. Bitte beachten Sie: auch wenn bis jetzt und nachfolgend von nur „einem Dritten" die Rede ist, können selbstverständlich mehrere Dritte als Erben eingesetzt werden. Haben die Ehegatten/Lebenspartner beispielsweise drei Kinder, können alle drei als „Dritte" im Testament bedacht werden.

Steuerlich ist das Berliner Testament ungünstig, wenn vorgesehen ist, dass gemeinsame Kinder später einmal das Erbe erhalten sollen. Zunächst erbt nämlich der überlebende Ehegatte/Lebenspartner und später die Kinder. Folglich fällt der Vorgang zweimal unter die Erbschaftsteuer. Günstiger hingegen wäre es, in Höhe der Freibeträge bereits die Kinder zu bedenken. In manchen Fällen kann dem überlebenden Ehegatten/Lebenspartner ein Nießbrauchrecht am übertragenen Vermögen eingeräumt werden. Darauf wird später noch genauer eingegangen.

1.2 Gestaltungsmöglichkeiten des Berliner Testaments

Um das oben genannte Ziel zu erreichen, stehen grundsätzlich drei verschiedene Gestaltungsmöglichkeiten zur Verfügung:

a) **Trennungslösung:** Bei dieser Möglichkeit setzt jeder Ehegatte/Lebenspartner den anderen als Vorerben und den Dritten als Nacherben und diesen zugleich für den Fall des eigenen Überlebens als Ersatzerben ein. Diese Konstellation wurde ursprünglich als Berliner Testament bezeichnet, da diese Gestaltung im gemeinen und preußischen Recht als vorherrschend galt. Heute wird der Begriff des Berliner Testaments als Oberbegriff für alle Testamente nach § 2269 BGB verwendet, also auch für die unter b) dargestellte Möglichkeit. Rechtsfolge des Umstands, dass beim ersten Erbfall der Überlebende nur Vorerbe wird, ist das Entstehen zweier getrennter Vermögensmassen in seiner Hand. Dies ist zum einen sein eigenes Vermögen und zum anderen der Nachlass des Erstverstorbenen. Mit seinem Tod erhält der Dritte beide Vermögen getrennt aus verschiedenen Berufungsgründen, nämlich den Nachlass des Erstverstorbenen als dessen Nacherbe und den des Letztverstorbenen als dessen Vollerbe. Denn er ersetzt den an erster Stelle eingesetzten, aber vorverstorbenen Ehegatten/Lebenspartner. Fehlt die ausdrückliche Bestimmung, dass der Nacherbe zugleich Ersatzerbe sein soll und schafft auch eine Auslegung des Testaments keine Klarheit, ist § 2102 BGB anzuwenden. Dort heißt es in Absatz 1: „Die Einsetzung als Nacherbe enthält im Zweifel auch die Einsetzung als Ersatzerbe“. Für den Fall, dass der eingesetzte Nacherbe den Nacherbfall nicht erlebt, können die Ehegatten/Lebenspartner auch einen Schlusserben einsetzen. Der Schlusserbe ist dann nur Erbe des längstlebenden Ehegatten/Lebenspartners, muss also dessen Tod erleben und hat vorher keine vererblichen Rechte. Stirbt er also vor dem Erblasser, geht sein Erbanspruch nicht auf seine eigenen Erben über. Er kann jedoch bereits nach dem ersten Erbfall, wenn er gegenüber dem erstversterbenden Ehegatten/Lebenspartner pflichtteilsberechtigt ist, den Pflichtteil verlangen. Auf den Begriff des Pflichtteils wird im folgenden Kapitel vertieft eingegangen.

Der Vorerbe ist in seiner Verfügung über den Nachlass durch die Einsetzung eines Nacherben beschränkt. Hat der Erblasser einen Nacherben eingesetzt, ohne den Zeitpunkt oder das Ereignis zu bestimmen, mit dem die Nacherbfolge eintreten soll, fällt die Erbschaft dem Nacherben mit dem Tod des Vorerben zu. Oftmals wird auch auf den Zeitpunkt einer Wiederheirat abgestellt. Da der Vorerbe mit dem Erbfall in die Rechtsstellung des Erblassers eintritt, kann er grundsätzlich über die zur Erbschaft gehörenden Gegenstände wie ein Vollerbe verfügen. Da aber dem Nacherben die Erbschaft, und zwar außer den beim Erbfall vorhandenen Gegenständen auch der Zuwachs, der mit Mitteln der Erbschaft beschafft wurde (z. B. Zinsen), möglichst ungeschmälert erhalten bleiben soll, ist der Vorerbe im Umgang mit dem Erbe beschränkt. So muss er z. B. Geld sicher anlegen und darf nicht ohne Zustimmung des Erben über ein Grundstück verfügen.

b) **Einheitslösung**: Die Erben setzen sich gegenseitig zu Alleinerben ein und Dritte (meist ihre Kinder) zu Erben des Überlebenden (Schlusserben). Dem Überlebenden soll bei dieser Konstellation das gemeinsame Vermögen verbleiben und nur das bei seinem Tod noch Vorhandene dem Schlusserben zufallen. Der Schlusserbe ist dabei von jedem Ehegatten/Lebenspartner als sein Ersatzerbe für den Fall berufen, dass der andere Ehegatte/Lebenspartner zuerst stirbt. Rechtsfolge ist, dass beim Tod des Erstversterbenden der Überlebende Vollerbe wird, und sich deshalb Eigenvermögen und Nachlass in seiner Hand zu einem einheitlichen Vermögen vereinigen, über das er unter Lebenden frei verfügen kann und das nach seinem Tod auf den Dritten als seinen Erben übergeht. Um den Unterschied zur Trennungslösung zu verdeutlichen: bei dieser wird nur über das gemeinschaftliche Vermögen verfügt; nur dieses wird an den vorher bestimmten Dritten weitervererbt. Mit dem eigenen Vermögen kann der Erblasser verfahren, wie er möchte. Gegebenenfalls kann er dies vollkommen anderen Personen vererben. Beispiel: Frau F und Ehemann E sind verheiratet. Sie haben ein Berliner Testament mit Trennungslösung aufgesetzt. Nacherbe soll Tochter T sein. F stirbt. E ist Vorerbe des gesamten Vermögens von F. Dieses bleibt rechtlich getrennt von seinem eigenen Vermögen. Über das eigene Vermögen kann er frei verfügen. Heiratet er noch mal, kann er sein eigenes Vermögen an seine neue Ehefrau vererben (bis auf den Pflichtteil von T). Stirbt E, erbt T das Vermögen von F. Zu beachten ist jedoch die Wiederverheiratungsklausel, die im fünften Kapitel beleuchtet wird.

Bei der Einheitslösung existiert eine solche Trennung der Vermögensmassen nicht. Beispiel: Frau F und Ehemann E sind verheiratet. Sie haben ein Berliner Testament (Einheitslösung) aufgesetzt. Schlusserbe soll Sohn S sein. F stirbt. E erbt das gesamte Vermögen von F. Dieses fließt zu seinem eigenen hinzu. Stirbt E, erbt S alles, was noch vom gesamten Vermögen übrig ist.

c) **Vollerbfolge mit Nießbrauchvermächtnis:** Die Ehegatten/Lebenspartner berufen den Dritten schon als Vollerben des Erstverstorbenen. Sie wenden dem Überlebenden aber im Wege des Vermächtnisses den Nießbrauch am Nachlass zu. Unter einem Vermächtnis versteht man die Einzelzuwendung eines Vermögensvorteils durch Verfügung von Todes wegen. Dies ist gerade keine Erbeinsetzung. Der Überlebende darf aber, so lange er lebt, das Vermögen nutzen. Dies ist in folgender Konstellation denkbar: Der Überlebende wohnt weiterhin in dem gemeinsamen Haus und erhält monatlich eine standesgemäße Summe Geld vom Erben. Wie bereits erwähnt, stellt aber die Trennungslösung die ursprüngliche Variante des Berliner Testaments dar. Weiterverbreitet dürfte aber die Einheitslösung sein.

1.3 Pflichtteilsrecht

Es ist durchaus üblich, in ein Berliner Testament die Passage aufzunehmen „Verlangt eines der Kinder den Pflichtteil aus dem Nachlass des zuerst Verstorbenen, so soll es nach dem Tod des zuletzt Verstorbenen ebenfalls nur den Pflichtteil aus dessen Nachlass erhalten". Dadurch sollen die Kinder davon abgehalten werden, vorzeitig den Pflichtteil zu fordern und so eventuell die Versorgung des Überlebenden zu gefährden. Was bedeuten überhaupt die Begriffe „Pflichtteilsrecht" und „Pflichtteil"? Die Testierfreiheit des Erblassers wird durch das Pflichtteilsrecht naher Angehöriger eingeschränkt. Sind nämlich Abkömmlinge, die Eltern oder der Ehegatte/Lebenspartner des Erblassers durch Verfügung von Todes wegen enterbt, so können sie von dem Erben den Pflichtteil verlangen. Der Pflichtteil, der nur unter bestimmten engen Voraussetzungen entfällt, ist kein gesetzlicher Erbteil, sondern ein persönlicher Anspruch auf Zahlung einer Geldsumme in Höhe der Hälfte des Wertes des gesetzlichen Erbteils im Zeitpunkt des Erbfalls. Wurde der überlebende Ehegatte/Lebenspartner enterbt und lebten beide im gesetzlichen Güterstand der Zugewinngemeinschaft, so erhöht sich der Anteil um ein Viertel. Der Anspruch auf den Pflichtteil entsteht mit dem Erbfall. Er ist wiederum vererblich und übertragbar. Der Pflichtteilsberechtigte muss innerhalb von drei Jahren nach Kenntnis vom Erbfall Anspruch auf den Pflichtteil erheben, da der Anspruch sonst verjährt (§ 2332 Absatz 1 BGB).

Der Schlusserbe kann, wie bereits erwähnt, beim ersten Erbfall (vorausgesetzt, er ist Abkömmling oder Elternteil des Verstorbenen) vom Überlebenden den Pflichtteil fordern. Dies können die Ehegatten/Lebenspartner selbst dann nicht verhindern, wenn es ihrem Ziel widerspricht, dem Überlebenden das Vermögen ungeschmälert und frei zu überlassen. Aus diesem Grund wird oftmals die oben genannte „Strafklausel" eingebaut. Zu beachten ist jedoch, dass „verlangt" in diesem Zusammenhang bedeuten muss, dass der Pflichtteilsberechtigte seinen Pflichtteil auch tatsächlich erlangt. Eine bloße Forderung ist noch nicht ausreichend.

Zur Reduzierung des zweiten Pflichtteilsanspruchs (der nach dem Tod des Überlebenden entsteht) wird empfohlen, für den Fall der ersten Pflichtteilsforderung verzinsliche Geldvermächtnisansprüche in Höhe des gesamten Erbteils zu Gunsten der nichtfordernden Pflichtteilsberechtigten anzuordnen, deren Fälligkeit auf den Tod des Überlebenden aufgeschoben wird. Die entsprechende Passage könnte dann folgendermaßen lauten: „*Fordert ein Schlusserbe (Kind oder Abkömmling) bereits nach dem Tod des zuerst Verstorbenen seinen Pflichtteil, erhalten die nichtfordernden Pflichtteilsberechtigten aus dem Nachlass zusätzlich im Rahmen eines Vermächtnisses eine Summe von .... Euro. Dieser Betrag ist mit Eintritt des Todes des Letztverstorbenen fällig.*“ Bei einer solchen Klausel sind die Vermächtnisse dann noch aus dem Vermögen des Erstversterbenden zu entrichten und mindern deshalb den Nachlass des überlebenden Ehegatten. Nachteil für diesen ist jedoch die Einschränkung seiner Verfügbarkeit, da er ja nicht über die Vermächtnisansprüche verfügen darf.

1.4 Wiederverheiratungsklausel

In einem gemeinschaftlichen Testament ist zu bedenken, was aus dem Vermögen wird, wenn der eine Teil wieder heiratet. Durch eine Wiederverheiratung ist der überlebende Ehegatte im Zweifel nicht mehr an die Verfügung gebunden, die er im gemeinschaftlichen Testament getroffen hatte. Er kann nunmehr über seinen Nachlass neu verfügen, etwa auch zugunsten seines neuen Ehegatten und Kindern aus dieser Ehe. Natürlich ist die Gefahr relativ groß, dass der überlebende Ehegatte dazu neigt, die Kinder aus erster Ehe zu benachteiligen. Die Ehegatten können ihre gegenseitige Einsetzung zu Vollerben mit der Klausel verbinden, dass der Überlebende im Falle seiner Wiederheirat den Nachlass des Erstversterbenden an die für diesen Fall als dessen Erben eingesetzten gemeinsamen Abkömmlinge oder Dritte ganz oder teilweise herausgeben muss. Sinn und Zweck dieser Klausel ist es, dass Erbersatzansprüche des neuen Ehepartners und der – aus der neuen Verbindung hervorgegangenen – Kinder das ursprünglich für die Kinder aus der ersten Ehe vorgesehene Vermögen nicht schmälern. Die Gestaltung der Wiederverheiratungsklausel hängt davon ab, ob eine Einheits- oder Trennungslösung im Testament gewählt wurde.

a) Bei der Einheitslösung ist folgendes zu bedenken: eine neue Ehe hat wirtschaftliche Auswirkungen, und der neue Ehegatte erhält im gesetzlichen Güterstand bei gesetzlicher Erbfolge einen um ein Viertel erhöhten Erbanspruch. Das auf die Kinder aus erster Ehe als Schlusserben anfallende Vermögen läuft also Gefahr, geschmälert zu werden. Wer das verhindern möchte, kann die Wiederheirat des Überlebenden mit einer Bedingung verknüpfen. So kann er beispielsweise vereinbaren, dass bei Heirat des Überlebenden das Vermögen nach gesetzlicher Erbfolge auseinandergesetzt werden soll. Dies erfolgt üblicherweise durch die Aufnahme einer Wiederverheiratungsklausel mit der Regelung eines Herausgabevermächtnisses. Das bedeutet, dass der überlebende Ehegatte/Lebenspartner bei einer Wiederheirat an die Kinder aus erster Ehe sämtliche Nachlasswerte herauszugeben hat, die sein gesetzliches Erbrecht gegenüber dem ersten Ehegatten übersteigen. Damit wird sichergestellt, dass die Kinder auch tatsächlich den Nachlass des erstversterbenden Elternteils erhalten. Eine Wiederverheiratungsklausel könnte in diesem Fall so aussehen:
„Für den Fall der Wiederverheiratung des Längstlebenden von uns, soll jedoch sein Erbrecht rückwirkend zum Tode des Erstversterbenden in Wegfall kommen und sodann die gesetzliche Erbfolge eintreten.“

b) Bei der Trennungslösung passiert dann folgendes: der überlebende Ehegatte/Lebenspartner, nun wieder verheiratet, ist hinsichtlich des Nachlasses des Erstversterbenden nur Vorerbe. Grundsätzlich kann für die Testamentsform auch bestimmt werden, dass neben dem Tod des überlebenden Ehegatten auch eine Wiederheirat den Nacherbfall auslöst. Dann bekämen die Kinder aus erster Ehe zum Zeitpunkt der Wiederheirat des überlebenden Elternteils ihre Erbschaft aus dem Vermögen des verstorbenen Elternteils. Eine Klausel könnte folgendermaßen aussehen:
„Sollte der Überlebende von uns wieder heiraten, so ist er verpflichtet, den gemeinsamen Kindern die Hälfte dessen, was er vom Erstverstorbenen geerbt hat, unverzüglich herauszugeben.“

c) Möglich ist auch eine Regelung, durch die der Überlebende von Anfang an als unbedingter Vollerbe eingesetzt wird, aber mit einem aufschiebend bedingten Vermächtnis belastet wird. Das heißt: heiratet der Überlebende wieder, haben seine Abkömmlinge aus erster Ehe einen Anspruch auf einen Teil des Nachlasses. Folgende Klausel ist denkbar:
„Sollte sich der überlebende Ehegatte wieder verheiraten, so ist er verpflichtet, unseren gemeinsamen Kindern nach den Regeln der gesetzlichen Erbfolge ein Vermächtnis in Höhe ihres gesetzlichen Erbteils auszuzahlen. Die Auszahlung muss innerhalb von .... Monaten erfolgen."

1.5 Schlusserbe

Häufig wurde der Begriff des Schlusserben erwähnt. Der Schlusserbe eines Berliner Testaments ist nur Erbe des längerlebenden Ehegatten/Lebenspartners, da es sich um zwei Erblasser und um zwei Erbfälle handelt. Er erbt folglich erst beim zweiten Erbfall und erhält erst dann das zu diesem Zeitpunkt noch vorhandene Vermögen.

1.6 Auslegung des Testaments

Was ist zu tun, wenn der letzte Wille nicht eindeutig erkennbar ist? Dann muss er im Wege der individuellen Auslegung auf der Grundlage des erklärten Willens beider Ehegatten/Lebenspartner erforscht werden. Erst wenn nach Ermittlung aller in Betracht kommenden Umstände nicht zu behebende Zweifel bestehen bleiben, findet die Auslegungsregel des § 2269 Absatz 1 BGB Anwendung. Dort heißt es: „Haben die Ehegatten in einem gemeinschaftlichen Testament, durch das sie sich gegenseitig als Erben einsetzen, bestimmt, dass nach dem Tode des Überlebenden der beiderseitige Nachlass an einen Dritten fallen soll, so ist im Zweifel anzunehmen, dass der Dritte für den gesamten

Nachlass als Erbe des zuletzt versterbenden Ehegatten eingesetzt ist." Das Gesetz hat sich also für Zweifelsfälle für die oben dargestellte Einheitslösung entschieden, auch wenn dies nicht den klassischen Fall des Berliner Testaments darstellt. Folgende Konstellationen sind denkbar:

a) **Schlusserben-Einsetzung:** Diese ist als gewollt anzunehmen, wenn beide Ehegatten/Lebenspartner das beiderseitige Vermögen ersichtlich als eine Einheit ansehen und die Möglichkeit einer Trennung der Vermögensmassen beim Tod des Längstlebenden haben ausschließen wollen. Kriterien für eine Einheit des Vermögens sind z. B. ein gemeinsames Konto oder umfassende Vollmachten für das Konto des anderen Ehegatten/Lebenspartners sowie die Erwähnung „unseren Vermögens". Sind beispielsweise die beiderseitigen Verwandten als Schlusserben eingesetzt, erhalten sie im Zweifel das Gesamtvermögen ohne Unterscheidung danach, was von welchem Ehegatten/Lebenspartner stammt. Da die Einsetzung von Schlusserben nicht ausdrücklich erfolgen muss, kann sich die der Kinder hinter einer Strafklausel über ihre Enterbung bei Geltendmachung des Pflichtteils beim ersten Erbfall verbergen (vgl. dazu Muster 1.10).

b) Eine **Vor- und Nacherbschaft** ist hingegen anzunehmen, wenn das Auseinanderfallen des Vermögens in seine ursprüngliche Bestandteile gewollt war, beispielsweise wenn die Verwandten des Mannes als Erben seines Nachlasses, die der Frau als Erben ihres Nachlasses bezeichnet werden. Für Vor- und Nacherbeneinsetzung spricht auch die Anordnung, dass die Kinder ein gewisses Mitspracherecht haben oder dass der überlebende Teil nur Nießbrauch am Vermögen hat. Hingegen macht die bloße Anwendung der Begriffe Vor- und Nacherbe das Testament noch nicht eindeutig. Denn es kann nicht davon ausgegangen werden, dass die Ehegatten/Lebenspartner die Begriffe rechtlich einwandfrei gebraucht haben.

c) Die Ehegatten/Lebenspartner verfügen oftmals für den **Fall des „gleichzeitigen Versterbens"**. Das setzt im Rechtssinne voraus, dass beide in genau der gleichen Sekunde versterben. Medizinisch ist dies jedoch praktisch gar nicht feststellbar. Zudem könnte in einem solchen (theoretischen) Fall einer gar nicht Erbe des anderen werden, da der Erbe den Erblasser wenigstens kurz überleben müsste. Es ist also davon auszugehen, dass die Ehegatten/Lebenspartner mit ihrer Formulierung nicht den engen und unwahrscheinlichen Wort- und Rechtssinn gemeint haben, sondern den Begriff für ähnliche Fallgestaltungen gebraucht haben. Der Lebenserfahrung zufolge könnten damit auch Fallkonstellationen umschrieben sein, in denen beide Ehegatten/Lebenspartner kurz nacheinander versterben, z. B. durch einen Unfall oder durch Selbsttötung. Um eine Auslegung zu vermeiden, sollte das Testament möglichst konkret formuliert werden und Formulierungen wie „im Falle unseres gemeinsamen Ablebens“ oder „im Falle unseres plötzlichen Todes“ verwendet werden.

1.7 Form

Wie wird ein Testament überhaupt aufgesetzt? Müssen Sie dafür zu einem Notar oder zu einem Rechtsanwalt gehen? Zu unterscheiden ist zunächst zwischen dem eigenhändigen und dem öffentlichen Testament.

a) **Eigenhändiges Testament:** Geregelt ist dies in § 2247 BGB. Dort heißt es in Absatz 1 bis 3: „Der Erblasser kann ein Testament durch eine eigenhändig geschriebene und unterschriebene Erklärung errichten. Der Erblasser soll in der Erklärung angeben, zu welcher Zeit (Tag, Monat und Jahr) und an welchem Ort er sie niedergeschrieben hat. Die Unterschrift soll den Vornamen und den Familiennamen des Erblassers enthalten. Unterschreibt der Erblasser in anderer Weise und reicht diese Unterzeichnung zur Feststellung der Urheberschaft des Erblassers und der Ernstlichkeit seiner Erklärung aus, so steht eine solche Unterzeichnung der Gültigkeit des Testaments nicht entgegen.“ Das bedeutet, dass die Erblasser das Testament handschriftlich verfassen und unterschreiben müssen. Die Unterschrift muss nicht lesbar sein, sie muss jedoch eindeutig als die des Erblassers zu identifizieren sein. Sinn und Zweck dieser Formvorschriften ist es, zu gewährleisten, dass das Testament dem freiverantwortlichen und eigenen Willen des Erblassers entspricht. Eine Beglaubigung durch Zeugen ist nicht vorgesehen, schadet aber auch nicht. Zeit und Ort sind nicht zwingend erforderlich („soll"), werden aber angeraten, um Beweisschwierigkeiten und damit eine Ungültigkeit zu vermeiden. Von der Errichtung eines eigenhändigen Testaments sind Minderjährige und Leseunfähige ausgeschlossen. Diese können aber ein Testament zur Erklärung gegenüber dem Notar errichten. Der Minderjährige muss jedoch das 16. Lebensjahr erreicht haben. Er kann zusätzlich das Testament durch Übergabe einer Schrift an den Notar mit der Erklärung, dass diese Schrift seinen letzten Willen enthalte, errichten (§ 2233, 2232 BGB). Die Schrift kann dabei sowohl offen als auch verschlossen überreicht werden und braucht nicht von dem Minderjährigen geschrieben sein.

Wo wird das Testament aufbewahrt? Für die Aufbewahrung und das Auffinden des Testaments ist der Erblasser selbst verantwortlich. Auf sein Verlangen wird es von jedem Amtsgericht amtlich verwahrt (§ 2248 BGB). Von dort kann das Testament jederzeit zurückverlangt werden, ohne dass es seine Gültigkeit verliert.

Zentrales Testamentsregister (ZTR)

Seit dem 01. Januar 2012 werden alle Testamente, die notariell oder amtsgerichtlich hinterlegt sind in das Zentrale Testamentsregister aufgenommen. Es handelt sich hierbei um eine Datenbank der Bundesnotarkammer, die auch im Internet abrufbar ist. Diese finden Sie unter www.testamentsregister.de. Das Register erfasst alle erbfolgerechtlichen Unterlagen, die notariell errichtet oder in gerichtliche Verwahrung gegeben wurden. Anders als beim Zentralen Vorsorgeregister ist die Eintragung in das ZTR nicht freiwillig möglich, sondern gesetzlich verpflichtend, sobald ein Testament o. ä. beim Notar erstellt, bzw. in amtliche Verwahrung gegeben wird.

Das ZTR dient der schnellen, einfachen und sicheren Abwicklung eines Erbfalls, da viele (zeit-) aufwendige Nachforschungsschritte künftig wegfallen. So wird die Bundesnotarkammer direkt von den Standesämtern über Sterbefälle informiert und überprüft die Datenbanken auf entsprechende Einträge.

Für die Registrierung werden folgende Daten unbedingt und vollständig benötigt:

- Der präzise Name des Erblassers, d. h. es müssen alle Vornamen genauso auftauchen, wie sie auf der Geburtsurkunde vermerkt sind. Künstlernamen und Pseudonyme werden nicht registriert, ebenso wenig wie akademische Titel.
- Das Geburtsdatum im Format Tag.Monat.Jahr (TT.MM.JJJJ), bei fehlendem Geburtsdatum soll sich mit der Bundesnotarkammer in Verbindung gesetzt werden.
- Geburtsort und -land in der amtlichen Schreibweise zum Zeitpunkt der Geburt. Bei Orten im Ausland gilt die im betreffenden Staat übliche Bezeichnung, es sei denn, es ist eine deutsche Bezeichnung üblich. In diesem Fall kann die fremde Bezeichnung in Klammern zugefügt werden.
- Geburtsstandesamt und Geburtenbuchnummer sind eine Pflichtangabe, d. h. sie müssen in jedem Fall (nachträglich) zugefügt werden, da sie für die eindeutige Identifizierung unerlässlich sind.
- Nicht registriert wird der Inhalt der erbfolgerelevanten Urkunde, auch nicht in Form einer kurzen Zusammenfassung.

Für die Registrierung im ZTR berechnet die Bundesnotarkammer einmalig aufwandsbezogene Gebühren in Höhe von 15,00 Euro, die direkt durch den Notar/das Amtsgericht vom Erblasser erhoben werden.

Berichtigungen, Ergänzungen und Rücknahmen können jederzeit kostenfrei durch den zuständigen Notar vorgenommen werden. Dieser hat außerdem unter Angabe seines Geschäftszeichens und mit Ihrer Einverständniserklärung die Möglichkeit, eine Registerabfrage durchzuführen und Ihnen einen Auszug auszuhändigen. Ausschließlich Notare, Nachlassgerichte und die Bundesnotarkammer haben Zugriff auf die Datenbanken des ZTR und können diese nach bestimmten Einträgen befragen, was einen zuverlässigen Schutz Ihrer Daten ermöglicht. Hierzu trägt auch das Prinzip der sogenannten Datensparsamkeit bei, was bedeutet, dass die Datenmenge auf das absolut erforderliche Maß reduziert wird. Außerdem werden Ihre Daten vollständig verschlüsselt abgespeichert und können nur über gesondert gesicherte Netze und Verbindungen abgerufen werden. Auch für Notsituationen wie Stromausfall wird vorgesorgt – eine Notstromversorgung ist gesichert.

Weiterführende Informationen finden Sie auf den Seiten des Zentralen Testamentsregisters unter www.testamentsregister.de.

b) **Öffentliches Testament:** Das öffentliche Testament (§ 2231 Nr. 1, 2232 BGB) kann nur durch den Notar errichtet werden. Erklärungen gegenüber dem Notar und deren Niederschrift ist eine der beiden Errichtungsformen. Der Erblasser erklärt seinen Willen in der Regel mündlich. Sprachbehinderte können ihren Willen auch durch Gebärden, Zeichen oder Kommunikationshilfen zum Ausdruck bringen. Es kommt nur darauf an, dass der Notar die Erklärungen eindeutig versteht.

   Eine andere Möglichkeit der Errichtungsformen wurde bereits unter a), beim Stichwort „Minderjährige“, angesprochen. Der Erblasser kann ebenfalls durch Überreichung einer Schrift mit der Erklärung, dass diese seinen letzten Willen enthalte, sein Testament errichten.

1.8 Testamentsvollstrecker

Sie haben zudem die Möglichkeit, in Ihrem Testament einen oder mehrere Testamentsvollstrecker (§§ 2197 bis 2228 BGB) zu bestimmen. Dieser ist dann im Berliner Testament sowohl für den Nachlass des Erstversterbenden als auch für den des Letztversterbenden zuständig. Testamentsvollstrecker kann jede Person sein, die voll geschäftsfähig ist. Der Alleinerbe kann dieses Amt jedoch nur zusammen mit einem Mittestamentsvollstrecker wahrnehmen.

Der Aufgabenkreis umfasst die Ausführung des Willens des Erblassers. Seine Aufgaben können sehr umfangreich sein und die Verwaltung des gesamten Erbes über Jahrzehnte umfassen. Es besteht aber auch die Möglichkeit, dass der Testamentsvollstrecker nur einzelne Maßnahmen wahrnimmt, wie z. B. die Durchführung der Bestattung, die Auflassung eines Grundstücks an sich selbst oder die Vollziehung einer Auflage.

1.9 Vermächtnis im Berliner Testament

Zum Schluss soll noch kurz der Begriff des Vermächtnisses im Berliner Testament erwähnt werden. In § 2269 Absatz 2 BGB heißt es: „Haben die Ehegatten in einem solchen Testament ein Vermächtnis angeordnet, das nach dem Tode des Überlebenden erfüllt werden soll, so ist im Zweifel anzunehmen, dass das Vermächtnis dem Bedachten erst mit dem Tode des Überlebenden zufallen soll.“ Hier soll als Erblasser nur der Letztverstorbene gelten, den der Vermächtnisnehmer dann natürlich überleben muss. Im Zweifel ist also nicht anzunehmen, dass das Vermächtnis schon mit dem Tod des Erstversterbenden anfallen soll, und nur seine Fälligkeit bis zum Tode des Längstlebenden aufgeschoben ist. Der überlebende Ehegatte ist durch die Vermächtnisanordnung grundsätzlich nicht gehindert, über den Vermächtnisgegenstand unter Lebenden zu verfügen.

1. Variante (Einheitslösung):

BERLINER TESTAMENT
Unser gemeinschaftliches Testament

Wir, die Eheleute
Frau...,
geborene..,
am..,
in..,

und

Herr...,
geborener..,
am..,
in..,

verheiratet seit dem ...., bestimmen hiermit ein gemeinschaftliches Testament, in dem wir unseren letzten Willen folgendermaßen bestimmen:

1. Wir setzen uns gegenseitig zu Vollerben ein.

Dies stellt die Einheitslösung dar, da sonst der Längstlebende ja nur Vorerbe ist.

2. Erbe(n) des zuletzt Verstorbenen sollen zu gleichen Teilen unsere Kinder/unser Sohn/unsere Tochter sein:

a) ....
b) ....
c) ....
d) ....

An dieser Stelle werden Vor- und Zunamen der erbenden Kinder / des erbenden Kindes eingesetzt. Nichtzutreffendes ist zu streichen.

3. Verlangt eines der Kinder den Pflichtteil aus dem Nachlass des zuerst Verstorbenen, so soll es nach dem Tod des zuletzt Verstorbenen ebenfalls nur den Pflichtteil aus dessen Nachlass erhalten.

4. Zu unserem Testamentsvollstrecker bestimmen wir.............

....

....

....

Ort, Datum

....

Unterschriften beider Ehegatten (Vor- und Zuname)

Diese Passage ist empfehlenswert, um Pflichtteilsforderungen zu vermeiden und so gegebenenfalls die Versorgung des Überlebenden zu gefährden. Eventuell sollte an dieser Stelle eine Wiederverheiratungsklausel eingefügt werden. Bitte beachten Sie: Diese Passagen müssen nicht im Testament enthalten sein, sie sind nur Empfehlungen!

Dieser Punkt ist optional und nur als Anregung zu verstehen.

Das Testament sollte nach Möglichkeit handschriftlich angefertigt werden, damit im Todesfall nicht an der Echtheit des Dokuments gezweifelt werden kann. Beide Ehegatten müssen das Testament mit Ihrem vollständigen Namen unterschreiben.

2. Variante:

ECHTES BERLINER TESTAMENT
Unser gemeinschaftliches Testament

Hiermit setzen wir, die Eheleute

Diese Variante stellt die so genannte Trennungslösung dar.

Frau..,
geborene..,
am...,
in...,

und

Herr..,
geborener..,
am...,
in...,

An dieser Stelle werden Vor- und Zunamen der erbenden Kinder / des erbenden Kindes eingesetzt. Nichtzutreffendes ist zu streichen.

uns gegenseitig als Vorerben ein.

Erbe(n) des Letztverstorbenen sollen zu gleichen Teilen unsere Kinder/unser Sohn/unsere Tochter sein:

a)...
b)...
c)...
d)...

Verlangt eines der Kinder den Pflichtteil aus dem Nachlass des zuerst Verstorbenen, so soll es nach dem Tod des zuletzt Verstorbenen ebenfalls nur den Pflichtteil aus dessen Nachlass erhalten.

Diese Passage ist empfehlenswert, um Pflichtteilsforderungen zu vermeiden und so gegebenenfalls die Versorgung des Überlebenden zu gefährden. Eventuell sollte an dieser Stelle eine Wiederverheiratungsklausel eingefügt werden. Bitte beachten Sie: Diese Passagen müssen nicht im Testament enthalten sein, sie sind nur Empfehlungen!

....

Ort, Datum

....

Unterschriften der Ehegatten (Vor- und Zuname)

Das Testament sollte nach Möglichkeit handschriftlich angefertigt werden, damit im Todesfall nicht an der Echtheit des Dokuments gezweifelt werden kann. Beide Ehegatten müssen das Testament mit ihrem vollständigen Namen unterschreiben.

2. So setzen Sie ein Einzeltestament auf

Bevor Sie ein Testament errichten, sollten Sie sich umfassend über die verschiedenen Möglichkeiten der Errichtung informiert haben. Sonst besteht die Gefahr, dass das Testament für nichtig erklärt wird und über Ihr Eigentum nicht so verfügt wird, wie Sie sich das vorgestellt haben. Sie können Ihren letzten Willen auf verschiedene Arten niederlegen. Das Einzeltestament ist eine davon. An dieser Stelle sollen zunächst die erbrechtlichen Grundsätze kurz erläutert werden.

Das Erbrecht hat die Funktion, das Privateigentum als Grundlage der eigenverantwortlichen Lebensgestaltung mit dem Tod des Eigentümers nicht untergehen zu lassen. Der Fortbestand soll im Wege der Rechtsnachfolge gesichert werden. Das bedeutet: auch nach dem Tod soll mit dem Eigentum des Erblassers so umgegangen werden, wie er das möchte. Gesetzlich geregelt ist das Erbrecht in den §§ 1922 bis 2385 des Bürgerlichen Gesetzbuches (BGB). Diese Regeln der Erbfolge gibt der Klarheit, der Leichtigkeit des Rechtsverkehrs und der Überschaubarkeit Vorrang vor der Einzelfallgerechtigkeit. Mit anderen Worten: Obwohl Sie über Ihr Vermögen verfügen können, wie Sie es wünschen, müssen bestimmte Regeln eingehalten werden. Zu differenzieren ist zwischen den fünf grundsätzlichen Prinzipien, die zum Teil von der Verfassung garantiert werden:

a) **Privaterbfolge:** Das Vermögen des Verstorbenen wird an Privatpersonen abgegeben. Nur wenn kein privater Erbe vorhanden ist, erbt der Staat (§1936 BGB). Er beteiligt sich allerdings über die Erbschaftsteuer wertmäßig am Nachlass und beschränkt dadurch das private Erbrecht.

b) **Familienerbrecht:** Verfügt der Erblasser nichts anderes, geht das Erbe per Gesetz auf seine Familie über, nämlich auf seinen Ehegatten bzw. seinen eingetragenen Lebenspartner und auf seine nächsten

Verwandten (Eltern, Kinder, Geschwister etc.). Der Ehegatte/eingetragene Lebenspartner erbt neben den Verwandten nach dem Prinzip der ehelichen Gemeinschaft. Dabei wird vom Teilungsprinzip ausgegangen. Zweck dieses Prinzips ist es, dass weder den Abkömmlingen (zum Erhalt des Vermögens in der Familie) noch dem Ehegatten/eingetragenen Lebenspartner (zu dessen Versorgung) absoluter Vorrang eingeräumt wird.

c) **Gesamtrechtsnachfolge:** Das Vermögen des Erblassers geht als Ganzes auf die Erben über (§1922 BGB). Das bedeutet, dass die Erben den gesamten Nachlass inklusive eventueller Schulden annehmen oder das Erbe als solches ausschlagen müssen. Ausnahmen sind jedoch möglich.

d) **Testierfreiheit:** Der Erblasser kann selbst durch Verfügung von Todes wegen bestimmen, wer was erbt. Diese Freiheit ist vertraglich unbeschränkbar (§2302 BGB) und wird nur durch das Pflichtteilsrecht sowie durch das Verbot sittenwidriger Verfügungen begrenzt.

e) **Vonselbsterwerb:** Mit dem Tod des Erblassers fällt sein Nachlass dem Erben per Gesetz zu. Eine Mitwirkung seitens des Erben ist nicht erforderlich. Er kann sogar ohne Kenntnis und gegen seinen Willen erben. Aus diesem Grund haben die Erben auch das Recht, das Erbe auszuschlagen (§ 1942 Absatz 1 BGB).

In Artikel 14 Absatz 1 Satz 1 des Grundgesetzes (GG) ist das Erbrecht als Grundrecht verankert. Garantiert wird dort das Recht des Erblassers, sein Vermögen zu vererben. Artikel 14 GG schützt aber auch das Recht des Erbanwärters vor staatlichen Maßnahmen, die seine Aussicht auf das Vermögen des Erblassers vereiteln würden.

2.1 Testierfähigkeit

Wer darf ein Testament errichten? Grundsätzlich ist nach § 2229 Absatz 1 BGB jeder testierfähig, der das 16. Lebensjahr vollendet hat. Ausgenommen ist derjenige, „der wegen krankhafter Störung der Geistestätigkeit, wegen Geistesschwäche oder wegen Bewusstseinsstörung nicht in der Lage ist, die Bedeutung einer von ihm abgegebenen Willenserklärung einzusehen und nach dieser Einsicht zu handeln "(vgl. § 2229 Absatz 4 BGB). Die geistige Erkrankung muss zum Zeitpunkt der Testamentserrichtung bestehen. Eine Erkrankung zu einem früheren oder späteren Zeitpunkt ist nicht ausreichend! Was genau bedeutet eine „Störung der Geistestätigkeit"? Der Erblasser ist in diesen Fällen nicht in der Lage, den Sinn und die Tragweite seiner Äußerungen zu verstehen. Beispiel: Erblasser E enterbt seine Tochter T, weil er die Wahnvorstellung hat, dass T Mitglied in einer Sekte sei. Oder E leidet an paranoidem Verfolgungswahn bezüglich T und möchte sie deshalb enterben. Zu beachten ist jedoch, dass eine geistige Erkrankung des Erblassers der Gültigkeit des Testaments nicht entgegensteht, wenn dieses von der Erkrankung nicht beeinflusst ist. Auch schließen in der Regel Psychopathie, Rauschgiftsucht, ein abnormes Persönlichkeitsbild oder querulatorische Veranlagungen die Testierfähigkeit nicht aus. Chronischer Alkoholmissbrauch und/oder der von Tabletten führt erst dann zur Testierunfähigkeit, wenn der dadurch bedingte Abbau der Persönlichkeit den Wert einer Geisteskrankheit erreicht hat. Bestehen Zweifel an der Testierfähigkeit, sollte diese Frage unbedingt durch ein Gutachten eines psychiatrischen oder nervenärztlichen Sachverständigen geklärt werden.

Oftmals ist das Verhalten in den oben genannten Fällen äußerst wechselhaft. Deshalb ist zu beachten, dass die in lichten Momenten vorgenommenen Verfügungen wirksam sind!

Rechtsfolge der Testierunfähigkeit ist, dass das Testament unwirksam ist und bleibt. Es wird also auch bei späterem Eintritt der Testierfähikeit nicht wirksam, sondern muss dann formgerecht neu errichtet werden! Minderjährige können das Testament nur durch eine Erklärung gegenüber dem Notar oder durch Übergabe einer offenen Schrift errichten. Minderjährige benötigen nicht die Zustimmung ihres gesetzlichen Vertreters. Dies ist gesetzlich geregelt in § 2229 Absatz 2 BGB.

Ist der Erblasser nach seinen Angaben oder nach der Überzeugung des Notars nicht imstande, Geschriebenes zu lesen, so kann er das Testament nur durch eine Erklärung gegenüber dem Notar errichten (§ 2233 Absatz 2 BGB). Leseunfähig ist, wer nicht fähig ist, den Text einer Schrift zu entziffern. Oder der Erblasser kann den Text zwar optisch wahrnehmen, aber inhaltlich nicht verstehen und damit den Sinn des Geschriebenen nicht erfassen und kontrollieren. Beispiele: Analphabeten, Personen, die wegen einer Störung im Gehirn das Gelesene nicht umsetzen können, Blinde und unter Umständen auch hochgradig Kurzsichtige. Diese Personengruppe kann folglich nicht privatschriftlich testieren.

Ein Verstoß dagegen führt zur Nichtigkeit des Testaments!

2.2 Form

Wie wird ein Testament überhaupt aufgesetzt? Müssen Sie dafür zu einem Notar oder zu einem Rechtsanwalt gehen?

Die Errichtung von Testamenten ist nur in den gesetzlich festgelegten Formen möglich. Zweck der strengen Formvorschriften ist es zunächst, den wirklichen Willen des Erblassers zur Geltung kommen zu lassen. Er soll durch die Einhaltung der Form angehalten werden, sich selbst darüber klar zu werden, welchen Inhalt seine Verfügung von Todes wegen haben soll. Diesen Willen soll er so deutlich wie möglich zum Ausdruck bringen. Außerdem dienen die Formvorschriften dazu, Entwürfe und Vorüberlegungen von der maßgebenden Verfügung abzugrenzen. Schließlich soll die Echtheit der Erklärung sichergestellt und nach Möglichkeit auch die Selbstständigkeit des Willens des Erblassers verbürgt werden. Das Gesetz stellt zwei Testamentsformen zur Verfügung, die erbrechtlich gleichwertig sind und zwischen denen der Erblasser frei wählen kann.

a) **Eigenhändiges oder privatschriftliches Testament:** Geregelt ist dies in § 2247 BGB. Dort heißt es in Absatz 1 bis 3: „Der Erblasser kann ein Testament durch eine eigenhändig geschriebene und unterschriebene Erklärung errichten. Der Erblasser soll in der Erklärung angeben, zu welcher Zeit (Tag, Monat, Jahr) und an welchem Ort er sie niedergeschrieben hat. Die Unterschrift soll den Vornamen und den Familiennamen des Erblassers enthalten. Unterschreibt der Erblasser in anderer Weise und reicht diese Unterzeichnung zur Feststellung der Urheberschaft des Erblassers und der Ernstlichkeit seiner Erklärung aus, so steht eine solche Unterzeichnung der Gültigkeit des Testaments nicht entgegen.“ Das bedeutet, dass der Erblasser das Testament handschriftlich verfassen und unterschreiben muss. Die Unterschrift muss nicht lesbar, sondern lediglich eindeutig als die des Erblassers zu identifizieren sein. Sinn und Zweck dieser Formvorschriften ist es, zu gewährleisten, dass das Testament dem freiverantwortlichen und eigenen Willen des Erblassers entspricht. Eine Beglaubigung durch Zeugen ist nicht vorgesehen, schadet aber auch nicht. Zeit und Ort sind nicht zwingend erforderlich („soll“), empfehle ich Ihnen aber, um Beweisschwierigkeiten und damit eine Ungültigkeit des Testaments zu vermeiden. Von der Errichtung eines eigenhändigen Testaments sind Minderjährige und Leseunfähige ausgeschlossen.

Der Vorteil des privatschriftlichen Testaments ist der, dass es einfacher, bequemer und ohne Kosten zu errichten ist. Es kann auch durch das öffentliche Testament geändert, ergänzt oder widerrufen werden. Nachteil der privaten Form ist, dass die Gefahr des Verlustes, der Unterdrückung (z. B. die Vernichtung durch einen Dritten) oder der Fälschung höher ist.

Wo wird das privatschriftliche Testament aufbewahrt? Für die Aufbewahrung und das Auffinden des Testaments ist der Erblasser selbst verantwortlich. Er kann es beispielsweise in seinen Tresor oder in die Schreibtischschublade legen. Auf sein Verlangen wird es von jedem Amtsgericht amtlich verwahrt (§ 2248 BGB). Von dort kann das Testament jederzeit zurückverlangt werden, ohne dass es seine Gültigkeit verliert.

Zentrales Testamentsregister (ZTR)

Seit dem 01. Januar 2012 werden alle Testamente, die notariell oder amtsgerichtlich hinterlegt sind in das Zentrale Testamentsregister aufgenommen. Es handelt sich hierbei um eine Datenbank der Bundesnotarkammer, die auch im Internet abrufbar ist. Diese finden Sie unter www.testamentsregister.de. Das Register erfasst alle erbfolgerechtlichen Unterlagen, die notariell errichtet oder in gerichtliche Verwahrung gegeben wurden. Anders als beim Zentralen Vorsorgeregister ist die Eintragung in das ZTR nicht freiwillig möglich, sondern gesetzlich verpflichtend, sobald ein Testament o. ä. beim Notar erstellt, bzw. in amtliche Verwahrung gegeben wird.

Das ZTR dient der schnellen, einfachen und sicheren Abwicklung eines Erbfalls, da viele (zeit-) aufwendige Nachforschungsschritte künftig wegfallen. So wird die Bundesnotarkammer direkt von den Standesämtern über Sterbefälle informiert und überprüft die Datenbanken auf entsprechende Einträge.

Für die Registrierung werden folgende Daten unbedingt und vollständig benötigt:

- Der präzise Name des Erblassers, d. h. es müssen alle Vornamen genauso auftauchen, wie sie auf der Geburtsurkunde vermerkt sind. Künstlernamen und Pseudonyme werden nicht registriert, ebenso wenig wie akademische Titel.
- Das Geburtsdatum im Format Tag.Monat.Jahr (TT.MM.JJJJ), bei fehlendem Geburtsdatum soll sich mit der Bundesnotarkammer in Verbindung gesetzt werden.
- Geburtsort und -land in der amtlichen Schreibweise zum Zeitpunkt

der Geburt. Bei Orten im Ausland gilt die im betreffenden Staat übliche Bezeichnung, es sei denn, es ist eine deutsche Bezeichnung üblich. In diesem Fall kann die fremde Bezeichnung in Klammern zugefügt werden.
- Geburtsstandesamt und Geburtenbuchnummer sind eine Pflichtangabe, d. h. sie müssen in jedem Fall (nachträglich) zugefügt werden, da sie für die eindeutige Identifizierung unerlässlich sind.
- Nicht registriert wird der Inhalt der erbfolgerelevanten Urkunde, auch nicht in Form einer kurzen Zusammenfassung.

Für die Registrierung im ZTR berechnet die Bundesnotarkammer einmalig aufwandsbezogene Gebühren in Höhe von 15,00 Euro, die direkt durch den Notar/das Amtsgericht vom Erblasser erhoben werden.

Berichtigungen, Ergänzungen und Rücknahmen können jederzeit kostenfrei durch den zuständigen Notar vorgenommen werden. Dieser hat außerdem unter Angabe seines Geschäftszeichens und mit Ihrer Einverständniserklärung die Möglichkeit, eine Registerabfrage durchzuführen und Ihnen einen Auszug auszuhändigen. Ausschließlich Notare, Nachlassgerichte und die Bundesnotarkammer haben Zugriff auf die Datenbanken des ZTR und können diese nach bestimmten Einträgen befragen, was einen zuverlässigen Schutz Ihrer Daten ermöglicht. Hierzu trägt auch das Prinzip der sogenannten Datensparsamkeit bei, was bedeutet, dass die Datenmenge auf das absolut erforderliche Maß reduziert wird. Außerdem werden Ihre Daten vollständig verschlüsselt abgespeichert und können nur über gesondert gesicherte Netze und Verbindungen abgerufen werden. Auch für Notsituationen wie Stromausfall wird vorgesorgt – eine Notstromversorgung ist gesichert.

Weiterführende Informationen finden Sie auf den Seiten des Zentralen Testamentsregisters unter www.testamentsregister.de.

b) **Öffentliches Testament:** Das öffentliche Testament (§ 2231 Nr.1, 2232 BGB) ist in zwei Formen möglich: zur Niederschrift eines Notars oder durch Erklärungsschrift. In § 2232 BGB heißt es: „Zur Niederschrift eines Notars wird ein Testament errichtet, indem der

Erblasser dem Notar seinen letzten Willen erklärt oder ihm eine Schrift mit der Erklärung übergibt, dass die Schrift seinen letzten Willen enthalte. Der Erblasser kann die Schrift offen oder verschlossen übergeben; sie braucht nicht von ihm geschrieben zu sein." Was bedeutet das im einzelnen?

(1) Zunächst zur ersten Alternative „Errichtung durch Erklärung": Der Erblasser erklärt seinen Willen in der Regel mündlich gegenüber dem Notar. Das mündlich Erklärte schreibt der Notar nieder und beglaubigt es. Sprachbehinderte können ihren Willen auch durch Gebärden, Zeichen oder Kommunikationshilfen zum Ausdruck bringen. Es kommt nur darauf an, dass der Notar die Erklärungen eindeutig versteht. Notar und Erblasser müssen unmittelbar miteinander kommunizieren, also nicht etwa nur am Telefon. Ist der Erblasser auf der Intensiv- oder Isolierungsstation und ist dort eine unmittelbare Kommunikation aus Sicherheitsgründen nicht möglich, kann das Testament auch durch eine Sprechanlage errichtet werden. Voraussetzung ist jedoch, dass Sichtkontakt zwischen Erblasser und Notar besteht. Sinn dieser strengen Regelung ist die Vermeidung von Täuschungen und Verfälschungen des wahren Willens des Erblassers. Die Niederschrift des Willens soll in deutscher Sprache erfolgen. Sie muss die Erklärung des Erblassers enthalten und wird diesem vorgelesen. Ist dies geschehen, wird die Niederschrift beurkundet, in einen Umschlag gelegt und mit einem Prägesiegel verschlossen. Geregelt ist dies in § 34 des Beurkundungsgesetzes (BeurkG). Jedoch sind auch Gründe gesetzlich geregelt, in denen die Beurkundung unwirksam ist, z. B. wenn der Notar selbst durch das Testament begünstigt wird.

(2) Zweite Möglichkeit: Der Erblasser kann durch Überreichung einer Schrift mit der Erklärung, dass diese seinen letzten Willen enthalte, sein Testament errichten. Die Schrift kann dabei sowohl offen als auch verschlossen überreicht werden und braucht nicht vom Erblasser selbst geschrieben sein. Die Schrift kann in jeder Form, also handschriftlich, maschinenschriftlich, in Kurzschrift, Blindenschrift und auch in fremden Schriftzeichen oder einer fremden Sprache gefertigt sein. Der Erblas-

ser muss den Inhalt kennen. Datum, Ortsangabe und Unterschrift sind entbehrlich, da der Notar die Übergabe mit diesen Angaben protokollieren wird. Um es noch einmal deutlich zu machen: Es ist ganz wichtig, dass der Erblasser sinngemäß zum Ausdruck bringt: „Dies ist mein letzter Wille, so wie ich es aufgeschrieben habe, so soll mit meinem Vermögen nach meinem Tod verfahren werden. Ich wurde bei der Abfassung nicht unter Druck gesetzt, sondern die Schrift repräsentiert meinen eigenen freien Willen!" Die verschlossen übergebene Schrift ist erst bei der Testamentseröffnung zu öffnen. Auch hier ist der Notar berechtigt, Fragen in Bezug auf den Inhalt zu stellen.

Bei der offen übergebenen Schrift soll der Notar vom Inhalt Kenntnis nehmen, sofern er der Sprache, in der die Schrift verfasst ist, mächtig ist. Die Prüfungs- und Belehrungspflicht umfasst in diesem Fall auch den Inhalt der Schrift!

Das notarielle Testament hat den Vorteil der rechtskundigen Beratung und wird stets in besondere amtliche Verwahrung genommen. Zu beachten sind allerdings die entstehenden Notarkosten!

2.3 Besondere Auflagen

Besitzen Sie wertvollen Schmuck, den Sie im Familienbesitz belassen möchten? Oder möchten Sie Ihre Haustiere nach Ihrem Tod versorgt wissen? Dann ist es sinnvoll, in das Testament besondere Auflagen mit einzubeziehen. Unter einer Auflage versteht man die Auferlegung einer Verpflichtung ohne Zuwendung. Ein durch sie Begünstigter hat keinen Anspruch auf Leistung. Gegenstand der Auflage kann ein Tun oder Unterlassen sein, d. h. alles, wozu man sich verpflichten kann. Die Auflage muss nicht vermögensrechtlichen Inhalts sein. Folgende Beispiele für Auflagen sind denkbar:

- Die Bestattung soll in bestimmter Weise ausgerichtet werden
- Aufstellen einer Büste

- Verpflichtung des Erben, den Leichnam verbrennen zu lassen
- Das Unternehmen des Erblassers weiterzuführen
- Hinterlassenes Geld für eine bestimmte Zeit anzulegen
- Grundbesitz nicht zu veräußern
- Einer bestimmten Person die Schulden erlassen
- Gegenstand einer Auflage kann auch die Verpflichtung sein, wieder zu heiraten oder nicht mehr zu heiraten, Wohnsitz, Beruf oder Konfession zu wechseln bzw. beizubehalten, einer Vereinigung beizutreten oder dies zu unterlassen. Hier ist aber zu beachten, dass derartige Auflagen sittenwidrig sein können!

Bitte beachten Sie,dass die oben genannten Auflagen nicht abschließend sind!

Folgende Formulierungsmöglichkeiten sind denkbar:

- „Die Schulden von ....Euro sind ....(Name) zu erlassen."
- „Meine Erben sollen dafür sorgen, dass meine Grabstätte (und die meines Ehegatten etc.) über einen Zeitraum von ....Jahren in gepflegtem Zustand ist."
- „Der Familienschmuck darf nicht verkauft werden."
- „Mein Hund ....soll nicht ins Tierheim kommen, sondern soll von ....(Name) bis zu seinem Lebensende versorgt werden."

Dagegen kann nicht Gegenstand einer Auflage sein,ein bestimmtes Testament zu errichten,aufzuheben oder dies nicht zu tun (Verstoß gegen die Testierfreiheit).

2.4 Vermächtnis

Oftmals werden bestimmte Gegenstände wie die goldene Uhr des Großvaters oder die Münzsammlung einer Person „vermacht". Was bedeutet dies? Welche Folgen hat das für die Person?

Unter einem Vermächtnis,welches in den §§ 2147 bis 2191 BGB geregelt ist, versteht man eine Einzelzuwendung eines Vermögensvorteils durch Verfügung von Todes wegen und damit gerade keine Erbeinsetzung. Derjenige,der die Zuwendung erhält, wird Bedachter genannt. Besondere Arten des Vermächtnisses sind z. B. das Wahlvermächtnis, das Zweckvermächtnis und das Forderungsvermächtnis. Diese Begriffe werden im Folgenden noch erläutert.

Die Zuwendung eines Vermächtnisses begründet mit dem Erbfall eine Forderung des Bedachten gegen den Beschwerten, der Erbe oder selbst Vermächtnisnehmer sein muss. Dazu folgendes Beispiel: Sie möchten Ihren Sohn als Alleinerben einsetzen. Ihre Ehefrau soll aber zeitlebens finanziell versorgt sein. Auch ihre Tochter soll einen bestimmten Geldbetrag erhalten. Im Testament müssten Sie dann folgendermaßen formulieren: „Alleinerbe ist mein Sohn S. Meine Ehefrau E erhält lebenslängliches, unentgeltliches Wohnrecht in unserer jetzigen Wohnung in meinem Hausgrundstück X. Sie ist von S standesgemäß bis zu ihrem Tode zu unterhalten. Meiner Tochter T vermache ich einen Betrag in Höhe von ....Euro".
In diesem Beispiel muss S dann E aus dem Erbe unterhalten sowie der T den Geldbetrag zukommen lassen. Diese Möglichkeit ist steuerlich günstiger als die Vorerbschaft, da das Vermögen nur einmal vererbt wird.

Beachten Sie bitte: Stirbt der Bedachte vor dem Erblasser, ist das Vermächtnis unwirksam!

Was kann man vermachen? Gegenstand eines Vermächtnisses kann all das sein, was auch Gegenstand einer Leistung aus einem Schuldverhältnis sein kann. Beispiele: Aufnehmen des Bedachten in eine Gesellschaft, der Hausrat, Einräumung eines Ankaufsrechts oder eines Übernahmerechts an Nachlassgegenständen, Einräumung eines Nießbrauch als lebenslanges Nutzungsrecht an Aktien/an Grundstücken oder als lebenslängliches Wohnrecht, Zahlung einer Geldsumme, der Erlass oder die Abtretung einer Forderung, ein Anteil an einer GmbH oder ein Urheberrecht.

Dazu folgende Formulierungsbeispiele:

- „X soll eine Zuwendung in Höhe von ....Euro erhalten.“
- „Ich vermache meine goldene Uhr ....“
- „Ich vermache X den gesamten Hausrat mit Ausnahme von.................
....“
- „Ich räume meiner Tochter T den Nießbrauch an allen meinen Aktien der Gesellschaft XY ein.“
- „Ich vermache meinem Patenkind P die Forderung gegen F über ....
.................(genaue Bezeichnung der Forderung, z. B. aus einem Darlehen nebst Zinsen).“

An dieser Stelle sollen kurz die bereits oben erwähnten Arten der Vermächtnisse erläutert werden. Die Aufzählung ist nicht abschließend; im Gesetz sind weitere Arten vorgesehen (§§ 2150 bis 2173 BGB).

a) **Wahlvermächtnis** (§2154 BGB): Der Erblasser kann das Vermächtnis so anordnen, dass der Bedachte von mehreren Gegenständen nur den einen oder den anderen erhalten soll. Die Wahl kann auch einem Dritten übertragen werden. Beispiel: „Meiner Tochter T vermache ich eines meiner Bilder. Dieses kann sie selbst wählen.“ Oder: „Meiner Tochter vermache ich eines meiner Bilder. Meine Ehefrau soll bestimmen, welches sie erhalten soll.“

b) **Zweckvermächtnis** (§ 2156 BGB): Der Erblasser kann bei der Anordnung eines Vermächtnisses dessen Zweck bestimmen. Die Zweckbestimmung erfordert, dass im Testament der Zweck vom Erblasser so genau bezeichnet wurde, dass sich aus dem dadurch bestimmten Grund der Zuwendung hinreichende Anhaltspunkte ergeben. Beispiel: „Meinem Sohn S vermache ich 10.000 Euro zur Finanzierung seines Studiums.“ „Meiner Kusine K vermache ich 1.000 Euro, damit sie einen lang ersehnten Urlaub machen kann.“

c) **Forderungsvermächtnis** (§ 2173 BGB): Hierbei erlangt der Bedachte den Anspruch auf Übertragung einer Forderung nebst Zinsen seit dem Anfall der Forderung.

2.5 Vor- und Nacherbe

Sie haben in Ihrem Testament die Möglichkeit, eine oder mehrere Personen als Vorerben und als Nacherben zu bestimmen. Die klassische Variante ist die Einsetzung des Ehemanns/der Ehefrau als Vorerben und die Einsetzung der gemeinsamen Kinder als Nacherben.

Der Vorerbe ist in seiner Verfügung über den Nachlass durch die Einsetzung eines Nacherben beschränkt. Hat der Erblasser einen Nacherben eingesetzt, ohne den Zeitpunkt oder das Ereignis zu bestimmen, mit dem die Nacherbfolge eintreten soll, fällt die Erbschaft dem Nacherben mit dem Tod des Vorerben zu. Oftmals wird sie auch auf den Zeitpunkt einer Wiederheirat abgestellt. Da der Vorerbe mit dem Erbfall in die Rechtsstellung des Erblassers eintritt, kann er grundsätzlich über die zur Erbschaft gehörenden Gegenstände wie ein Vollerbe verfügen. Da aber dem Nacherben die Erbschaft, und zwar außer den beim Erbfall vorhandenen Gegenständen auch der Zuwachs, der mit Mitteln der Erbschaft beschafft wurde (z. B. Zinsen), möglichst ungeschmälert erhalten bleiben soll, ist der Vorerbe im Umgang mit dem Erbe beschränkt. Beispielsweise muss er Geld sicher anlegen und darf nicht ohne Zustimmung des Erben über ein Grundstück verfügen.

Formulierungsbeispiel: „Meine Ehefrau (Name, Geburtsdatum und -ort) soll Alleinerbin sein als Vorerbin unserer gemeinsamen Kinder (Namen). Die Vorerbschaft dauert bis zu ihrem Tod.“

2.6 Formulierungsbeispiele Erbeneinsetzung

Wie formuliert man eigentlich seinen letzten Willen? Im Verlauf der Erklärungen wurden bereits einige Beispiele genannt. An dieser Stelle sollen Beispiele zur Erbeinsetzung dargestellt werden:

- Meine Tochter T soll Alleinerbin meines Vermögens sein.
- Mein Freund F und meine Nichte N sollen zu gleichen Teilen erben.
- Erbe soll meine Lebensgefährtin L sein.
- Erbe soll mein Enkel E zu drei Viertel und meine Enkelin F zu einem Viertel sein.
- Meine Ehefrau E erbt zu 40 Prozent. Der Rest des Erbes soll zu gleichen Teilen an meine Kinder K und M fallen.

Beachten Sie, dass Sie in Ihrer Testierfreiheit (fast) vollkommen frei sind! Sie können bedenken, wen Sie möchten.

2.7 Pflichtteilsrecht

Die Testierfreiheit des Erblassers wird durch das Pflichtteilsrecht naher Angehöriger eingeschränkt. Sind nämlich Abkömmlinge, die Eltern oder der Ehegatte/Lebenspartner des Erblassers durch Verfügung von Todes wegen enterbt, so können sie von dem Erben den Pflichtteil verlangen. Der Pflichtteil, der nur unter bestimmten engen Voraussetzungen entfällt, ist kein gesetzlicher Erbteil, sondern ein persönlicher Anspruch auf Zahlung einer Geldsumme in Höhe der Hälfte des Wertes des gesetzlichen Erbteils im Zeitpunkt des Erbfalls. Wurde der überlebende Ehegatte enterbt und lebten beide im gesetzlichen Güterstand der Zugewinngemeinschaft, so erhöht sich dessen Anteil um ein Viertel. Der Anspruch auf den Pflichtteil entsteht mit dem Erbfall. Er ist wiederum vererblich und übertragbar. Der Pflichtteilsberechtigte muss innerhalb von drei Jahren nach Kenntnis vom Erbfall Anspruch auf den Pflichtteil erheben, da der Anspruch sonst verjährt (§ 2332 Absatz 1 BGB).

2.8 Wiederverheiratungsklausel

In einem Testament ist zu berücksichtigen, was aus dem Vermögen wird, wenn der alleinerbende Ehegatte wieder heiratet. Natürlich ist die

Gefahr relativ groß, dass er dazu neigt, die Kinder aus erster Ehe zu benachteiligen und seine „neuen“ Kinder und seine „neue“ Ehefrau als Alleinerben in seinem eigenen Testament einsetzt. Der Erblasser kann diesem Fall vorbeugen und eine so genannte Wiederverheiratungsklausel in sein Testament einbauen. Sinn und Zweck dieser Klausel ist es, dass Erbersatzansprüche des neuen Ehepartners und der – aus der neuen Verbindung hervorgegangenen – Kinder das ursprünglich für die Kinder aus der ersten Ehe vorgesehene Vermögen nicht schmälern. Eine Klausel könnte wie folgt lauten:

„Sollte mein Mann/meine Frau wieder heiraten, so ist er verpflichtet, den gemeinsamen Kindern die Hälfte dessen, was er von mir geerbt hat, unverzüglich (oder: binnen .... Monaten) herauszugeben.“

Möglich ist auch eine Regelung, durch die der Alleinerbe (Ehemann oder Ehefrau) von Anfang an als unbedingter Vollerbe eingesetzt wird, aber mit einem aufschiebend bedingten Vermächtnis belastet wird. Das heißt: heiratet der Überlebende wieder, haben seine Abkömmlinge aus erster Ehe einen Anspruch auf einen Teil des Nachlasses. Folgende Klausel ist denkbar:

„Sollte sich mein Ehemann/meine Ehefrau wieder verheiraten, so ist er/sie verpflichtet, unseren gemeinsamen Kindern nach den Regeln der gesetzlichen Erbfolge ein Vermächtnis in Höhe ihres gesetzlichen Erbteils auszuzahlen. Die Auszahlung muss innerhalb von ....Monaten erfolgen.“

2.9 Testamentsvollstrecker

Sie haben zudem die Möglichkeit,in Ihrem Testament einen oder mehrere Testamentsvollstrecker (§ §2197 bis 2228 BGB) zu bestimmen. Ein Testamentsvollstrecker kann jede Person sein, die voll geschäftsfähig ist. Der Alleinerbe kann dieses Amt jedoch nur zusammen mit einem Mittestamentsvollstrecker wahrnehmen.

Der Aufgabenkreis umfasst die Ausführung des Willens des Erblassers. Seine Aufgaben können sehr umfangreich sein und die Verwaltung des gesamten Erbes über Jahrzehnte umfassen. Es besteht aber auch die Möglichkeit, dass der Testamentsvollstrecker nur einzelne Maßnahmen wahrnimmt, wie z. B. die Durchführung der Bestattung, die Auflassung eines Grundstücks an sich selbst oder die Vollziehung einer Auflage.

Dazu folgende Muster:

1. Variante: Hier wird ein Testament eines Ehemannes mit Vermächtnis an seine Ehefrau dargestellt.

EINZELTESTAMENT

Ich,..
geborene/r...,
geboren am...
in..

setze hiermit

....,
geboren am...
in..

Selbstverständlich können auch mehrere Personen als Erben eingesetzt werden. Dann könnte der Absatz wie folgt lauten: "...setze hiermit (Name), geboren am (Datum), in (Ort) sowie (Name), geboren am (Datum) in (Ort) zu meinen Erben ein. Beide sollen zu gleichen Teilen erben."

zu meinem alleinigen Erben ein.

Sie/er wird mit folgenden Vermächnissen belastet:

1. Meine Ehefrau...,
geborene..
geb. am..................................in..
erhält lebenslänglich unentgeltliches Wohnrecht in unserer jetzigen Wohnung in meinem Hausgrundstück..
....

An dieser Stelle muss die Adresse sowie die Lage der Wohnung genau eingetragen werden.

Sie ist von ....(dem oder den Erben) bis zu ihrem Tode standesgemäß zu unterhalten. Bei einer Wiederverheiratung soll diese Unterhaltsverpflichtung erlöschen.

Das Erbe soll normalerweise der Familie erhalten bleiben. Heiratet die Ehefrau erneut, kann der Erblasser davon ausgehen, dass der neue Ehegatte die Unterhaltsversorgung übernimmt.

2.An meine Kinder ....ist je ein Betrag in Höhe von ....Euro zu zahlen. Diese Auflage ist ein Jahr nach meinem Tod zu erfüllen.

Natürlich kann Ihr Testament auch ganz anders aussehen.

....

Ort, Datum

....

Unterschrift (Vor- und Zunamen)

Ortsangabe und Datum sind entbehrlich, sollten jedoch angegeben werden. Ihre eigenhändige Unterschrift ist jedoch zwingend notwendig. Zudem muss das gesamte Testament handschriftlich geschrieben sein, um an dessen Echtheit keine Zweifel aufkommen zu lassen.

2. Variante (Einsetzung des Ehegatten als Vorerben mit Wiederverheiratungsklausel):

Mein letzter Wille/Testament

Meine Ehefrau/mein Ehemann...,
geboren am................................in..,
soll Alleinerbe als Vorerbe unserer gemeinsamen Kinder ....
....
(Namen, Geburtsdaten) sein. Die Vorerbschaft dauert bis zu ihrem/seinem Tod.

Selbstverständlich können Sie hier noch Auflagen und weitere Vermächtnisse einfügen.

Sollte meine Frau/mein Mann sich wieder verheiraten, so soll sie/er unseren gemeinsamen Kindern an ihrem/seinem Testament ein Vermächtnis machen, das der Hälfte dessen entspricht, was sie/er von mir als Erbe erhalten hat.

....
Ort, Datum

....
Unterschrift (Vor- und Zunamen)

Ortsangabe und Datum sind entbehrlich, sollten jedoch angegeben werden. Ihre eigenhändige Unterschrift ist jedoch zwingend notwendig. Zudem muss das gesamte Testament handschriftlich geschrieben sein, um an dessen Echtheit keine Zweifel aufkommen zu lassen.

3. Alles zur Erbengemeinschaft

Sie haben etwas geerbt und festgestellt, dass Sie nicht der einzige Erbe sind. Neben Ihnen sind z. B. noch Ihre Mutter sowie Ihre drei Geschwister zum Zuge gekommen. Nun leben Sie alle zusammen in einer Erbengemeinschaft. Diese ist gesetzlich geregelt in den §§ 2032 bis 2063 des Bürgerlichen Gesetzbuchs (BGB).

Oft geht eine Erbengemeinschaft mit einigen Schwierigkeiten einher, da – wo verschiedene Personen aufeinander treffen – stets mit mehreren Meinungen und unter Umständen sogar mit Konflikten zu rechnen ist. Auch ist nicht zu vergessen, dass eventuelle Ehegatten der Erben noch ein Wörtchen mitreden wollen oder gar müssen.

Den einzelnen Erben in der Erbengemeinschaft nennt man Miterben. Dieser darf ohne die Zustimmung der anderen bis zur Auseinandersetzung nicht viel tun. Aber was versteht man überhaupt unter einer Auseinandersetzung? Und wie kann diese erfolgen? Wird ein Testamentvollstrecker benötigt? Und wie sieht die Rechtslage aus, wenn Sie bereits vor dem Erbfall eine größere Summe Geld erhalten haben? Oder der umgekehrte Fall: Sie haben den Erblasser einige Jahre vor seinem Tode liebevoll unentgeltlich gepflegt und seinen Haushalt geführt – wirkt sich das auf die Erbquote aus?

Diese und viele weitere Fragen werden im Laufe der folgenden Kapitel beantwortet. Aber auch die erbrechtlichen Grundregeln sowie die gesetzliche Erbfolge werden kurz erläutert, um so ein umfassendes Verständnis für die – mitunter recht komplizierte – Materie der Erbengemeinschaft zu erlangen.

3.1 Erbrechtliche Grundregeln

Warum gibt es eigentlich gesetzliche Vorschriften zum Erben? Warum kann nicht jeder über sein Vermögen so verfügen, wie er das möchte?

Das Erbrecht hat die Funktion, das Eigentum als Grundlage der eigenverantwortlichen Lebensgestaltung mit dem Tod des Eigentümers nicht untergehen zu lassen. Der Fortbestand soll im Wege der Rechtsnachfolge gesichert werden. Das bedeutet: Auch nach dem Tod soll mit dem Eigentum des Erblassers so umgegangen werden, wie er das möchte. Die erbrechtlichen Regeln geben der Klarheit, der Leichtigkeit des Rechtsverkehrs und der Überschaubarkeit Vorrang vor der Einzelfallgerechtigkeit. Mit anderen Worten: Obwohl der Erblasser über sein Vermögen verfügen kann, wie er es wünscht, müssen bestimmte Regeln eingehalten werden.

Es existieren fünf grundsätzliche Prinzipien, die zum Teil von der Verfassung garantiert werden:

a) **Privaterbfolge:** Das Vermögen des Verstorbenen wird an Privatpersonen abgegeben. Nur wenn kein privater Erbe vorhanden ist, erbt der Fiskus des Bundeslandes, in dem der Erblasser zum Zeitpunkt seines Todes seine Niederlassung hatte. Er beteiligt sich allerdings über die Erbschaftsteuer wertmäßig am Nachlass und beschränkt dadurch das private Erbrecht.

b) **Familienerbrecht:** Verfügt der Erblasser nichts anderes, geht das Erbe per Gesetz auf seine Familie über, nämlich auf seinen Ehegatten bzw. eingetragenen (!) Lebenspartner und auf seine nächsten Verwandten (Eltern, Kinder, Geschwister etc.). Der Ehegatte/eingetragene Lebenspartner erbt neben den Verwandten nach dem Prinzip der ehelichen Gemeinschaft. Zweck dieses Prinzips ist es, dass weder den Abkömmlingen (zum Erhalt des Vermögens in der Familie) noch dem Ehegatten/eingetragenen Lebenspartner (zu dessen Versorgung) absoluter Vorrang eingeräumt wird.

c) **Gesamtrechtsnachfolge:** Das Vermögen des Erblassers geht als Ganzes auf die Erben über. Das bedeutet, dass die Erben den gesamten Nachlass inklusive eventueller Schulden annehmen oder das Erbe als solches ausschlagen müssen. Ausnahmen sind jedoch möglich.

d) **Testierfreiheit:** Der Erblasser kann selbst durch Verfügung von Todes wegen bestimmen, wer was erbt. Diese Freiheit ist vertraglich unbeschränkbar und wird nur das Pflichtteilsrecht sowie durch das Verbot sittenwidriger Verfügungen begrenzt. Aus dem Grundsatz der Testierfreiheit folgt, dass der Erblasser sogar nächste Angehörige übergehen kann, d. h., er kann sie enterben.

e) **Vonselbsterwerb:** Mit dem Tod des Erblassers fällt sein Nachlass dem Erben per Gesetz zu. Eine Mitwirkung seitens des Erbens ist nicht erforderlich. Er kann sogar ohne Kenntnis und gegen seinen Willen erben. Aus diesem Grunde haben die Erben auch das Recht, das Erbe auszuschlagen.

An dieser Stelle sollen zunächst einige Begriffe aus dem Erbrecht erläutert werden, ohne die ein Verständnis der Materie nur schwer möglich ist:

- **Erblasser:** Darunter versteht man eine natürliche Person (im Unterschied zu einer juristischen, z. B. einer Stiftung), durch deren Tod die Erbschaft auf den oder die Erben übergeht.

- **Verfügung von Todes wegen:** Es handelt sich dabei um das Testament (einseitige V. v. T. w., d. h., nur der Erblasser gibt eine Willenserklärung ab) oder um einen Erbvertrag (zweiseitige V. v. T. w., d. h., wie bei einem Kaufvertrag macht der Erblasser ein Angebot, und der Vertragspartner nimmt es an oder nicht; der Vertrag kommt aber nur zustande, wenn sich beide Willenserklärungen decken).

- **Gesetzliche Erbfolge:** Darunter versteht man die Erbfolge in der Reihenfolge, wie sie vom Gesetz angeordnet ist. Grob vereinfacht gesagt erben erst diejenigen, die dem Erblasser verwandtschaftlich am nächsten standen, d. h. zuerst seine Abkömmlinge (Kinder und Enkelkinder), dann die Eltern und Geschwister etc. Der Ehegatte oder eingetragene Lebenspartner in einer gleichgeschlechtlichen Beziehung erbt neben den Verwandten (bitte beachten Sie: durch die Heirat/Eintragung der Lebenspartnerschaft entsteht kein Verwandtschaftsverhältnis!). Die gesetzliche Erbfolge kommt zur Anwendung, wenn z. B. der Erblasser kein Testament gemacht hat (vgl. dazu auch Kapitel 3.3).

- **Gewillkürte Erbfolge:** Das Gegenteil zur gesetzlichen Erbfolge. Der Erblasser kann durch Testament bestimmen, wen er als Erben einsetzen möchte. Dies können neben Verwandten und Ehepartner auch Freunde, Bekannte und Institutionen wie z. B. Stiftungen sein.

- **Vermächtnis:** Unter einem Vermächtnis versteht man eine Einzelzuwendung eines Vermögensvorteils durch Verfügung von Todes wegen und damit gerade keine Erbeinsetzung. Derjenige, der die Zuwendung erhält, wird Bedachter genannt. Die Zuwendung eines Vermächtnisses begründet mit dem Erbfall eine Forderung des Bedachten gegen den Beschwerten, der Erbe oder selbst Vermächtnisnehmer sein muss. Gegenstand eines Vermächtnisses kann all das sein, was auch Gegenstand einer Leistung aus einem Schuldverhältnis sein kann. Beispiele: Aufnehmen des Bedachten in eine Gesellschaft, Hausrat, Einräumung eines Ankaufsrechts oder eines Übernahmerechts an Nachlassgegenständen, Einräumung eines Nießbrauchs als lebenslanges Nutzungsrecht an Aktien/an Grundstücken oder als lebenslängliches Wohnrecht, Zahlung einer Geldsumme, Erlass oder Abtretung einer Forderung, Anteil an einer GmbH oder ein Urheberrecht.

- **Nachlassverbindlichkeiten:** Darunter versteht man die vom Erblasser herrührenden Schulden, d. h. alle Verbindlichkeiten des Erblassers, soweit sie nicht mit dessen Tod erlöschen, ferner die Erbfallschulden, die durch den Erbfall entstehen und den Erben als solchen treffen wie z. B. Pflichtteilsansprüche, Vermächtnisse und

Auflagen, aber auch die Erbschaftsteuer, die Beerdigungskosten sowie die durch Handlungen eines Nachlasspflegers, Nachlassverwalters oder Testamentvollstreckers entstehenden Verbindlichkeiten und Kosten.

3.2 Begriffserklärung: Was ist eine Erbengemeinschaft?

Wie bereits in Kapitel 3.1 kurz erläutert, kennt das BGB nur die Gesamtrechtsnachfolge hinsichtlich des ganzen Nachlasses, § 1922 Absatz 1 BGB. Die Erbschaft bleibt nach dem Erbfall deshalb zunächst zusammen; der Nachlass steht den Miterben nur gemeinschaftlich zu. Der durch den Erbfall begründete Anteil eines einzelnen Miterben an der Erbengemeinschaft verschafft diesem einen Anspruch auf Auseinandersetzung (Teilung) des Nachlasses, aber keine unmittelbare gegenständliche Beziehung zum Nachlass oder Teilen davon.

Unter einer Erbengemeinschaft versteht man eine Mehrheit von Erben. Die Miterbengemeinschaft entsteht kraft Gesetzes durch den Tod des Erblassers unabhängig vom Willen der Miterben. Sie kann folglich weder durch einen Vertrag begründet noch nach erfolgter Auseinandersetzung wiederhergestellt werden. Diese Rechtsverbindung der Miterben ist als so genannte Gemeinschaft zur „gesamten Hand“ ausgestaltet. Damit ist zwischen dem gesamthänderisch gebundenen Nachlassvermögen und den Eigenvermögen ihrer Mitglieder zu unterscheiden. Die Erbengemeinschaft besitzt allerdings keine eigene Rechtspersönlichkeit und ist als solche nicht rechts- oder parteifähig wie z. B. die Privatperson. Sie kann z. B. nicht unmittelbar in einem Rechtsstreit als Partei auftreten. Die Miterben müssen grundsätzlich gemeinschaftlich handeln. Dieser Grundsatz erfährt aber mehrfach eine Durchbrechung durch Befugnisse rein individueller Prägung wie z. B. durch den Anspruch jedes Miterben auf jederzeitige Auseinandersetzung. Dazu folgen an späterer Stelle Ausführungen.

Zudem gibt es noch die Erbes-Erbengemeinschaft. Stirbt einer der Miterben vor Auseinandersetzung der Erbengemeinschaft und hinterlässt er seinerseits mehrere Erben, geht sein Anteil am Sondervermögen der Erbengemeinschaft auf seine Erben über; diese bilden sodann eine Erbes-Erbengemeinschaft, also eine gesamthänderische Unterbeteiligung an der Erbengemeinschaft.

Zu berücksichtigen ist, dass unter Umständen jedem Erben innerhalb der Erbengemeinschaft eine unterschiedliche Quote zusteht. Hat der Erblasser durch Verfügung von Todes wegen nichts anderes bestimmt, greifen die gesetzlichen Regelungen des § 1924 BGB ein. Gesetzliche Erben sind die Verwandten des Erblassers, sein Ehegatte oder eingetragener Lebenspartner und – wenn kein anderer mehr vorhanden ist – der Fiskus. Das BGB teilt die Verwandten in mehrere Gruppen ein. Diese Gruppen werden Ordnungen genannt. Hierbei gilt die Regel, dass, solange ein Verwandter der vorhergehenden Ordnung vorhanden ist, die Verwandten der nachfolgenden Ordnungen von der Erbschaft ausgeschlossen sind! Im Folgenden werden die ersten drei Ordnungen kurz erläutert, um so ein Verständnis für die Quotelung zu erreichen. Anhand von Beispielen wird die zum Teil nur schwer verständliche Erbfolge dem Leser näher gebracht.

1. Ordnung

Zu dieser Ordnung zählen die Abkömmlinge des Erblassers, also die mit ihm in gerader Linie verwandten Personen wie Kinder, Adoptivkinder, Stiefkinder, Enkel, Urenkel etc. Sie erben zu gleichen Teilen mit der Maßgabe, dass Enkel bzw. Urenkel erst dann zum Zuge kommen, wenn die Eltern der Enkel bzw. der Urenkel bereits verstorben sind. Beispiel: Erblasser E hatte drei Kinder. Tochter T ist vor einigen Jahren verstorben und hinterlässt drei Kinder (die Enkel des E). Stirbt E, erben neben seinen eigenen Kindern die drei Kinder der T. Hätte T zum Zeitpunkt des Erbfalls noch gelebt, wäre sie anstelle ihrer Kinder Erbin geworden. Solange ein Mitglied der 1. Ordnung vorhanden ist, schließt es alle anderen Verwandten von der Erbfolge aus.

Sind mehrere Kinder vorhanden, erbt jedes Kind gleich viel. Beispiel für die gesetzliche Erbfolge 1. Ordnung: Frau X stirbt, ohne ein Testament gemacht zu haben. Sie hinterlässt ihren Ehemann, zwei Söhne und zwei Enkelkinder (Kinder ihrer vor einiger Zeit verstorbenen Tochter). Diese fünf Personen leben nun in einer Erbengemeinschaft zusammen. An dieser sind der Ehemann zur Hälfte (im Falle der Zugewinngemeinschaft, die der gesetzliche Regelfall ist), die beiden Kinder zu je einem Sechstel und die beiden Enkelkinder zu je einem Zwölftel beteiligt. Diese Zahlen ergeben sich wie folgt: der Ehepartner bekommt die Hälfte, alle Kinder zusammen die restliche Hälfte. Ursprünglich waren es drei Kinder, d. h., jedes Kind bekommt von der Hälfte ein Drittel, dies entspricht einem Sechstel vom gesamten Erbe. Da die Tochter vorverstorben ist, erben ihre Abkömmlinge, also die beiden Enkelkinder des Erblassers, ihr Sechstel. Dieses Sechstel müssen sie sich teilen, d. h., jeder erhält ein Zwölftel. Bei einem Erbe von 120.000 Euro sieht die Verteilung wie folgt aus: Der Ehepartner erhält 60.000 Euro, die beiden Kinder jeweils 20.000 Euro und die Enkelkinder jeweils 10.000 Euro. Hatten die Ehepartner in einem Ehevertrag die Gütertrennung vereinbart, erbt der Ehepartner nur ein Viertel. Da in unserem Fall das Ehepaar drei Kinder hatte, bleibt es bei dem Viertel, da allen drei Kindern der gleiche Anteil zusteht. Das heißt, dass der Ehepartner ein Viertel erhält sowie jedes Kind ein weiteres Viertel. Da die Tochter vorverstorben ist, teilen sich die Enkelkinder deren Viertel, es bekommt jeder ein Achtel. Bei einem Erbe von 120.000 Euro sieht die Verteilung dann wie folgt aus: Der Ehepartner und die beiden Kinder erhalten jeweils 30.000 Euro; die beiden Enkelkinder teilen sich den „Anteil“ ihrer vorverstorbenen Mutter und erhalten jeweils 15.000 Euro.

2. Ordnung (§ 1925 BGB)

Diese besteht aus den Eltern des Erblassers, dessen Geschwistern und, falls diese vorverstorben sind, aus Neffen und Nichten. Sie kommen nur zum Zuge, wenn keine Erben 1. Ordnung vorhanden sind bzw. diese das Erbe ausgeschlagen haben. Der Ehegatte/eingetragene Lebenspartner des Erblasser erbt neben den gesetzlichen Erben 2. Ordnung bei

Zugewinngemeinschaft zu drei Vierteln, sonst zur Hälfte. Für die Verteilung des weiteren Viertels bzw. der anderen Hälfte kommt es darauf an, ob beide Eltern des Erblassers noch leben: nach § 1925 Absatz 2 BGB erben die Eltern, wenn sie beide noch leben, allein und zu gleichen Teilen. Lebt nur noch ein Elternteil, bestimmt sich die Verteilung nach § 1925 Absatz 3 BGB, d. h., an die Stelle des verstorbenen Elternteils treten dessen Abkömmlinge. Sind Abkömmlinge nicht vorhanden, erbt der überlebende Elternteil den Rest allein.

Beispiel für die gesetzliche Erbfolge 2. Ordnung: in der Grundkonstellation wird davon ausgegangen, dass ein kinderloser, unverheirateter Erblasser mit zwei Schwestern und zwei Nichten, den Töchtern seiner vorverstorbenen dritten Schwester, verstirbt. Zu differenzieren ist zwischen folgenden Varianten:

1. Var.: Beide Eltern des Erblassers leben noch. Sie erben dann zu gleichen Teilen, d. h., bei einem angenommenen Erbe von 120.000 Euro erhält jeder Elternteil 60.000 Euro.

2. Var.: Nur ein Elternteil lebt noch. Dieser erbt die Hälfte des Nachlasses; die andere Hälfte fällt an die Abkömmlinge des verstorbenen Elternteils, d. h. an die Geschwister des Erblassers und, ist eines der Geschwister davon oder sind alle vorverstorben, an dessen Abkömmlinge. Hier kann dann wieder das Beispiel der 1. Ordnung herangezogen werden: die verbleibende Hälfte wird aufgeteilt zwischen den drei Geschwistern des Erblassers. Da eine Schwester vorverstorben ist, fällt der ihr ursprünglich zustehende Erbteil von einem Sechstel an ihre beiden Töchter, d. h. an die Nichten des Erblassers. Diese erhalten je ein Zwölftel. Sind keine Geschwister oder Kinder der Geschwister vorhanden, erbt der überlebende Elternteil allein. In Zahlen ausgedrückt bedeutet das: von einem Erbe von 120.000 Euro erhält das Elternteil 60.000 Euro. Die beiden noch lebenden Geschwister des Erblassers erben jeweils 20.000 Euro, die beiden Nichten jeweils 10.000 Euro.

3. Var.: Beide Eltern sind vorverstorben. Dann treten deren Abkömmlinge an deren Stelle, d. h. wie in der Variante 2 erben zunächst die Geschwister des Erblassers zu gleichen Teilen; ist eines der Geschwister vorverstorben, erben diesen Anteil dann dessen Abkömmlinge. Bei der Ausgangskonstellation und einem Erbe von 120.000 Euro bedeutet das, dass die beiden Schwestern je ein Drittel, also 40.000 Euro, erhalten und die beiden Nichten je ein Sechstel, also 20.000 Euro, erhalten.

War der Erblasser zum Zeitpunkt seines Todes kinderlos verheiratet, ändert sich die Verteilung nur dahingehend, dass von dem Gesamterbe, wie bereits oben erwähnt, zunächst die Hälfte bzw. drei Viertel für den Ehegatten abgezogen werden und der Rest nach den oben genannten Anteilen verteilt wird. Bei einem Erbe von 120.000 Euro bedeutet das, dass der Ehepartner 90.000 Euro (Zugewinn) erhält; der Rest wird je nachdem, ob die Eltern noch leben oder nicht, nach den genannten Beispielen verteilt.

3. Ordnung (§ 1926 BGB)

Gesetzliche Erben dieser Ordnung sind die Großeltern des Erblassers und deren Abkömmlinge, also Onkel und Tanten des Erblassers. Hier gelten ähnliche Vorschriften wie bei der Erbfolge 2. Ordnung: leben beide Großeltern zur Zeit des Erbfalls, erben sie allein und zu gleichen Teilen. Lebt zur Zeit des Erbfalls von einem Großelternpaar ein Teil nicht mehr, so treten an die Stelle des Verstorbenen dessen Abkömmlinge (z. B. Tante und Onkel des Erblassers). Sind Abkömmlinge nicht vorhanden, so fällt der Anteil des Verstorbenen dem anderen Großelternteil und, wenn dieser nicht mehr lebt, dessen Abkömmlingen zu. Lebt zur Zeit des Erbfalls ein Großelternpaar nicht mehr und sind Abkömmlinge nicht vorhanden, so erben die anderen Großeltern oder ihre Abkömmlinge allein. Der Ehegatte des Erblassers erhält neben den Großeltern die Hälfte, bei Zugewinngemeinschaft drei Viertel. Ist von den Großeltern keiner mehr vorhanden, erbt er allein. Auch diese Ordnung soll anhand eines Beispiels erläutert werden. Ausgangsfall ist, dass ein kinderloser, unverheirateter Erblasser stirbt und Erben 1. und 2. Ordnung (also Eltern, Kinder und Geschwister etc.) nicht vorhanden sind.

1. Var.: Alle vier Großelternteile leben noch; die Quote beträgt für jeden ein Viertel.

2. Var.: Der Großvater mütterlicherseits ist bereits verstorben. Das Viertel, das ihm eigentlich zustehen würde, fällt sodann an seine Abkömmlinge. Hat er zwei Söhne und zwei Enkelkinder (die Töchter einer vorverstorbenen Tochter), fällt dieses Viertel nach den Regeln der Erbfolge 1. Ordnung zu je einem Drittel an die beiden Söhne (also die Onkel des Erblassers) und zu je einem Sechstel an die beiden Enkelkinder (also die Kusinen des Erblassers). Bei einem Nachlass von 120.000 Euro bedeutet das, dass Großmutter und Großvater väterlicherseits sowie die Großmutter mütterlicherseits je 30.000 Euro erhalten. Von den restlichen 30.000 Euro erhalten die Onkel des Erblassers je 10.000 Euro und die Töchter seiner vorverstorbenen Tante, also die Kusinen des Erblassers, je 5.000 Euro.

3. Var.: Beide Großeltern mütterlicherseits sind bereits verstorben und haben auch keine Abkömmlinge. Das gesamte Erbe fällt sodann an die Großeltern väterlicherseits. Lebt auch hier nur noch ein Teil, fällt die Hälfte des Erbes nach oben genannter Verteilung den Abkömmlingen zu. Es gibt noch die Erben 4. Ordnung sowie die der ferneren Ordnungen, diese dürften aber kaum relevant sein.

Erbrecht des Ehegatten (§ 1931 BGB)

Der Regelerbteil beträgt stets ein Viertel. Bei der Zugewinngemeinschaft erhöht sich der Anteil um ein weiteres Viertel, d. h., der überlebende Ehepartner erhält die Hälfte. Hatten die Ehepartner Gütertrennung vereinbart, kommt es auf die Zahl der Kinder an: der Ehepartner erbt ein Viertel, jedes weitere Kind (bis zu drei) ebenfalls. Hatten die Ehepartner nur zwei Kinder, wird das vierte Viertel gleichmäßig verteilt, sodass jeder ein Drittel hat. Bei einem Kind werden die restlichen beiden Viertel ebenfalls gleichmäßig auf Ehegatten und Kind verteilt – so erhält jeder die Hälfte.

Was ist überhaupt eine Zugewinngemeinschaft? Haben Eheleute keinen Ehevertrag geschlossen, leben sie im gesetzlichen Güterstand der Zugewinngemeinschaft. Geregelt ist dieser in den §§ 1363 bis 1390 BGB. Der gesetzliche Güterstand beginnt mit dem Tag der Eheschließung. Er endet mit dem Tod eines der Ehegatten bzw. bei Scheidung oder Aufhebung der Ehe. Jeder Ehegatte behält sein Vermögen in seinem Eigentum, auch das, das erst nach der Eheschließung erworben wird. Es besteht kein gemeinschaftliches Vermögen, aber auch keine gesetzliche Haftung für Schulden des anderen Ehegatten. Gemeinsame Haftung besteht nur für gemeinsam aufgenommene Schulden oder gegenseitige Bürgschaften. Allerdings sieht das Gesetz einige Beschränkungen in der selbstständigen Vermögensverwaltung vor, insbesondere in § 1365 BGB. Dort heißt es in Absatz 1: *„Ein Ehegatte kann sich nur mit Einwilligung des anderen Ehegatten verpflichten, über sein Vermögen im Ganzen zu verfügen. Hat er sich ohne Zustimmung des anderen Ehegatten verpflichtet, so kann er die Verpflichtung nur erfüllen, wenn der andere Ehegatte einwilligt.“* Diese Vorschrift dient der Erhaltung der wirtschaftlichen Existenzgrundlage der Familiengemeinschaft und soll den anderen Ehegatten vor der Gefährdung seines Anspruchs auf Zugewinnausgleich bei Beendigung des Güterstands schützen. Aus diesem Grunde muss unter Umständen auch der Ehegatte bei der Verfügung über den Miterbenteil zustimmen.

3.3 Rechtszustand vor der Auseinandersetzung

Bevor es zur Auseinandersetzung des Nachlasses kommt, herrscht unter den Miterben ein besonderer Rechtszustand, der an dieser Stelle näher erläutert werden soll:

a) **Verfügungsrecht des Miterben:** Ein Miterbe kann nur über seinen Erbteil verfügen, also über seinen Anteil (Quote) am Gesamthandsvermögen. Er kann nicht über einzelne Gegenstände verfügen oder seinen Anteil an den einzelnen Gegenständen; erforderlich ist vielmehr eine gemeinschaftliche Verfügung sämtlicher Miterben über den Nachlassgegenstand. Dies gilt, solange die Erbengemeinschaft besteht.

Beispiel: Die Erbengemeinschaft besteht aus fünf Personen, der Nachlass aus fünf Häusern. Jetzt ist es nicht so, dass jedem Erben automatisch ein Haus zusteht. Vielmehr ist es so, dass bis zur Auseinandersetzung jeder Erbe über seinen Anteil, also entsprechend seiner Quote des gesamten Erbes verfügen kann. Folgende Verfügungen innerhalb der Erbengemeinschaft sind denkbar:

- Übertragung sämtlicher Anteile auf einen Miterben: Hierbei vereinigt sich die Erbengemeinschaft in dessen Hand mit der Folge, dass die Erbengemeinschaft aufgehoben wird. Eine Rückübertragung ist nicht mehr möglich!

- Übertragung eines Anteils an die Miterben: Überträgt ein Miterbe seinen Erbteil an die übrigen Mitglieder der Erbengemeinschaft, fällt der Anteil in das Gesamthandsvermögen.

Die Verfügung an einen Außenstehenden hat zur Folge, dass der Erwerber zwar nicht „Miterbe" wird, da man diesen Status ja nicht „käuflich" erwerben kann, aber an die Stelle des Miterben tritt, also dessen Rechte und Pflichten übernimmt. Der Veräußerer verliert nicht die Stellung eines Miterben, aber seinen vermögensrechtlichen Anteil am Nachlass. Zu beachten ist an dieser Stelle, dass ein minderjähriger Erbe nur mit Zustimmung des Gerichts über seinen Anteil verfügen darf. Zu einer Verfügung zählt auch die Verpfändung des Anteils.

Verfügungen sind allerdings nicht unbeschränkt möglich:

Gesetzliches Vorkaufrecht der Miterben: Geregelt ist das in § 2034 BGB. Sinn und Zweck dieser Vorschrift ist, die Miterben vor dem Eindringen unerwünschter Nichterben in die Erbengemeinschaft und auch vor Verstärkung bereits eingedrungener Dritter zu schützen, um den Fortbestand der Gemeinschaft nicht vom Willen der Nichterben abhängig zu machen. Die Frist für die Ausübung des Vorkaufrechts beträgt zwei Monate. Vorkaufsberechtigt sind die Miterben gemeinschaftlich. Ist der verkaufte Anteil bereits auf einen Käufer (Dritten) übertragen, so können die Miterben das Vorkaufsrecht ihm gegenüber ausüben.

Für Verfügungen ist die notarielle Beurkundung gesetzlich vorgeschrieben.

b) **Verwaltung des Nachlasses:** Die ordnungsgemäße oder laufende Verwaltung des Nachlasses steht den Erben bis zur Auseinandersetzung nur gemeinschaftlich zu. Sie umfasst alle Maßnahmen, die auf die tatsächliche oder rechtliche Erhaltung, Vermehrung, Sicherung und Nutzung des Nachlasses gerichtet ist. Art und Inhalt der Verwaltung sind den Miterben selbst überlassen. Beispiele: Ausübung des Besitzes an den Nachlassgegenständen; Einziehung von Miet- oder Pachtzinsen; Abschluss von Mietverträgen; Baumaßnahmen auf einem Grundstück. Jeder Miterbe ist verpflichtet, an den Maßnahmen mitzuwirken. Dazu gehört nicht nur die Zustimmung, sondern unter Umständen auch eigenes tätiges Handeln.

Werden sich die Miterben nicht einig, entscheidet die Stimmenmehrheit durch Beschluss. Beispiel: Die Verwaltung des Nachlasses soll auf einen Miterben übertragen werden, die Miterben können sich aber nicht auf eine Person einigen. Deshalb muss abgestimmt werden; die einfache Stimmenmehrheit entscheidet. Die Stimmenmehrheit ist nach der Größe der Erbteile zu berechnen.

Notwendige Erhaltungsmaßnahmen kann jeder Miterbe ohne Mitwirkung der anderen treffen. Notwendig sind nur solche Maßnahmen, die auch der ordnungsgemäßen Verwaltung des gesamten Nachlasses dienen. Art und Umfang der Maßnahmen sind vom Standpunkt eines vernünftigen und wirtschaftlich denkenden Beurteilers zu entscheiden. Gegenbeispiel: Wiederaufbau eines vom Krieg zerstörten

Gebäudes; Abschluss eines langjährigen Mietvertrags.
Zu differenzieren davon sind Maßnahmen der außerordentlichen Verwaltung, also solche, die nicht unter die o. g. fallen. Hier reicht die Stimmmehrheit nicht aus, vielmehr ist die Übereinstimmung aller Miterben erforderlich!

Die Miterben können aber auch von der Verwaltung ausgeschlossen sein, wenn diese Befugnis einem Testamentvollstrecker, einem Nachlassverwalter oder einem Nachlassinsolvenzverwalter zusteht. Hier ist auf den Inhalt des Testaments abzustellen. Oft ist eine Verwaltung z. B. durch Testamentvollstrecker vorgesehen, um Streitigkeiten der Miterben untereinander zu vermeiden.

c) Gehört ein Anspruch zum Nachlass, z. B. ein Anspruch auf Zahlung des Kaufpreises für ein Auto, kann jeder einzelne Miterbe im eigenen Namen die Leistung an die Gesamtheit der Erben verlangen. Zu beachten ist, dass der Verpflichtete (also derjenige, der im Beispiel den Kaufpreis schuldet) nicht mit einer ihm nur gegen einen einzelnen Miterben zustehenden Forderung aufrechnen kann! Beispiel: A schuldete dem Erblasser E noch 15.000 Euro aus einem Kaufvertrag. Miterbe M schuldet hingegen A 5.000 Euro aus einem anderen Vertragsverhältnis. Jetzt kann A nicht nur 10.000 Euro an M bezahlen; es ist vielmehr gesetzlich in § 2039 BGB vorgeschrieben, dass er den vollen Betrag von 15.000 Euro an die Erbengemeinschaft bezahlt.

3.4 Auseinandersetzung

Ziel einer Erbengemeinschaft ist nicht die dauernde gemeinschaftliche Berechtigung am Nachlass, sondern dessen Aufteilung gemäß der entsprechenden Quoten. Wurden im Testament nicht eindeutige Bestimmungen geschaffen, ist die Auseinandersetzung eine höchst komplizierte Angelegenheit. Gesetzlich geregelt ist sie in den §§ 2042 ff. BGB. Jeder Miterbe kann – mit einigen Einschränkungen – jederzeit die Auseinandersetzung verlangen.

a) **Möglichkeiten der Auseinandersetzung:** Die Auseinandersetzung kann verschiedentlich erfolgen:

- **Auseinandersetzungsvertrag zwischen den Miterben:** Bei dieser Variante führen die Miterben in erster Linie durch vertragliche Aufhebung der unter ihnen bestehenden Gemeinschaft die Auseinandersetzung durch. Dieser Vertrag ist formlos, d. h., er muss auch nicht notariell beurkundet werden. Formbedürftig ist er allerdings dann, wenn er Abreden enthält, die selbst wiederum formbedürftig sind wie z. B., wenn zum Nachlass Grundstücke gehören oder Anteile an einer GmbH übertragen werden. Zu berücksichtigen sind stets Anordnungen des Erblassers. Fehlen solche, können sich die Miterben frei einigen. Dies kann z. B. wie folgt aussehen: der Nachlass wird einem Miterben zugewiesen, die anderen erhalten eine Abfindung; ein Miterbe erhält seinen Anteil in Form der zeitweiligen Nutzung des Nachlassvermögens, die übrigen den Vermögensstamm ohne dessen Nutzung.

  Wie ist die Rechtslage, wenn mehrere Miterben minderjährig sind und einen Auseinandersetzungsvertrag abschließen möchten? Dann braucht jeder Miterbe einen eigenen gesetzlichen Vertreter, der die Willenserklärung für ihn abgibt. Der Ehegatte bedarf bei Zugewinngemeinschaft der Zustimmung seines Ehepartners zur Auseinandersetzung nur, wenn der Erbteil sein ganzes Vermögen ausmacht und dieser oder die Nachlassgegenstände auf einen Miterben übertragen wird (zur Zugewinngemeinschaft siehe Kapitel 3.4).

- **Durch Testamentsvollstrecker:** Hat der Erblasser durch Verfügung von Todes wegen einen Testamentvollstrecker bestimmt, obliegt diesem die Auseinandersetzung; ein Auseinandersetzungsvertrag ist dann nicht möglich. Der Testamentvollstrecker erstellt einen Teilungsplan; die Zustimmung der Miterben zu diesem ist nicht erforderlich. Sie sind allerdings vor der Ausführung des Plans anzuhören. Hat der Erblasser in seinem Testament ein

Auseinandersetzungsverbot bestimmt, kann sich der Testamentsvollstrecker nur mit Zustimmung aller Erben über dieses hinwegsetzen.

Exkurs: Was ist ein Testamentsvollstrecker? Testamentsvollstrecker kann jede Person sein, die voll geschäftsfähig ist. Der Alleinerbe kann dieses Amt jedoch nur zusammen mit einem Mittestamentsvollstrecker wahrnehmen.

Der Aufgabenkreis umfasst die Ausführung des Willens des Erblassers. Seine Aufgaben können sehr umfangreich sein und die Verwaltung des gesamten Erbes über Jahrzehnte umfassen. Es besteht aber auch die Möglichkeit, dass der Testamentsvollstrecker nur einzelne Maßnahmen wahrnimmt, z. B. die Durchführung der Bestattung, die Auflassung eines Grundstücks an sich selbst oder die Vollziehung einer Auflage. Gesetzliche Vorschriften finden sich in den §§ 2197 bis 2228 BGB.

- **Durch die Vermittlung staatlicher Stellen:** Dies kann nur auf Antrag, der beim Nachlassgericht zu stellen ist, geschehen.

Beim Nachlassgericht handelt es sich um eine Abteilung des Amtsgerichts, in dessen Bezirk der Erblasser zuletzt seinen Wohnsitz hatte. Zuständig ist der Rechtspfleger. Der Rechtspfleger ist ein Beamter des gehobenen Dienstes, der Aufgaben der Rechtspflege selbstständig wahrnimmt, dabei sachlich unabhängig und nur an Recht und Gesetz gebunden ist.

Das Verfahren kann von jedem Miterben zum Scheitern gebracht werden, sobald er Widerspruch einlegt.

Je nach Landesrecht kann auch ein Notar zuständig sein, so z. B. in Baden-Württemberg. Hier fungieren die staatlichen Notariate als Nachlassgericht.

- Können sich die Miterben nicht einigen, kann **durch eine Erbteilungsklage** die Auseinandersetzung klageweise erzwungen werden. Die fehlende Zustimmung des/der Miterben wird dann durch ein Urteil des Gerichts ersetzt. Die Klage muss auf Abschluss eines konkreten Auseinandersetzungsvertrags gerichtet sein, der grundsätzlich den gesamten Nachlass umfassen muss. Der klagende Miterbe muss in seiner Klageschrift bestimmte Anträge stellen sowie einen detaillierten Teilungsplan vorlegen, der das Ergebnis der vorzunehmenden Auseinandersetzung zutreffend wiedergeben muss. Nur dann kann er Zustimmung verlangen!

- **Durch Teilauseinandersetzung:** Zu beachten ist in diesem Zusammenhang die Auseinandersetzung nur eines Teils des Nachlasses. Sie kann – im Unterschied zur Auseinandersetzung des gesamten Nachlasses – grundsätzlich nicht gegen den Willen eines Miterben verlangt werden. Jedoch sind die Miterben berechtigt, einvernehmlich und unter Mitwirkung aller sowohl eine persönliche als auch eine gegenständlich beschränkte Teilauseinandersetzung vorzunehmen.

- Die **persönlich** beschränkte Teilauseinandersetzung mit dem Ziel des Ausscheidens eines einzelnen Miterben kann immer nur einvernehmlich vereinbart werden. Sie kann z. B. dadurch herbeigeführt werden, dass der ausscheidungswillige Miterbe seinen Anteil auf die anderen Miterben überträgt. Zulässig ist aber auch der vergleichbare formfreie Weg der Abschichtung, bei der ein Miterbe vertraglich seine Mitgliedschaftsrechte an der Erbengemeinschaft gegen eine Abfindung abgibt und dadurch einvernehmlich aus der Erbengemeinschaft ausscheidet. Der vom Ausscheidenden aufgegebene Anteil wächst den verbleibenden Miterben per Gesetz zu. Ist nur noch ein weiterer Miterbe vorhanden, hat das zur Folge, dass die Erbengemeinschaft beendet ist.

- Die **gegenständlich** beschränkte Teilauseinandersetzung ist mit Einverständnis aller Miterben stets möglich. Ausnahmsweise kann sie sogar gegen den Willen eines Miterben verlangt werden, wenn besondere Gründe dies rechtfertigen, z. B. wenn keine Nachlassverbindlichkeiten mehr bestehen, und dadurch berechtigte B lange der Erbengemeinschaft oder eines einzelnen Miterben nicht beeinträchtigt werden.

b) **Einschränkungen der Auseinandersetzung:**

- Erbe kann auch sein, wer noch nicht geboren, aber bereits gezeugt ist. Sind Erbteile wegen der zu erwartenden Geburt eines Miterben noch unbestimmt, ist die Auseinandersetzung bis zur Aufhebung der Unbestimmtheit ausgeschlossen, in diesem Fall bis zur Geburt. Gesetzlich geregelt ist das in § 2043 BGB. Man spricht in diesem Fall vom Aufschub der Auseinandersetzung.

- Ein weiterer „Aufschub-Fall" ist in § 2045 BGB vorgesehen. Danach kann jeder Miterbe verlangen, dass die Auseinandersetzung bis zur Beendigung des Aufgebotsverfahrens oder bis zum Ablauf der in § 2061 BGB bestimmten Anmeldefrist aufgeschoben wird. Unter der Anmeldefrist versteht man einen Zeitraum von sechs Monaten, in dem die Gläubiger des Erblassers nach Aufforderung eines Miterben ihre Forderungen bei ihm (dem Miterben) oder beim Nachlassgericht anmelden, d. h. geltend machen müssen.

  In dem Aufgebotsverfahren nach § 1970 BGB können eventuelle Nachlassgläubiger zur Anmeldung ihrer Forderungen aufgefordert werden.

- Daneben gibt es auch den Fall des Ausschlusses der Auseinandersetzung, der in § 2044 BGB gesetzlich geregelt ist. Die Anordnung des Ausschlusses obliegt dem Erblasser; diese muss er in seiner letztwilligen Verfügung angeordnet haben. Das Teilungsverbot kann sich auf den gesamten Nachlass, aber auch nur auf einzelne Gegenstände beziehen. Die Verfügung des Erblassers wird allerdings nach 30 Jahren unwirksam. Der Erblasser kann das Ende des Teilungsverbots auch an ein bestimmtes Ereignis knüpfen, so z. B. den 25. Geburtstag des jüngsten Miterben. Zu berücksichteigen ist aber, dass sich die Erben letztendlich doch über das Verbot hinwegsetzen können – etwa, weil der Erblasser damit nur verhindern wollte, dass ein Miterbe gegen den Willen der anderen die Auseinandersetzung herbeiführt. Wie bereits ausgeführt ist der Testamentsvollstrecker zwar an das Verbot gebunden, jedoch kann auch er sich mit Zustimmung aller Erben über dieses hinwegsetzen.

Nach Durchführung der Auseinandersetzung ist eine vertragliche Wiedereinführung der Gesamthandgemeinschaft ausgeschlossen.

Jetzt sind Sie darüber informiert, auf welchen Wegen eine Auseinandersetzung erfolgen kann. Aber wie geht es weiter?

Noch vor der Teilung des Nachlasses müssen eventuelle Schulden des Erblassers und andere Nachlassverbindlichkeiten getilgt werden. Der danach verbleibende Überschuss gebührt den Erben nach dem Verhältnis der Erbteile. Auch der Erblasser kann durch sein Testament Anordnungen für die Teilung treffen. Hat der Erblasser nichts anderes verfügt, richtet sich die Teilung nach den §§ 752 bis 754 BGB. Danach sind Teilung in Natur, durch Verkauf sowie der Verkauf gemeinschaftlicher Forderungen möglich.

- **Teilung in Natur:** Voraussetzung ist, dass der Gegenstand in der Weise teilbar ist, dass sich ohne Wertminderung gleichartige, den Anteilen der Miterben entsprechende Teile bildbar sind. Beispiel für die Teilbarkeit: Geld, Wertpapiere, unbebaubare Grundstücke, Forderungen auf Geld. Gegenbeispiele: bebaute Grundstücke, da eine gleichwertige Teilung praktisch unmöglich sein wird; Unternehmen; häufig Sammlungen, da der Gesamtwert in der Regel höher ist.

- **Teilung durch Verkauf:** Ist eine Teilung in Natur nicht möglich, so wird der Nachlass verkauft und der Erlös geteilt. Ist eine Veräußerung nicht möglich, muss die Erbengemeinschaft bestehen bleiben.
- **Verkauf gemeinschaftlicher Forderungen:** Besteht der Nachlass

(auch) in einer Forderung, kann diese nur verkauft werden, wenn sie noch nicht eingezogen werden kann (z. B. da sie noch nicht fällig ist).

Die Teilung des Nachlasses tritt mit Vollzug der Auseinandersetzung ein.

3.5 Ausgleichspflichten

Hat ein Abkömmling vor dem Tod des Erblassers bereits Zuwendungen, z. B. eine größere Menge Geld, von diesem erhalten, ist er zum Ausgleich (juristisch: Ausgleichung) gegenüber den Miterben verpflichtet.

Die Ausgleichspflicht für Abkömmlinge des Erblassers, also für Kinder, Enkelkinder etc., ist geregelt in den §§ 2050 ff. BGB. Dort heißt es in § 2050 Absatz 1 BGB: *„Abkömmlinge, die als gesetzliche Erben zur Erbfolge gelangen, sind verpflichtet, dasjenige, was sie von dem Erblasser bei dessen Lebzeiten als Ausstattung erhalten haben, bei der Auseinandersetzung untereinander zur Ausgleichung zu bringen, soweit nicht der Erblasser bei der Zuwendung ein anderes angeordnet hat.“*

Voraussetzung der Ausgleichung ist zunächst der Eintritt der gesetzlichen Erbfolge (vgl. dazu auch Kapitel 3.4) sowie ein zu verteilender Nachlass. Sie gewährt keinen selbständigen Anspruch auf Herausgabe der Vorempfänge, sondern bedeutet, dass bei Auseinandersetzung dieses Nachlasses ein Abkömmling bestimmte Zuwendungen, die er quasi als Vorausleistung vom Erblasser zu dessen Lebzeiten erhalten hat („Vorempfang“), sich gegenüber anderen Abkömmlingen anrechnen lassen muss. Darunter fallen z. B.: Aussteuer, regelmäßig wiederkehrende Zuschüsse, Aufwendungen für Studium etc. Es muss bei einem Abkömmling ein Vermögensvorteil entstanden sein, der den anderen nicht gewährt wurde.
Nur Abkömmlinge sind sich untereinander ausgleichspflichtig und das auch nur, wenn sie zu gesetzlichen Erben berufen sind. Fällt ein eigentlich ausgleichspflichtiger Abkömmling (z. B. durch Tod oder Erb-

unwürdigkeit) als Erbe weg, muss der an seine Stelle Tretende in die Ausgleichspflicht eintreten.

In § 2052 BGB ist geregelt, dass obige Ausführungen auch für Abkömmlinge, die als gewillkürte Erben eingesetzt werden, gelten sollen.

Der Erblasser kann die Ausgleichspflicht ganz, teilweise, bedingt oder unbedingt ausschließen oder ändern.

Bei der Auseinandersetzung wird jedem Miterben der Wert der Zuwendung, die er ausgleichen muss, auf seinen Erbteil angerechnet. D. h., die bereits geleistete Sache muss nicht zurückgewährt werden. Die Rechnung führt in der Regel zu den von den Erbquoten abweichenden Teilungsquoten. Beispiel: Der Wert des Nachlasses beträgt 60.000 Euro. Miterben sind die Witwe W des Erblassers zu einem Viertel, die Kinder A, B und C ebenfalls je zu einem Viertel. A hat 10.000 Euro auszugleichen, C 8.000 Euro. W erhält vorweg ein Viertel des Nachlasses, also 15.000 Euro, denn die Ausgleichspflicht betrifft ja nur die Abkömmlinge untereinander! Für diese beträgt die rechnerische erhöhte Teilungssumme nun 63.000 Euro (drei Viertel, also 45.000 Euro + 10.000 Euro + 8.000 Euro). Davon erhält jeder ein Drittel, also 21.000 Euro. Von diesem Betrag müssen sich A allerdings 10.000 Euro und C 8.000 Euro abziehen lassen, sodass für A noch 11.000 Euro und für C noch 13.000 Euro verbleiben. Lebten die Ehegatten im Güterstand der Zugewinngemeinschaft, erhält W die Hälfte des Nachlasses, A, B und C jeweils ein Sechstel. Die Verteilung sieht dann wie folgt aus: W erhält 30.000 Euro; nach Abzug dessen verbleibt eine erhöhte Teilungssumme von 48.000 Euro (30.000 Euro + 10.000 Euro + 8.000 Euro). Davon erhält jeder Abkömmling ein Drittel, also 16.000 Euro. Davon muss sich A allerdings 10.000 Euro abziehen lassen und C 8.000 Euro, sodass A im Ergebnis 6.000 Euro und C noch 8.000 Euro erhalten würde. Vor der Auseinandersetzung hat die Ausgleichspflicht keine Bedeutung, weder im Verhältnis der Erben untereinander noch im Verhältnis nach außen.

Was passiert, wenn ein Miterbe durch die Zuwendung mehr erhalten hat, als ihm bei der Auseinandersetzung eigentlich zustehen würde? Dazu folgendes Beispiel: Ausgangsfall ist der obige (Zugewinngemeinschaft), allerdings hat A nicht 10.000 Euro als Zuwendung erhalten, sondern 25.000 Euro. W erhält die Hälfte des Nachlasses, also 30.000 Euro. Nach Abzug dessen verbleibt eine Teilungssumme von 63.000 Euro (30.000 Euro + 25.000 Euro + 8.000 Euro). Davon erhalten A, B und C je ein Drittel, also 21.000 Euro. C muss sich wiederum 8.000 Euro abziehen lassen und erhält 13.000 Euro, B 21.000 Euro. Nach Abzug der bereits erfolgten Zuwendung käme man bei A zu einem Ergebnis von -4.000 Euro. Muss A dann 4.000 Euro zurückzahlen? Nein. Der Nachlass wird vielmehr unter den übrigen Erben in der Weise geteilt, dass der Wert der Zuwendung und der Erbteil des Miterben außer Ansatz bleiben. Beispiel: Der Nachlass besteht aus 8.000 Euro. Miterben sind A zur Hälfte, B und C jeweils zu einem Viertel. C hat 4.000 Euro auszugleichen, sodass dadurch die erhöhte Teilungsmasse 12.000 Euro beträgt. Davon würde auf C ein Viertel, also 3.000 Euro fallen. Da er aber bereits 4.000 Euro erhalten hat, scheidet er aus. Deshalb teilen sich A und B den Nachlass von 8.000 Euro in dem Verhältnis zwei Drittel zu ein Drittel.

Eine gesetzliche Ausnahme von der Ausgleichspflicht findet sich in § 2053 BGB. Nicht ausgleichspflichtig sind ausnahmsweise Zuwendungen, die der Erblasser einem entfernteren Abkömmling vor dem Wegfall eines näheren gemacht hat. Sofern der entferntere Abkömmling zum Zeitpunkt der Zuwendung nicht erben würde, kann dadurch nicht die Absicht des Erblassers vermutet werden, es handle sich um eine Vorleistung auf den zu erwartenden Erbteil. Ausgleichspflichtig ist die Zuwendung nur dann, wenn der Erblasser dies im Testament angeordnet hat. Beispiel: Erblasser X schenkt seinem Enkel E 5.000 Euro. Seine gesetzlichen Erben sind aber zunächst seine Kinder A, B und C (die Mutter des E). Fällt die C als Erbin weg und stirbt X, so ist E bezüglich der 5.000 Euro nicht ausgleichspflichtig.

Es gibt eine Ausgleichspflicht bei besonderer Leistung eines Abkömmlings. Hat ein Abkömmling durch Mitarbeit im Haushalt, Beruf oder Geschäft des Erblassers während längerer Zeit, durch erhebliche Geldleistungen oder in anderer Weise in besonderem Maße dazu beigetragen, dass das Vermögen des Erblassers erhalten oder vermehrt wurde, kann er dafür bei der Auseinandersetzung eine Ausgleichung unter den Abkömmlingen verlangen. Gesetzlich geregelt ist das in § 2057 a BGB. Sinn und Zweck dieser Vorschrift ist die Herstellung einer sicheren Rechtsgrundlage für einen Ausgleich nach Billigkeit im Rahmen der Erbauseinandersetzung, wenn ein Abkömmling zum Wohle des Erblassers besondere Leistungen unentgeltlich oder gegen unangemessen geringes Entgelt erbracht hat. Auszugleichen sind nicht – wie im oben geschilderten Fall – Zuwendungen des Erblassers an den ausgleichspflichtigen Abkömmling, sondern umgekehrt Leistungen des ausgleichsberechtigten Abkömmlings an den Erblasser. Zu den Leistungen zählen z. B. Pflegeleistungen, erhebliche Geldleistungen, Dienstleistungen im Haushalt des Erblassers.

Die Höhe des Ausgleichsbetrags bemisst sich zum einen nach Dauer und Umfang der Leistung, zum anderen ist der Wert des Nachlasses zur Zeit des Erbfalls heranzuziehen. Er ist von den Erben gemeinsam festzusetzen. Können diese sich nicht über die Höhe des Ausgleichsbetrags einigen, bestimmt das Gericht die Höhe. Die Durchführung der Ausgleichung erfolgt rechnerisch in der Weise, dass zunächst unter Abzug des Anteils des nicht ausgleichspflichtigen Miterben der Wert des Nachlasses festgestellt wird, der den Abkömmlingen zufällt, unter denen der Ausgleich stattfindet. Von diesem Nachlasswert wird der errechnete Ausgleichsbetrag abgezogen und sodann dem Erbteil des ausgleichsberechtigten Miterben hinzugerechnet. Beispiel: Der Wert des Nachlasses beträgt 18.000 Euro. Miterben sind die Witwe W zur Hälfte, die Kinder A, B und C je zu einem Sechstel. A hat sich jahrelang unentgeltlich um den Erblasser gekümmert; aus diesem Grunde ist für ihn ein Ausgleichsbetrag von 3.000 Euro anzusetzen. Daraus ergibt sich folgende Rechnung: W erhält 9.000 Euro. Von den auf die drei Kinder fallenden 9.000 Euro beträgt nach Abzug des Ausgleichbetrags von 3.000 Euro der rechnerische Nachlass 6.000 Euro. Es erhalten B und C jeweils ein Drittel davon, also je 2.000 Euro, A erhält 5.000 Euro (2.000 Euro + 3.000 Euro).

Zu beachten ist, dass die Ausgleichung ausgeschlossen ist, wenn der Abkömmling für die erbrachten Leistungen bereits ein angemessenes Entgelt erhalten hat!

3.6 Haftung der Miterben

Erben bedeutet nicht immer nur einen Vorteil, denn mitunter ist der Nachlass auch mit Schulden oder anderen so genannten Nachlassverbindlichkeiten belastet. Die Haftung der Erben bestimmt sich nach den §§ 1967 ff. BGB. Nach dem Haftungssystem haftet der Erbe vorläufig unbeschränkt, aber beschränkbar. Das bedeutet, dass er ab Annahme der Erbschaft außer mit dieser auch mit seinem eigenen Vermögen haftet. Er bekommt aber vom Gesetz die Möglichkeit eingeräumt, seine Haftung unter bestimmten Voraussetzungen und mittels bestimmter Maßnahmen auf den Nachlass zu beschränken. Dazu zählen die Beschränkungsmittel in den §§ 1975 bis 1992 BGB, d. h., wurde eine Nachlassverwaltung zum Zweck der Befriedigung der Nachlassgläubiger angeordnet oder das Nachlassinsolvenzverfahren eröffnet, haftet der Erbe nur mit dem Nachlassvermögen. Hält sich der Erbe jedoch nicht an die gesetzlichen Regelungen und Fristen, haftet er unbeschränkt auch mit seinem eigenen Vermögen. Zu beachten ist, dass der Erbe nicht vor Annahme der Erbschaft in Anspruch genommen werden kann.

Diese Regelungen gelten grundsätzlich auch für die Miterben, und zwar für jeden getrennt. Die §§ 2058 ff. BGB bestimmen nun ergänzend zu den allgemeinen Vorschriften, ob im Außenverhältnis die Erbengemeinschaft haftet oder der einzelne Miterbe.

Im Außenverhältnis gilt grundsätzlich die gesamtschuldnerische Haftung der Miterben. Sie beginnt mit der Erbengemeinschaft und dauert grundsätzlich auch nach deren Teilung fort (zu den Ausnahmen s. u.). Die gesamtschuldnerische Haftung besteht aber nur für gemeinschaftliche Nachlassverbindlichkeiten, also z. B. für Vermächtnisse, die aus dem Nachlass zu entrichten sind und nicht von einem einzelnen Miterben.

Im Innenverhältnis der Miterben regelt sich der Ausgleich nach dem Verhältnis ihrer Erbteile. Die Nachlassverbindlichkeiten sind aber in der Regel vor der Teilung zu tilgen.

a) **Haftung bis zur Teilung:** Bis zur Teilung können sich die Gläubiger (des Erblassers) an den ungeteilten Nachlass halten. Außerdem können sie von jedem einzelnen der als Gesamtschuldner haftenden Miterben Erfüllung verlangen. Jedem Miterben steht jedoch ein besonderes Verweigerungsrecht zu, welches in § 2059 BGB geregelt ist. Dieses muss er dann in einem Prozess geltend machen und so in einer eventuellen Zwangsvollstreckung den Zugriff des Gläubigers in sein Privatvermögen vermeiden.

   Sind Sie Gläubiger des Erblassers, müssen Sie eine Klage gegen alle Miterben richten, da die Erbengemeinschaft als solche ja nicht verklagt werden kann.

b) **Haftung nach der Teilung:** Auch nach der Teilung bleibt die gesamtschuldnerische Haftung der Miterben für Nachlassverbindlichkeiten, die nicht schon vor der Teilung getilgt wurden, grundsätzlich bestehen. Ausnahmsweise haftet nach der Teilung jeder Miterbe nur für den seinem Erbteil entsprechenden Teil einer Nachlassverbindlichkeit. Diese Sonderfälle sind im Gesetz in den §§ 2060, 2061 BGB aufgezählt:

   - Ausschluss im Aufgebotsverfahren: Unter dem Aufgebotsverfahren versteht man eine öffentliche gerichtliche Aufforderung zur Anmeldung von Rechten mit der Wirkung, dass ein Rechtsnachteil für den entsteht, der die fristgerechte Anmeldung unterlässt. Wenn der Gläubiger nun diese Frist versäumt hat, haftet der Miterbe nur entsprechend seiner Erbteilquote.

- Verspätete Geltendmachung: Macht der Gläubiger seine Forderung später als fünf Jahre nach dem Erbfall geltend, so ist die Forderung verspätet, und die o.g. Haftungsbeschränkung tritt ein.

- Ist das Insolvenzverfahren über den Nachlass eröffnet und beendigt worden, tritt ebenfalls der o.g. Sonderfall der Haftung ein.

- Auch jeder Miterbe kann den oder die Gläubiger des Erblassers öffentlich (durch Veröffentlichung im Bundesanzeiger) auffordern, Forderungen binnen sechs Monaten bei ihm oder beim Nachlassgericht anzumelden. Nach der Teilung haftet der Miterbe dann wiederum nur entsprechend seiner Quote.

4. Alles zur Erbschaftsteuer

Sie haben eine größere Summe Geld, sei es in Wertpapieren oder als Bankguthaben angelegt, oder ein oder mehrere Grundstücke oder Häuser geerbt? Dann sollten Sie genau darüber Bescheid wissen, welche Steuern auf Sie zukommen. Denn die Steuerschulden bereiten den Erben oftmals Sorgen. Diese können, je nachdem, in welcher verwandtschaftlichen Beziehung Sie zu dem Erblasser standen und welchen Wert der Nachlass besitzt, unterschiedlich hoch sein: Die Erbschaftsteuersätze variieren zwischen 7 und 50 %. Befinden sich nicht genügend flüssige Mittel im Nachlass, wie z. B. ein größeres Bankguthaben, müssen zur Deckung der Schulden oftmals einige Nachlassgegenstände verkauft oder die Grundstücke belastet werden.

Haben Sie etwas geerbt, müssen Sie innerhalb von drei Monaten nach dem Erbfall dem zuständigen Finanzamt gegenüber Angaben zur Höhe des Nachlasses machen. Darüber hinaus unterliegen aber auch Standesämter, Notare, Banken, Versicherungsgesellschaften und Gerichte dieser Verpflichtung.

Rechtsgrundlage für die Erhebung der Erbschaft-/Schenkungsteuer ist das Erbschaftsteuer- und Schenkungsteuergesetz (ErbStG).

Wer erhebt die Steuern? Und was wird überhaupt besteuert? Werden Schulden des Erblassers oder die Beerdigungskosten zunächst vom Nachlass abgezogen? Gibt es einen Freibetrag? Und wenn ja, wie hoch ist dieser?

In den folgenden Kapiteln wird Ihnen die – mitunter sehr komplizierte – steuerliche Seite des Erbrechts anhand von einfachen Beispielen leicht verständlich erläutert. Zudem finden Sie Tabellen zu den Steuer- bzw. Versorgungsfreibeträgen sowie zu den verschiedenen Steuerklassen.

4.1 Grundbegriffe aus dem Erbrecht

Das Erbrecht hat die Funktion, das Privateigentum als Grundlage der eigenverantwortlichen Lebensgestaltung mit dem Tod des Eigentümers nicht untergehen zu lassen. Der Fortbestand soll im Wege der Rechtsnachfolge gesichert werden. Das bedeutet: auch nach dem Tod soll mit dem Eigentum des Erblassers so umgegangen werden, wie er dies zu Lebzeiten gewollt hat. Gesetzlich geregelt ist das Erbrecht in den §§ 1922 bis 2385 des Bürgerlichen Gesetzbuches (BGB). Diese Regeln der Erbfolge geben der Klarheit, der Leichtigkeit des Rechtsverkehrs und der Überschaubarkeit Vorrang vor der Einzelfallgerechtigkeit. Mit anderen Worten: obwohl Sie über Ihr Vermögen verfügen können, wie Sie es wünschen, müssen bestimmte Regeln eingehalten werden.

An dieser Stelle werden einige Begriffe aus dem Erbrecht erläutert, ohne die ein Verständnis der Materie nur schwer möglich ist.

- **Erblasser:** Darunter versteht man eine natürliche Person (im Unterschied zu einer juristischen Person, z. B. einer Stiftung), durch deren Tod die Erbschaft auf den oder die Erben übergeht.

- **Verfügung von Todes wegen:** Es handelt sich dabei entweder um ein Testament, das eine einseitige Verfügung von Todes wegen dar stellt (das bedeutet, dass nur der Erblasser eine Willenserklärung abgibt) oder um einen Erbvertrag, der eine zweiseitige Verfügung von Todes wegen darstellt. Hier macht der Erblasser, ähnlich wie bei einem Kaufvertrag, ein Angebot, das der Vertragspartner annimmt oder ausschlägt. In diesem Fall kommt der Vertrag nur dann zu Stande, wenn beide Willenserklärungen übereinstimmen.

- **Gesetzliche Erbfolge:** Darunter versteht man die Erbfolge in der Reihenfolge, wie sie vom Gesetz vorgesehen ist. Grob vereinfacht gesagt, erben zunächst diejenigen, die dem Erblasser verwandtschaftlich am nächsten standen, das heißt, zuerst erben die Abkömmlinge des Erblassers (Kinder und Enkelkinder), dann die Eltern und Geschwister usw. Der Ehegatte oder der eingetragene Lebenspartner in einer gleichgeschlechtlichen Beziehung erbt neben den Verwandten. (Bitte beachten Sie: durch die Heirat/Eintragung der Lebenspartnerschaft entsteht kein Verwandtschaftsverhältnis.) Die gesetzliche Erbfolge kommt dann zur Anwendung, wenn der Erblasser kein Testament gemacht hat.

- **Gewillkürte Erbfolge:** Hierbei handelt es sich um das Gegenteil zur gesetzlichen Erbfolge. Der Erblasser kann durch Testament bestimmen, wen er als Erben einsetzen möchte. Diese können neben den Verwandten und dem Ehepartner auch Freunde, Bekannte und Institutionen wie z. B. Stiftungen sein.

- **Vermächtnis:** Unter einem Vermächtnis versteht man eine einzelne Zuwendung eines Vermögensvorteils (z. B. eines bestimmten Geldbetrages) durch Verfügung von Todes wegen und damit gerade keine Erbeinsetzung. Derjenige, der die Zuwendung erhält, wird Bedachter genannt – er ist kein Erbe. Durch die Zuwendung eines Vermächtnisses hat der Bedachte einen Anspruch gegen den Beschwerten, der Erbe oder selbst Vermächtnisnehmer sein muss. Gegenstand eines Vermächtnisses kann z. B. sein: die Aufnahme des Bedachten in eine Gesellschaft, der Hausrat, die Einräumung eines Ankaufsrechts oder eines Übernahmerechts an Nachlassgegenständen, die Einräumung eines Nießbrauchs als lebenslanges Nutzungsrecht, die Einräumung eines Nießbrauchs an Aktien oder an Grundstücken oder als lebenslängliches Wohnrecht, die Zahlung einer Geldsumme, der Erlass oder die Abtretung einer Forderung, ein Anteil an einer GmbH oder an einem Urheberrecht.

- **Zugewinngemeinschaft und -ausgleich:** Haben die Eheleute keinen Ehevertrag geschlossen, leben sie im gesetzlichen Güterstand der Zugewinngemeinschaft. Geregelt ist dieser in den §§ 1363 bis 1390 BGB. Der gesetzliche Güterstand beginnt mit dem Tag der Eheschließung und endet mit dem Tod eines der Ehegatten bzw. bei Scheidung oder Aufhebung der Ehe. Aber was genau bedeutet das?

Jeder Ehegatte behält sein Vermögen in seinem Eigentum, auch das, das erst nach der Eheschließung erworben wird. Es besteht kein gemeinschaftliches Vermögen, aber auch keine gesetzliche Haftung für Schulden des anderen Ehegatten. Gemeinsame Haftung besteht nur für gemeinsam aufgenommene Schulden oder für gegenseitige Bürgschaften. Bei der Berechnung des Zugewinnausgleichs wird eine „Vorher/Nachherbetrachtung" angestellt. Das Vermögen, das jeder Ehegatte selbst in die Ehe eingebracht hat, wird mit seinem jetzigen Vermögen verglichen. Danach wird festgestellt, wie hoch die Summe ist, die jeder Ehegatte im Laufe der Ehe dazugewonnen hat (= Zugewinn). Dieser Zugewinn errechnet sich wie folgt: Von dem Vermögen jedes Ehegatten werden dessen Schulden und Verbindlichkeiten abgezogen. Anschließend wird das Anfangsvermögen des Ehegatten, also das, was er mit in die Ehe gebracht hat, abgezogen, und das Ergebnis dieser Berechnung ist der Zugewinn.

- **Pflichtteilsrecht:** Die Testierfreiheit des Erblassers wird durch das Pflichtteilsrecht naher Angehöriger eingeschränkt. Sind Abkömmlinge, die Eltern oder der Ehegatte/Lebenspartner des Erblassers enterbt worden, so können sie von dem Erben einen so genannten Pflichtteil verlangen. Der Pflichtteil, der nur unter bestimmten Voraussetzungen entfällt, ist kein gesetzlicher Erbteil, sondern ein persönlicher Anspruch auf Zahlung einer Geldsumme in Höhe der Hälfte des Wertes des gesetzlichen Erbteils. Dieser Erbteil erhöht sich zwar für den überlebenden Ehegatten beim gesetzlichen Güterstand der Zugewinngemeinschaft um ein Viertel, so dass sich der Pflichtteil entsprechend vergrößert, aber der überlebende Ehegatte, der weder Erbe noch Vermächtnisnehmer geworden ist, kann neben dem Zugewinnausgleich nur den Pflichtteil ohne den erhöhten Erbteil verlangen. Dieser wird als kleiner Pflichtteil bezeichnet.

4.2 Wer ist steuerpflichtig?

Sind Erblasser und Erben Inländer, so unterliegt der gesamte Nachlass der deutschen Erbschaftsteuer. Inländer ist, wer seinen Wohnsitz oder seinen gewöhnlichen Aufenthalt in Deutschland hat. Auch Ausländer, die in Deutschland wohnen, sind somit nach deutschem Erbschaftsteuerrecht steuerpflichtig. Das Gleiche gilt für deutsche Bürger, die sich vor dem Erbfall nicht länger als fünf Jahre im Ausland aufgehalten haben. Dies gilt selbst dann, wenn sie in Deutschland überhaupt keinen Wohnsitz haben.

Auch das ererbte ausländische Vermögen eines Inländers unterliegt der deutschen Steuerpflicht. Allerdings existieren mit einigen Ländern Doppelbesteuerungsabkommen. Darüber hinaus kann die im Ausland gezahlte Steuer unter bestimmten Voraussetzungen auf die deutsche Erbschaftsteuer angerechnet werden.

Treffen diese Voraussetzungen weder auf den Erblasser noch auf den Erben zu, so ist die Besteuerung nur auf das in Deutschland befindliche Vermögen beschränkt.

4.3 Was wird besteuert?

Alles, was Sie aufgrund eines Erbanfalls erwerben, muss besteuert werden. Ausnahmen bestehen für Beträge, die 50 Euro nicht übersteigen. Als Erwerb von Todes wegen gelten:

- der Erwerb durch einen Erbanfall
- der Erwerb durch ein Vermächtnis
- der Erwerb aufgrund eines geltend gemachten Pflichtteilsanspruchs
- der Erwerb durch Schenkung aufgrund eines Todesfalls
- der Erwerb aufgrund eines vom Erblasser geschlossenen Vertrags, z. B. aufgrund einer Lebensversicherung

Schenkungssteuerpflichtig ist jede Zuwendung zu Lebzeiten des Erblassers, sofern er und der Beschenkte Inländer sind.

Grundlage für die Wertermittlung ist die tatsächliche Bereicherung des Steuerpflichtigen – der so genannte steuerpflichtige Erwerb. Seit In-

krafttreten des Erbschaftsteuerreformgesetzes am 1. Januar 2009 bemisst sich die Bewertung am gemeinen Wert. Dieser wird als Verkehrswert bezeichnet. Um diesen zu ermitteln, wird in einem ersten Schritt der Wert des Nachlasses bzw. aller Nachlassgegenstände bestimmt. Maßgeblich ist der Zeitpunkt des Erwerbs, also der Erbanfall. Steht der Nachlasswert fest, sind in einem zweiten Schritt eventuell vorhandene Nachlassverbindlichkeiten abzuziehen. Folgende Nachlassverbindlichkeiten sind abzugsfähig: die Schulden des Erblassers, der Wert von Vermächtnissen, Auflagen, geltend gemachten Pflichtteilen und Erbersatzansprüchen. Desweiteren gehören die Bestattungskosten des Erblassers (einschließlich Grabdenkmal und Grabpflege) sowie die Kosten der Abwicklung, Regelung, Verteilung und Erlangung des Erwerbs (z. B. Testamentseröffnung, Nachlassverwaltung und Nachlassabwicklung, die Kosten für die Ermittlung des Nachlasswertes und die Kosten für den mit der Abfassung der Erbschaftsteuererklärung befassten Steuerberater) dazu, für die ohne Nachweis insgesamt ein Pauschalbetrag in Höhe von 10.300 Euro abgezogen werden kann. Der Reinwert des Erwerbs wird anschließend um die den Erben zustehenden persönlichen Steuerbefreiungen gekürzt (vgl. dazu Kapitel 4.6). Das Endergebnis ist der Nachlasswert, der der Erbschaftsteuer unterliegt.
Wie ermittelt man den Wert des Nachlasses? Zu differenzieren ist zwischen Grundstücken, Wertpapieren, Nutzungsrechten und Lebensversicherungen.

a) **Nachlasswert von Grundstücken:** Bei der Wertermittlung von Grundstücken ist zunächst zwischen bebauten und unbebauten Grundstücken zu unterscheiden.

   • ***Unbebaute Grundstücke:*** Die Bewertung unbebauter Grundstücke bestimmt sich nach den von so genannten Gutachterausschüssen der Gemeinden oder der Landkreise ermittelten jeweiligen Bodenrichtwerten. Diese richten sich danach, welcher durchschnittliche Grundstückspreis in Ihrem Gemeindegebiet erzielt werden kann. Anders als vor Inkraftreten des Erbschaftssteuerreformgesetzes wird vom Bodenrichtwert nun nicht mehr ein Abzug von 20 % vorgenommen. Dieser Betrag wird mit der Quadratmeterzahl des Grundstücks multipliziert. Im Anhang befindet sich eine Übersicht über die Gutachterausschüsse der jeweiligen Bundesländer. Erkundigen Sie sich bei Ihrer Stadt, welcher Bodenrichtwert auf das von Ihnen durch Erbanfall erworbene Grundstück zutrifft.

- ***Bebaute Grundstücke:*** Die Bewertung bebauter Grundstücke ist zunächst abhängig von der Art der Bebauung. Da die einzelnen Bewertungsverfahren zum Teil sehr komplex und von einer Vielzahl von individuellen Faktoren abhängig sind, werden die Verfahren an dieser Stelle nur kurz vorgestellt.

  Bei Ein- und Zweifamilienhäusern findet das Vergleichswertverfahren Anwendung. Das heißt, dass die Bewertung anhand vom Preisvergleich mit vergleichbaren Grundstücken (Größe, Lage etc.) vorgenommen wird. Gleiches gilt für die Bewertung von Wohnungs- oder Teileigentum.

  Wird das Grundstück zu Mietwohn-, Geschäftszwecken oder zur gemischten Nutzung verwendet, wendet man zur Bewertung das Ertragswertverfahren an. Im Vordergrund steht bei diesem Verfahren der längerfristig erzielbare Ertrag z. B. durch Miet- oder Pachteinnahmen. Zunächst wird der Wert von Grund und Boden ermittelt, wobei ebenfalls in der Regel das oben genannte Vergleichswertverfahren herangezogen wird. Anschließend errechnet man die pro Jahr erzielbare Summe sämtlicher Erträge. Von diesem so genannten Jahresrohbetrag zieht man wiederum den nicht auf die Mieter/Pächter umlegbaren Teil der Bewirtschaftungskosten ab: Dies sind z. B. die Kosten für einen Hausverwalter, Instandhaltungs- und Betriebskosten. Daraus ergibt sich der Reinbetrag. Der zuerstb ermittelte Bodenwert wird dann mit dem Liegenschaftszins (welcher von Lage/Straße etc. abhängig ist) multipliziert. Das Ergebnis: Die Bodenwertverzinsung. Diese wiederum wird vom Reinwert abgezogen.

Neben den oben genanten Verfahren gibt es noch das Sachwertverfahren, welches bei sonstigen bebauten Grundstücken (z. B. Fabrikanlagen, Bahnhöfen) sowie dann Anwendung findet, wenn keine Vergleichswerte vorhanden sind, bzw. keine ortsübliche Miete ermittelt werden kann. Bei diesem Verfahren orientiert man sich daran, wie hoch die Kosten für einen Neubau des zu bewertenden Objekts wären. Von diesem Wert wird natürlich die Abnutzung abgezogen, und es werden weitere Faktoren, die den Wert des Grundstücks beeinflussen, berücksichtigt.
Das land- und forstwirtschaftliche Vermögen – zumindest der wirtschaftliche Teil - wird ebenfalls nach dem Ertragswertverfahren bewertet, wobei als Mindestwert die regional übliche mit 5,5 % kapitalisierte Nettopacht herangezogen wird. Betriebswohnung bzw. Wohnteil des Grundstücks werden wie das Grundvermögen bewertet.

b) **Wertpapiere:** Diese werden nach ihrem Kurswert zum Stichtag (Erbanfall) bewertet. Beispiel: Befinden sich im Wertpapierdepot des Erblassers 1.000 Aktien der Firma X und 500 Aktien der Firma Y, werden diese mit dem Wert berechnet, den sie am Todestag des Erblassers besaßen.

c) **Bewertung von Nutzungsrechten:** Nutzungsrechte sind z. B. Renten, Wohnrechte oder der Nießbrauch. Zunächst ist der Jahreswert des Nutzungsrechts zu ermitteln. Bei einer Rente ist dies der gezahlte Jahresbetrag. Bei einem Wohnrecht in einem Mietshaus ist es der jährliche Mietzins für eine vergleichbare Wohnung. Nachdem der Jahreswert ermittelt wurde, muss nun der Kapitalwert bestimmt werden. Er ergibt sich aus der Multiplikation des Jahreswertes mit einem bestimmten Faktor, der vom Alter, dem Geschlecht des Begünstigten sowie der Dauer der Zuwendung abhängig ist.

Bespiel: Ihnen wurde im Testament ein zehnjähriges Wohnrecht in der Wohnung des Erblassers eingeräumt. Die vergleichbare Jahresmiete dafür würde 2.000 Euro betragen (Jahreswert). Dieser Jahreswert wird mit dem Faktor 7,745 multipliziert, so dass sich ein Kapitalwert von 15.490 Euro ergibt.

d) **Nachlasswert von Lebensversicherungen:** Zunächst ist folgendermaßen zu unterscheiden: hat der Erblasser in dem Versicherungsvertrag keinen Dritten als Bezugsberechtigten benannt, fällt die Versicherung in den Nachlass. Dann zahlen alle Erben hierfür Erbschaftsteuer. Ist im Versicherungsvertrag jedoch ein Bezugsberechtigter benannt (z. B. Ihre Ehefrau oder Ihr Ehemann), fällt die Versicherung nicht in den Nachlass. Erbschaftsteuern auf die Versicherungsleistung sind somit nur vom Bezugsberechtigten zu zahlen. Die Berechnung der Steuern erfolgt in beiden Fällen auf der Grundlage von zwei Dritteln der vom Erblasser gezahlten Prämien.

Wie bereits oben erläutert, werden von dem errechneten Nachlasswert die Nachlassverbindlichkeiten abgezogen.

4.4 Steuerfreier Nachlass

Einige Nachlasswerte müssen hingegen nicht versteuert werden, so z. B.:

- Hausrat, Wäsche, Kleidung bis zu einem Wert von 41.000 Euro (bei Steuerklasse I und dem eingetragenen Lebenspartner) und zusätzlich andere bewegliche Gegenstände bis zu einem Wert von 12.000 Euro unterliegen nicht der Erbschaftsteuer (zu den Steuerklassen vgl. die folgenden Ausführungen).
- Personen, die den Steuerklassen II und III angehören, können die vorgenannten Gegenstände nur bis zu einem Gesamtwert in Höhe von 12.000 Euro steuerfrei erwerben. Die oben genannten Befreiungen gelten nicht für Gegenstände, die zum land- und forstwirtschaftlichen Vermögen, zum Grundvermögen oder zum Betriebsvermögen zählen, sowie nicht für Zahlungsmittel, Wertpapiere, Münzen, Edelmetalle, Edelsteine und Perlen.
- Zuwendungen unter Lebenden, mit denen ein Ehegatte dem anderen Ehegatten (oder eingetragenen Lebenspartner) Eigentum oder Miteigentum an einem im Inland liegenden, zu eigenen Wohnzwecken genutzten Haus/Eigentumswohnung verschafft oder den

anderen Ehegatten von eingegangenen Verpflichtungen im Zusammenhang mit der Anschaffung oder der Herstellung des Familienwohnheims freistellt

- die Befreiung von einer Schuld gegenüber dem Erblasser
- Erwerben die Eltern, Adoptiveltern, Stiefeltern oder Großeltern des Erblassers etwas, ist ein Betrag in Höhe von 41.000 Euro steuerfrei, wenn der Erwerber wegen körperlicher oder geistiger Gebrechen erwerbsunfähig ist oder durch die Führung eines gemeinsamen Hausstands mit erwerbsunfähigen oder in der Ausbildung befindlichen Abkömmlingen an der Ausübung einer Erwerbstätigkeit gehindert wird.
- die Vermögensgegenstände, die Eltern oder Großeltern ihren Abkömmlingen geschenkt haben und die durch den Todesfall an diese zurückfallen
- Zuwendungen unter Lebenden, die zum Zwecke des angemessenen Unterhalts oder zur Ausbildung des Bedachten gemacht wurden. **Beispiel:** Die Großmutter schenkt kurz vor ihrem Tod ihrem Enkelkind 100.000 Euro, damit dieses seine Ausbildung an einer privaten Universität finanzieren kann. Dies ist nur dann relevant, wenn die Schenkung noch nicht zehn Jahre zurückliegt – andernfalls unterliegen Zuwendungen, die mehr als zehn Jahre vor dem Tod des Erblassers getätigt wurden, ohnehin nicht der Steuerpflicht.
- die üblichen Gelegenheitsgeschenke, z. B. Geschenke zu Weihnachten und zum Geburtstag (vgl. dazu auch die Anmerkung oben)
- Zuwendungen, die ausschließlich kirchlichen, gemeinnützigen oder mildtätigen Zwecken gewidmet sind, sofern die Verwendung zu diesem bestimmten Zweck gesichert ist
- Zuwendungen an politische Parteien im Sinne des § 2 des Parteiengesetzes
- Inländische Betriebsvermögen, land- und forstwirtschaftliches Vermögen und Anteile an Kapitalgesellschaften bleiben unter ganz bestimmten, in § 13 a ErbStG genanten Bedingungen steuerfrei.
- Der so genannte Dreißigste ist nach § 1969 BGB steuerfrei. Darunter versteht man Folgendes: Der Erbe ist verpflichtet, Familienangehörigen des Erblassers, die zum Todeszeitpunkt desselben zu dessen Hausstand gehörten und von diesem Unterhalt bezogen haben,

in den ersten 30 Tagen nach Eintritt des Erbfalls in demselben Umfang, wie es der Erblasser getan hat, Unterhalt zu gewähren und die Benutzung der Wohnung und der Haushaltsgegenstände zu gestatten, sofern der Erblasser nicht durch Verfügung von Todes wegen eine abweichende Anordnung getroffen hat. Es handelt sich hierbei um ein gesetzliches Vermächtnis.
- Steuerfrei ist auch ein Betrag in Höhe von 5.200 Euro für die unentgeltliche bzw. unterbezahlte Pflege des Erblassers.

Steuerfreiheit besteht außerdem für den Zugewinnausgleich (vgl. Kapitel 4.2), da es sich nicht um eine Erbschaft im Sinne des Erbschaftsteuergesetzes handelt. Dies gilt jedoch nur dann, wenn der Erbe den kleinen Pflichtteil und die Zugewinnausgleichsforderung wählt.

Auch der Erwerb eines Hauses zwischen Ehegatten bzw. eingetragenen Lebenspartnern oder Kindern bleibt unter bestimmten Umständen steuerfrei (vgl. dazu Kapitel 4.5).

4.5 Steuer- und Versorgungsfreibeträge

Vielen Personen steht ein Freibetrag zu. Beim Erwerb von Todes wegen wird dieser Betrag bei der Bemessung der zu entrichtenden Steuer nicht berücksichtigt, das heißt, er wird von dem Nachlasswert abgezogen. Die Freibeträge können im Erbfall – anders als bei Schenkung zu Lebzeiten (vgl. dazu Kapitel 4.10) – nur einmal in Anspruch genommen werden. Übersicht über die Steuerklassen:

Steuer-klasse	*Personen*	*Freibetrag in Euro*
I	Ehepartner	500.000
	Kinder und Stiefkinder	400.000
	Enkelkinder, wenn das Kind/Stiefkind gestorben ist	400.000
	Enkelkinder, Stiefenkel und Urenkel	100.000
	Übrige Personen der Steuerklasse	100.000
II	Eltern und Großeltern bei Zuwendungen unter Lebenden	20.000
	Geschwister	20.000
	Nichten und Neffen	20.000
	Stiefeltern	20.000
	Schwiegerkinder und Schwiegereltern	20.000
	geschiedene Ehepartner	20.000
III	eingetragene Lebenspartner	500.000
	Zuwendungsempfänger	20.000

Dazu folgendes Beispiel: Erblasser E setzt seine Ehefrau F im Testament als Alleinerbin ein. E verstirbt. Der steuerpflichtige Nachlass hat einen Wert von 800.000 Euro. Davon sind Nachlassverbindlichkeiten in Höhe von 100.000 Euro abzuziehen. Der Steuerfreibetrag für F beträgt laut Tabelle 500.000 Euro, der zu versteuernde Erwerb beträgt demnach zunächst 200.000 Euro.

Zudem ist zu beachten, dass der überlebende Ehegatte bzw. der eingetragene Lebenspartner und das Kind bzw. die Kinder zusätzlich zum Steuerfreibetrag einen besonderen Versorgungsfreibetrag erhalten. Dieser bemisst sich wie folgt:

Personen	*Freibetrag in Euro*
Ehepartner	256.000
Kinder bis zu 5 Jahren	52.000
Kinder vom 5. bis 10. Lebensjahr	41.000
Kinder vom 10. bis 15. Lebensjahr	30.700
Kinder vom 15. bis 20. Lebensjahr	20.500
Kinder vom 20. bis 27. Lebensjahr	10.300

In unserem Beispiel kann F weitere 256.000 Euro abziehen, so dass kein zu versteuernder Restbetrag bleibt.

Allerdings wird der dem jeweiligen Erben zustehende Versorgungsfreibetrag gekürzt, wenn der Ehepartner/eingetragene Lebenspartner oder ein Kind nach dem Tod des Erblassers eine Versorgungsleistung wie z. B. eine Hinterbliebenenrente erhält, die nicht erbschaftsteuerpflichtig ist. Die Höhe der Kürzung richtet sich nach dem Bewertungsgesetz sowie der aktuellen Sterbetafel des Statistischen Bundesamtes und ist abhängig vom Geschlecht des Erben, dem Alter sowie der Dauer des Bezugs der Leistung. Das bedeutet: Je jünger der Erbe ist (also je jöher die verbleibende Lebenserwartung ist), desto höher ist der Faktor, und desto größer der Abzug vom Versorgungsfreibetrag.

Wie bereits in Kapitel 4.4 kurz angesprochen kann der Erwerb einer Wohnung oder eines Hauses durch den Ehegatten, des eingetragenen Lebenspartners oder des Kindes steuerfrei blieben. Beim Ehegatten bzw. eingetragenen Lebenspartners ist das dann der Fall, wenn die Wohnung oder das Haus zu eigenen Wohnzwecken mindestens zehn Jahre lang nach dem Erwerb genutzt wird. Für Kinder des Erblassers gilt im Grunde das Gleiche, jedoch ist hier die Wohnfläche auf 200 qm begrenzt.

4.6 Besonderer Steuerfreibetrag des Ehegatten

Dem überlebenden Ehegatten steht ein besonderer Freibetrag zu, wenn er die pauschalierte Erhöhung der Erbquote um ein Viertel wählt.

Exkurs

Für ein besseres Verständnis wird an dieser Stelle kurz das (gesetzliche) Erbrecht des Ehegatten erläutert: Der Ehegatte erhält ein eigenständiges gesetzliches Erbrecht, mit dem er die Verwandten bei der gesetzlichen Erbfolge verdrängt, denen nur der nicht dem Ehegatten zufallende Nachlassanteil verbleibt. Diese Regelung wird als Teilungsprinzip bezeichnet. Der Erbanteil des Ehegatten ist fest und orientiert sich ausschließlich an den Kriterien des Bestands der Ehe, der Art des Güterstands sowie der Nähe konkurrierender Verwandtschaft (so z. B. Kinder) zum Erblasser. Voraussetzung ist immer, dass zum Zeitpunkt des Erbfalls eine gültige Ehe bestand und keiner der Ehegatten die Scheidung beantragt hatte. Der Ehegatte erbt neben den Verwandten des Erblassers zwischen einem Viertel und dem Ganzen. Gesetzlicher Regelerbteil ist ein Viertel. Es kommt immer darauf an, ob während der Ehe die Gütertrennung oder die Zugewinngemeinschaft (vgl. dazu Kapitel 4.2) vereinbart war oder ob nahe Verwandte vorhanden sind. Sein Erbteil ist bei näheren Verwandten kleiner als bei entfernteren, wobei fernere als die Großeltern überhaupt nicht mehr zum Zuge kommen. Der Ehegatte erbt dann allein. Je nach Verwandtschaftsgrad gilt Folgendes:

- **Verwandte 1. Ordnung:** Neben Abkömmlingen des Erblassers erbt der Ehegatte bei Zugewinngemeinschaft die Hälfte, bei Gütertrennung neben einem Kind die Hälfte, neben zweien ein Drittel, neben dreien und mehreren wieder ein Viertel.
- **Verwandte 2. Ordnung:** Neben den Eltern des Erblassers

und deren Abkömmlingen erbt der Ehegatte die Hälfte, bei Zugewinngemeinschaft drei Viertel.

- **Verwandte 3. Ordnung:** Neben den Großeltern erhält der Ehegatte die Hälfte, bei Zugewinngemeinschaft drei Viertel. Sind alle vorverstorben, erbt der Ehegatte allein, da dann andere Verwandte der 3. Ordnung nicht mehr zum Zuge kommen.

Wie bereits erwähnt, ist der Erbteil eng mit dem ehelichen Güterrecht verknüpft: Bei gesetzlichem Güterstand wird der Zugewinn erbrechtlich durch eine pauschale Erhöhung um ein Viertel ausgeglichen. Dabei ist es unerheblich, ob der Ehegatte überhaupt einen Anspruch auf den Zugewinnausgleich hat oder nicht. Er erhält neben den Kindern die Hälfte, neben Großeltern und Eltern drei Viertel. Darüber hinaus ist der erbende Ehepartner verpflichtet, den Kindern des Erblassers, die nicht aus der Ehe zwischen ihm und dem Erblasser stammen, aus dem zusätzlich gewährten Viertel eine angemessene Ausbildung zu finanzieren, sofern diese Kinder einer Ausbildung bedürfen und sie die Kosten dafür nicht selbst aufbringen können. Bei Gütertrennung ist durch das Gesetz sichergestellt, dass sein Erbteil nicht kleiner ausfällt als der eines Kindes. Hatte der Erblasser also zwei Kinder, erbt der Ehegatte ein Drittel, bei einem Kind die Hälfte. Zusammenfassend ist Folgendes festzustellen: Der Regelerbteil beträgt stets ein Viertel. Bei der Zugewinngemeinschaft erhöht sich der Anteil um ein weiteres Viertel, das heißt, der überlebende Ehepartner erhält die Hälfte. Hatten die Ehepartner Gütertrennung vereinbart, kommt es auf die Anzahl der Kinder an: Der Ehepartner erbt ein Viertel, jedes weitere Kind (bis zu 3) ebenfalls. Hatten die Ehepartner nur zwei Kinder, wird das vierte Viertel gleichmäßig verteilt, so dass jeder ein Drittel bekommt. Bei einem Kind werden die restlichen beiden Viertel ebenfalls gleichmäßig auf Ehegatten und Kind verteilt, so dass jeder die Hälfte erhält.

Zunächst wird die konkrete Zugewinnausgleichsforderung ermittelt. Diese ist die Differenz zwischen Anfangs- und Endvermögen der Eheleute. Berücksichtigt wird hierbei nur das Vermögen, das während der Ehe hinzugekommen ist. Davon steht dem überlebenden Ehegatten die Hälfte als Zugewinnausgleich zu. Dieser Betrag wird als besonderer Freibetrag bezeichnet. Dazu folgendes Beispiel: Herr A hat mit seiner Ehefrau E im Güterstand der Zugewinngemeinschaft gelebt. Er brachte ein Vermögen in Höhe von 800.000 Euro mit in die Ehe, E brachte kein Vermögen mit. Zum Zeitpunkt des Erbfalls hinterlässt A seiner Frau ein Vermögen in Höhe von 1.500.000 Euro. E hat immer noch kein eigenes Vermögen.

Der zu versteuernde Betrag ergibt sich wie folgt:

Nachlasswert:	1.500.000 Euro
Persönlicher Freibetrag von E:	500.000 Euro
Versorgungsfreibetrag von E:	256.000 Euro
Besonderer Freibetrag von E:	350.000 Euro (die Hälfte der Differenz zwischen Anfangs- und Endvermögen von A)

Zu versteuern sind demnach 394.000 Euro.

4.7 Steuersätze

Wenn Sie alle Freibeträge abgezogen haben, verbleibt der zu versteuernde Nachlassbetrag. Aber gilt für jeden, sei es der Ehegatte oder die Mutter des Erblassers, der gleiche Steuersatz? Nein. Auch hier ist zwischen den einzelnen Steuerklassen zu differenzieren. Erben, die der Steuerklasse III angehören (z. B. der eingetragene Lebenspartner in gleichgeschlechtlichen Beziehungen, der zwar erbrechtlich und hinsichtlich der Freibeträge, nicht aber steuerrechtlich einem Ehegatten gleichgestellt ist), bezahlen mehr als z. B. der Ehegatte des Verstorbenen. Seit dem 1. Januar 2010 gelten folgende Erbschaftsteuersätze:

Steuerpflichtiger Erwerb bis Euro	*Prozentsatz der Steuerklasse*		
	I	*II*	*III*
75.000	7	15	30
300.000	11	20	30
600.000	15	25	30
6.000.000	19	30	30
13.000.000	23	35	50
26.000.000	27	40	50
Über 26.000.000	30	43	50

Wird der steuerpflichtige Erwerb auch nur um einen Cent überschritten, gilt bereits der höhere Prozentsatz. Das würde bei geringen Überschreitungen zu ungerechten Ergebnissen führen, da der Mehrerwerb durch den höheren Steuersatz mehr als aufgezehrt würde.

Deshalb gibt es eine Härtefallregelung. Dazu folgendes Beispiel: Erblasser E hinterlässt seinem Enkel E einen Betrag in Höhe von 400.500 EUR. Die Eltern des Enkels leben noch, so dass ihm ein Freibetrag von 100.000 EUR zusteht. Zu versteuern sind folglich 300.500 EUR. Würde man sich strikt an der oben genannten Tabelle orientieren, würde das bei einem Steuersatz von 15 % zu einem zu zahlenden Betrag von 45.075 EUR führen. Wären aber nur 299.500 EUR zu versteuern gewesen, hätte das bei einem Steuersatz von „nur“ 11 % zu einem Betrag von 32.945 EUR geführt. E müsste also 12.130 EUR mehr an Steuern zahlen – und das, obwohl er nur 1.000 EUR mehr erhält! Hier greift die Härtefallregelung ein: Die Mehrsteuern werden auf die Hälfte des Mehrerwerbs reduziert, sie betragen also 500 EUR. Im übrigen zahlt E die Steuern, die für einen Erwerb von 300.000 EUR anfallen, also 33.000 EUR.

4.8 Steuerpflicht bei Vor- und Nacherbschaft

Hat Sie der Erblasser in seinem Testament z. B. als Vorerben und eine andere Person als Nacherben eingesetzt, sind einige Besonderheiten zu beachten. Aber was versteht man überhaupt unter einem Vor- bzw. Nacherben? Der Erblasser hat im Testament die Möglichkeit, eine oder mehrere Personen als Vorerben und als Nacherben zu bestimmen. Die klassische Variante ist die Einsetzung des Ehemanns/der Ehefrau als Vorerben und die Einsetzung der gemeinsamen Kinder als Nacherben. Der Vorerbe ist durch die Einsetzung eines Nacherben in seiner Verfügung über den Nachlass beschränkt. Hat der Erblasser einen Nacherben eingesetzt, ohne den Zeitpunkt oder das Ereignis zu bestimmen, mit dem die Nacherbfolge eintreten soll, fällt die Erbschaft dem Nacherben mit dem Tod des Vorerben zu. Da der Vorerbe mit dem Erbfall in die Rechtsstellung des Erblassers eintritt, kann er grundsätzlich wie ein Vollerbe über die zur Erbschaft gehörenden Gegenstände verfügen. Da aber dem Nacherben die Erbschaft, und zwar neben den beim Erbfall vorhandenen Gegenständen auch der Zuwachs, der mit Mitteln der Erbschaft beschafft wurde (z. B. Zinsen), möglichst ungeschmälert erhalten bleiben soll, ist der Vorerbe im Umgang mit dem Erbe beschränkt. Das bedeutet, dass er z. B. Geld sicher anlegen muss und dass er nicht ohne die Zustimmung des Nacherben über ein Grundstück verfügen darf.

Aus erbschaftsteuerlicher Sicht ist zum Zeitpunkt des Erbanfalls nur der Vorerbe Erbe des Erblassers. Der Nacherbe müsste zu diesem Zeitpunkt noch überhaupt keine Erbschaftsteuer bezahlen. Er kann aber beantragen, dass seiner Besteuerung das Verwandtschaftsverhältnis zum Erblasser zugrunde gelegt wird. Dies kann für ihn unter Umständen günstiger sein.

Zur Veranschaulichung ein Beispiel: Erblasser A setzt seine Tochter T zur Vorerbin und seinen Sohn S zum Nacherben ein. T hat keine Kinder. Nach dem Tod der T erwirbt S den Nachlass von A in Höhe von 200.000 Euro. Aus steuerrechtlicher Sicht wird S so behandelt, als hätte er das Vermögen seines Vaters von seiner Schwester T geerbt. Das bedeutet für ihn eine Besteuerung nach Steuerklasse II mit einem Steuersatz von 20 % unter Berücksichtigung eines Freibetrags von 20.000 Euro. Somit müsste S 36.000 Euro Erbschaftsteuer bezahlen.

Deshalb sollte S beantragen, dass der Besteuerung das Verwandtschaftsverhältnis zum Vater zugrunde gelegt wird. Nun gilt der Steuersatz der Steuerklasse I; zudem wird ein Freibetrag von 400.000 Euro gewährt. Das hat zur Folge, dass S keine Erbschaftsteuer bezahlen muss.

Erbt der Nacherbe nicht nur die Vorerbschaft, sondern ist er zugleich Erbe des Vorerben (in unserem Beispiel ist S dann zugleich Erbe seiner Schwester T), wird für beide Erbfälle die Steuer nach den getrennten Steuerklassen (I und II) berechnet. Natürlich steht ihm der Freibetrag nur einmal zu. Dazu folgendes Beispiel: Im obigen Fall erbt S nicht nur die 200.000 Euro (die ursprünglich von A waren), sondern darüber hinaus 250.000 Euro von T. Der Erwerb beträgt insgesamt 450.000 Euro. Nach Abzug des Steuerfreibetrages, den er aufgrund seines Verwandtschaftsgrades zum Vater erhält, verbleibt ein zu versteuernder Betrag von 50.000 Euro. Die Besteuerung richtet sich nach Steuerklasse II (er erbt diesen Teil ja von seiner Schwester), der Steuersatz beträgt 15 %. Ein weiterer Freibetrag steht ihm nicht zu. Die Erbschaftsteuer beläuft sich demnach auf 7.500 Euro.

4.9 Steuerpflicht einer Erbengemeinschaft

Sie sind nicht Alleinerbe, sondern neben Ihnen wurden noch weitere Personen als Erben eingesetzt? Dann bilden Sie zusammen eine Erbengemeinschaft. Das Gesetz kennt nur die Gesamtrechtsnachfolge hinsichtlich des ganzen Nachlasses. Deshalb bleibt die Erbschaft nach dem Erbfall zunächst zusammen, und der Nachlass steht den Miterben nur gemeinschaftlich zu. Der Anteil des einzelnen Miterben an der Erbengemeinschaft verschafft diesem einen Anspruch auf Auseinandersetzung (Teilung) des Nachlasses, aber keine unmittelbare gegenständliche Beziehung zum Nachlass oder zu Teilen davon. Die Miterbengemeinschaft entsteht unabhängig vom Willen der Miterben kraft Gesetzes durch den Tod des Erblassers.

Die Besteuerung eines Einzelnen richtet sich nach der jeweiligen Erbquote, die wiederum (wenn nichts anderes angeordnet wurde) durch die gesetzliche Erbfolge (vgl. Kapitel 4.2) bestimmt wird.

4.10 Schenkungen unter Lebenden

Da von der Steuer nicht nur Erbschaften, sondern auch Schenkungen erfasst werden, kann die Steuerpflicht grundsätzlich nicht dadurch vermieden werden, dass der Erblasser den Großteil seines Vermögens zu Lebzeiten verschenkt, indem er zum Beispiel seine Wohnung bzw. sein Bankguthaben auf seine Kinder überschreibt. Der Steuerfreibetrag kann jedoch durch mehrere, in bestimmten zeitlichen Abständen vorgenommene Schenkungen mehrfach in Anspruch genommen werden. Dabei ist zu beachten, dass für die Besteuerung alle Schenkungen der letzten zehn Jahre zusammengerechnet werden. Steuern kann man also nur dann sparen, wenn die Schenkungen in Abständen von mindestens zehn Jahren erfolgen.

Je nach Verwandtschaftsverhältnis zum Erblasser oder Schenker haben die Erben bzw. die Beschenkten, wie bereits in Kapitel 4.5 erwähnt, einen persönlichen Freibetrag, der nicht besteuert wird. Die Freibeträge können bei Schenkungen alle zehn Jahre neu ausgeschöpft werden. Auf den folgenden Seiten finden Sie eine Übersicht der Gutachterausschüsse der einzelnen Bundesländer:

Bundesland:	**Baden-Württemberg**
Organisation:	ein Gutachterausschuss je Gemeinde
Kontakt:	www.gutachterausschuesse-bw.de

Bundesland:	**Bayern**
Organisation:	dezentrale Organisation, Geschäftsstellen der Gutachterausschüsse befinden sich in den kreisfreien Städten bzw. bei den Landkreisen in den Landratsämtern
Kontakt:	www.gutachterausschuesse-bayern.de

Bundesland:	**Berlin**
Organisation:	Geschäftsstelle in der Senatsverwaltung für Stadtentwicklung, Abteilung III – Geoinformation, Vermessung und Wertermittlung
Kontakt:	www.gutachterausschuss-berlin.de

Bundesland:	**Brandenburg**
Organisation:	Ein Oberer Gutachterausschuss, 14 Gutachterausschüsse in den Landkreisen und vier Gutachterausschüsse in den kreisfreien Städten, Geschäftsstellen sind in den Kataster- und Vermessungsämtern der Landkreise oder kreisfreien Städte
Kontakt:	www.gutachterausschuss-bb.de

Bundesland:	**Bremen**
Organisation:	Die „GeoInformation Bremen“ ist Bewertungsstelle der Stadt und Geschäftsstelle des Gutachterausschusses für Grundstückswerte
Kontakt:	www.geo.bremen.de

Bundesland: **Hamburg**
Organisation: Landesbetrieb Geoinformation und Vermessung
Kontakt: www.hamburg.de/grundstueckswerte

Bundesland: **Hessen**
Organisation: Gutachterausschüsse für Landkreise und kreisfreie Städte, Geschäftsstellen für Landkreise und die meisten kreisfreien Städte in den Katasterämtern, Ausnahme: Frankfurt. Die Geschäftsstelle befindet sich im Stadtvermessungsamt.
Kontakt: www.gutachterausschuss.hessen.de

Bundesland: **Mecklenburg-Vorpommern**
Organisation: Gutachterausschüsse in den Landkreisen und den kreisfreien Städten
Kontakt: www.mv-regierung.de

Bundesland: **Nordrhein-Westfalen**
Organisation: Gutachterausschüsse in den kreisfreien Städten, Kreisen und den großen kreisangehörigen Städten
Kontakt: www.boris.nrw.de

Bundesland: **Rheinland-Pfalz**
Organisation: Gutachterausschüsse für den Bereich eines Landkreises, einer kreisfreien Stadt oder einer großen kreisangehörigen Stadt, Geschäftsstellen in den Vermessungs- und Katasterämtern und in den Stadtvermessungsämtern
Kontakt: www.gutachterausschuesse.rlp.de

Bundesland: **Saarland**
Kontakt: www.gutachterausschuss.de

Bundesland: **Sachsen**
Organisation: ein Gutachterausschuss mit einer Geschäftsstelle bei den Verwaltungen der Landkreise und kreisfreien Städte
Kontakt: www.gutachterausschuss.de

Bundesland: **Sachsen-Anhalt**
Organisation: Zuständig ist das Landesamt für Vermessung und Geoinformation Sachsen-Anhalt, Gutachterausschüsse für Grundstückswerte sind für jeden Regionalbereich des Landesamtes für Vermessung und Geoinformation eingerichtet. Die Geschäftsstelle ist im örtlich zuständigen Regionalbereich des Landesamtes für Vermessung und Geoinformation eingerichtet.
Kontakt: www.lvermgeo.sachsen-anhalt.de

Bundesland: **Schleswig-Holstein**
Organisation: Gutachterausschüsse sind bei den kreisfreien Städten und den Kreisen eingerichtet, die Geschäftsstelle befindet sich in der Verwaltung der Kreise bzw. der kreisfreien Städte.
Kontakt: www.gutachterausschuesse-sh.de

Bundesland: **Thüringen**
Organisation: Geschäftsstelle des Gutachterausschusses im Katasteramt
Kontakt: www.thueringen.de

5. Alles zur gesetzlichen Erbfolge

Den Begriff „gesetzliche Erbfolge“ werden viele schon einmal gehört haben. Aber was genau ist darunter zu verstehen? Gibt es auch eine „ungesetzliche“ oder „nicht-gesetzliche“ Erbfolge?

Die gesetzliche Erbfolge ist im Gesetz in den §§ 1922 ff. des Bürgerlichen Gesetzbuches (BGB) geregelt. Man unterscheidet dabei zwischen den gesetzlichen Erben erster, zweiter, dritter, vierter oder fernerer Ordnung, zudem ist das gesetzliche Erbrecht des Ehegatten bzw. des eingetragenen Lebenspartners sowie des Fiskus zu beachten. Tritt die gesetzliche Erbfolge ein, bedeutet das, dass der Erblasser keine Verfügung von Todes wegen getroffen hat. Ein Testament oder ein Erbrecht liegen demnach nicht vor. Hat er jedoch ein Testament gemacht, tritt die testamentarische Erbfolge ein. Diese ist keineswegs „ungesetzlich“ oder „nicht-gesetzlich“; auch hier müssen bestimmte gesetzliche Regelungen beachtet werden. Man spricht in solchen Fällen von der „gewillkürten“ Erbfolge, da der Erblasser selbst entscheidet, wem er etwas hinterlässt.

5.1 Erbrechtliche Grundsätze

An dieser Stelle sollen zunächst die erbrechtlichen Grundsätze kurz erläutert werden. Denn nur so ist es möglich, die komplizierten Regelungen der gesetzlichen Erbfolge zu verstehen.

Das Erbrecht hat die Funktion, das Eigentum als Grundlage der eigenverantwortlichen Lebensgestaltung mit dem Tod des Eigentümers nicht erlöschen zu lassen. Der Fortbestand soll im Wege der Rechtsnachfolge gesichert werden. Das bedeutet: Auch nach dem Tod soll mit dem Eigentum des Erblassers so umgegangen werden, wie er das möchte. Gesetzlich geregelt ist das Erbrecht in den §§ 1922 bis 2385 BGB. Diese Regeln der Erbfolge geben der Klarheit, der Leichtigkeit des Rechtsverkehrs und der Überschaubarkeit Vorrang vor der Gerechtigkeit eines Einzelnen. Mit anderen Worten: Obwohl jeder über sein Vermögen verfügen kann, wie er es wünscht, müssen bestimmte Regeln eingehalten werden. Zu differenzieren ist zwischen den fünf grundsätzlichen Prinzipien, die teilweise sogar im Grundgesetz verankert sind:

a. Privaterbfolge: Das Vermögen des Verstorbenen wird an Privatpersonen abgegeben. Nur wenn kein privater Erbe vorhanden ist, erbt der Fiskus des Bundesstaates, dem der Erblasser zur Zeit des Todes angehörte (§ 1936 BGB). Beispiel: Der Verstorbene war zum Zeitpunkt seines Todes in Nordrhein-Westfalen niedergelassen, demnach erbt der Fiskus des Landes NRW.

Er beteiligt sich allerdings über die Erbschaftsteuer wertmäßig am Nachlass und beschränkt dadurch das private Erbrecht.

b. Familienerbrecht: Verfügt der Erblasser nichts anderes, geht das Erbe per Gesetz auf seine Familie über, nämlich auf seinen Ehegatten bzw. seinen eingetragenen Lebenspartner und auf seine nächsten Verwandten (Eltern, Kinder, Geschwister etc.). Der Ehegatte /eingetragene Lebenspartner erbt neben den Verwandten nach dem Prinzip der ehelichen Gemeinschaft. Dabei wird vom Teilungsprinzip ausgegangen. Zweck dieses Prinzips ist es, dass weder dem Abkömmling (zum Erhalt des Vermögens in der Familie) noch dem Ehegatten/eingetragenen Lebenspartner (zu dessen Versorgung) absoluter Vorrang eingeräumt wird.

c. Gesamtrechtsnachfolge: Das Vermögen des Erblassers geht als Ganzes auf die Erben über (§ 1922 BGB). Das bedeutet, dass die Erben den gesamten Nachlass inklusive eventueller Schulden annehmen oder das Erbe als solches ausschlagen müssen. Ausnahmen sind jedoch möglich.

d. Testierfreiheit: Der Erblasser kann durch Verfügung von Todes wegen selbst bestimmen, wer was erbt. Diese Freiheit ist vertraglich unbeschränkbar (§ 2302 BGB) und wird nur durch das Pflichtteilsrecht sowie durch das Verbot sittenwidriger Verfügungen begrenzt.

e. Vonselbsterwerb: Mit dem Tod des Erblassers fällt sein Nachlass per Gesetz dem Erben zu. Eine Mitwirkung seitens des Erben ist nicht erforderlich. Er kann sogar ohne Kenntnis und gegen seinen Willen erben. Aus diesem Grunde haben die Erben auch das Recht, das Erbe auszuschlagen (§ 1942 Absatz 1 BGB).

In Artikel 14 Absatz 1 Satz 1 des Grundgesetzes (GG) ist das Erbrecht als Grundrecht verankert. Garantiert wird dort das Recht des Erblassers, sein Vermögen zu vererben. Artikel 14 GG schützt aber auch das Recht des Erbanwärters vor staatlichen Maßnahmen, die seine Aussicht auf das Vermögen des Erblassers vereiteln würden.

5.2 Abgrenzung von Testament und Erbvertrag

Wie bereits in der Einleitung erwähnt, handelt es sich bei Testament und Erbvertrag um eine gewillkürte Erbfolge, d. h., die Erben bestimmen sich nicht nach dem Gesetz, sondern können (bis auf einige Ausnahmen) frei gewählt werden.

Die Begriffe „Testament“ und „Erbvertrag“ werden hier kurz erläutert:

Testament: Das Testament ist eine vom Erblasser einseitig getroffene Verfügung von Todes wegen, in der dieser in der Regel die Erben bestimmt und damit die gesetzliche durch die gewillkürte Erbfolge ersetzt. Zu beachten sind einige Formvorschriften, z. B. muss das private Testament handschriftlich verfasst sein. Es besteht aber auch die Möglichkeit, seinen letzten Willen vor einem Notar zu dokumentieren.

Erbvertrag: Darunter versteht man ebenfalls eine Verfügung von Todes wegen, also den vom Erblasser zum Ausdruck gebrachten letzten Willen. In ihm kann der Erblasser jede Verfügung treffen, die auch durch ein Testament getroffen werden kann. Der Unterschied zum Testament ist der, dass die Testierfreiheit des Erblassers eingeschränkt wird. Eine frühere letztwillige Verfügung wird durch Abschluss eines Erbvertrages insoweit aufgehoben, als dass sie das Recht des durch den Vertrag Begünstigten vereiteln oder einschränken würde. Es handelt sich beim Erbvertrag immer um ein zweiseitiges Rechtsgeschäft, an das die Vertragspartner gebunden sind. Dadurch unterscheidet sich dieser vom Testament, das jederzeit einseitig, das heißt ohne Zustimmung der anderen Partei, widerrufen oder abgeändert werden kann. Sind sich beide Parteien einig, kann der Vertrag natürlich wieder aufgehoben werden.

Bei einem Testament oder einem Erbvertrag können zum Beispiel auch Freunde oder Bekannte oder Stiftungen als Erben eingesetzt werden – diese sind jedoch von der gesetzlichen Erbfolge ausgeschlossen.

5.3 Die gesetzliche Erbfolge

Bei einem Erbfall ist die gesetzliche Erbfolge die Gesamtrechtsnachfolge (§ 1922 BGB) des oder der Erben in das Vermögen und die Verbindlichkeiten (z. B. die Schulden) des Erblassers. Die Erbfolge vollzieht sich, ohne dass der Erbe irgendeine Handlung vornehmen und ohne dass er Kenntnis von dem Erbfall haben muss.

Gesetzliche Erben sind, wie bereits angedeutet, dessen Verwandten, sein Ehegatte oder eingetragener Lebenspartner nach § 10 des Gesetzes über die Eingetragene Lebenspartnerschaft (LPartG) und subsidiär dazu, der Staat. Subsidiär bedeutet, dass dieser erst erbt, wenn die oben genannten gesetzlichen Erben nicht vorhanden oder erbunwürdig sind bzw. das Erbe ausgeschlagen haben.

Das BGB teilt die Verwandten in fünf Gruppen ein. Diese Gruppen werden Ordnungen genannt. Hierbei gilt die Regel, dass, solange ein Verwandter der vorhergehenden Ordnung vorhanden ist, die Verwandten der nachfolgen Ordnungen von der Erbschaft ausgeschlossen sind! Gesetzlich geregelt ist diese so genannte Rangfolge der Ordnungen in

§ 1930 BGB. Ist zum Zeitpunkt des Erbfalls weder ein Verwandter noch der Ehepartner/Lebenspartner des Erblassers vorhanden oder erbwillig, dann ist der Staat gesetzlicher Erbe. Dieser kann die Erbschaft nicht ausschlagen. Er haftet auch für die Schulden des Erblassers, allerdings nur mit dem vorhandenen Nachlass. Im Folgenden werden die einzelnen Ordnungen erläutert. Anhand von Beispielen soll Ihnen die zum Teil nur schwer verständliche Erbfolge näher gebracht werden.

a. 1. Ordnung (§ 1924 BGB): Zu dieser Ordnung zählen die Abkömmlinge des Erblassers, die mit ihm in gerader Linie verwandten Personen wie Kinder (eheliche und nichteheliche, die nach dem 1.7.1949 geboren sind), Adoptivkinder, Enkel, Urenkel etc. Sie erben zu gleichen Teilen mit der Maßgabe, dass Enkel bzw. Urenkel erst dann zum Zuge kommen, wenn die Kinder bzw. die Enkel bereits verstorben sind, also ihre eigenen Kinder überlebt haben. Hier spricht man von der Erbfolge nach Stämmen (§ 1924 Absatz 3 BGB). Solange ein Mitglied der 1. Ordnung vorhanden ist, schließt es alle anderen Verwandten von der Erbfolge aus.

Zu beachten ist an dieser Stelle, dass der Ehepartner/eingetragene Lebenspartner kein Verwandter ist! Dieser erbt neben den Verwandten!

Sind mehrere Kinder vorhanden, kommt es zur Erbteilung nach Köpfen (§ 1924 Absatz 4 BGB). Das bedeutet nichts anderes, als dass die Kinder zu gleichen Teilen erben, also z. B. der Erstgeborene nicht mehr bekommt als das Nesthäkchen. Angenommene Kinder, also Adoptivkinder, sind unterschiedlich erbberechtigt, je nachdem, ob sie als Minder- oder Volljährige angenommen wurden. Ein seit dem 1.1.1977 angenommenes minderjähriges Kind ist gesetzlicher Erbe 1. Ordnung. Das hat zur Folge, dass es nicht mehr Erbe seiner leiblichen Eltern und deren Vorfahren ist. Wurde ein Volljähriger nach dem 1.1.1977 angenommen, hat dies erbrechtlich in der Regel nur eingeschränkte Auswirkungen es sei denn, dass das Vormundschaftsgericht ausnahmsweise bestimmt hat, dass die Annahme die Wirkung einer Volladoption hat. Der Angenommene wird in der Regel gesetzlicher Erbe 1. Ordnung des Annehmenden als dessen Kind und bleibt dies auch bei seinen leiblichen Eltern und deren Vorfahren, da die verwandtschaftlichen Beziehungen bestehen bleiben. Er erwirbt aber kein Erbrecht gegenüber den Verwandten des Annehmenden. Der Stichtag 1.1.1977 resultiert aus dem Adoptionsgesetz, welches an diesem Tag in Kraft getreten ist.

Beispiel für die gesetzliche Erbfolge 1. Ordnung: Frau X stirbt, ohne ein Testament gemacht zu haben. Sie hinterlässt ihren Ehemann, zwei Söhne und zwei Enkelkinder (Kinder ihrer vor einiger Zeit verstorbenen Tochter). Diese fünf Personen leben nun in einer Erbengemeinschaft zusammen. An dieser ist der Ehemann zur Hälfte (im Falle der Zugewinngemeinschaft, die der gesetzliche Regelfall nach § 1363 BGB) ist, die beiden Kinder zu je einem Sechstel und die beiden Enkelkinder zu je einem Zwölftel beteiligt. Diese Zahlen ergeben sich wie folgt: der Ehepartner bekommt die Hälfte (vgl. dazu die Ausführungen unter Punkt f), alle Kinder zusammen die restliche Hälfte. Ursprünglich waren es drei Kinder, d. h., jedes Kind bekommt von der Hälfte ein Drittel, dies entspricht einem Sechstel des gesamten Erbes. Da die Tochter verstorben ist, erben ihre Abkömmlinge, also die beiden Enkelkinder des Erblassers das Sechstel. Dieses Sechstel müssen sie sich teilen, d. h., jeder erhält ein Zwölftel. Bei einem Erbe von 120.000 Euro sieht die Verteilung wie folgt aus: der Ehepartner erhält 60.000 Euro, die beiden Kinder jeweils 20.000 Euro und die Enkelkinder jeweils 10.000 Euro. Hatten die Ehepartner in einem Ehevertrag die Gütertrennung vereinbart, erbt der Ehepartner nur ein Viertel. Da in unserem Fall das Ehepaar drei Kinder hatte, bleibt es bei dem Viertel, weil allen drei Personen der gleiche Anteil zusteht. Dazu folgen später nähere Ausführungen. Das heißt, dass der Ehepartner ein Viertel erhält, sowie jedes Kind ein weiteres Viertel. Da die Tochter vorverstorben ist, teilen sich die Enkelkinder das Viertel, es bekommt jeder ein Achtel. Bei einem Erbe von 120.000 Euro sieht die Verteilung dann wie folgt aus: der Ehepartner und die beiden Kinder erhalten jeweils 30.000 Euro, die beiden Enkelkinder teilen sich den „Anteil“ der verstorbenen Mutter und erhalten jeweils 15.000 Euro.

b. 2.Ordnung (§ 1925 BGB): Diese besteht aus den Eltern des Erblasser, den Geschwistern und, falls diese bereits verstorben sind, aus Neffen und Nichten. Sie kommen nur zum Zuge, wenn keine Erben 1. Ordnung vorhanden sind bzw. das Erbe ausgeschlagen haben. Der Ehegatte/eingetragene Lebenspartner des Erblassers erbt neben den gesetzlichen Erben 2. Ordnung bei Zugewinngemeinschaft zu drei Vierteln, sonst zur Hälfte. Für die Verteilung des weiteren Viertels bzw. der anderen Hälfte kommt es darauf an, ob beide Eltern des Erblassers noch leben: Nach § 1925 Absatz 2 BGB erben die Eltern, wenn sie beide noch leben, allein und zu gleichen Teilen. Lebt nur noch ein Elternteil, bestimmt sich die Verteilung nach § 1925 Absatz 3 BGB, d. h., an die Stelle des verstorbenen Elternteils treten dessen Abkömmlinge. Sind keine Abkömmlinge vorhanden, erbt der überlebende Elternteil den Rest allein.

Beispiel für die gesetzliche Erbfolge 2. Ordnung: In der Grundkonstellation wird davon ausgegangen, dass ein kinderloser, unverheirateter Erblasser mit zwei Schwestern und zwei Nichten, den Töchtern seiner vorverstorbenen dritten Schwester, verstirbt. Zu differenzieren ist zwischen folgenden Fällen:

1. Variante: Beide Eltern des Erblassers leben noch. Sie erben dann zu gleichen Teilen, d. h., bei einem angenommenen Erbe von 120.000 Euro erhält jedes Elternteil 60.000 Euro.

2. Variante: Nur ein Elternteil lebt noch. Dieser erbt die Hälfte des Nachlasses, die andere Hälfte fällt an die Abkömmlinge des verstorbenen Elternteils, d. h. an die Geschwister des Erblassers und, ist einer davon oder sind alle vorverstorben, an deren Abkömmlinge. Hier kann dann wieder das Beispiel der 1. Ordnung herangezogen werden: Die verbleibende Hälfte wird zwischen den drei Geschwistern des Erblassers aufgeteilt. Da eine Schwester bereits tot ist, fällt der ihr ursprünglich zustehende Erbteil von einem Sechstel an ihre beiden Töchter, d. h. an die Nichten des Erblassers. Diese erhalten je ein Zwölftel. Sind keine Geschwister oder Kinder der Geschwister vorhanden, ist der überlebende Elternteil Alleinerbe. In Zahlen ausgedrückt bedeutet das:

bei einem Erbe von 120.000 Euro erhält das Elternteil 60.000 Euro. Die beiden noch lebenden Geschwister des Erblassers erben jeweils 20.000 Euro, die beiden Nichten jeweils 10.000 Euro.

3. Variante: Beide Eltern sind bereits verstorben. Dann treten deren Abkömmlinge an deren Stelle, und das hat zur Folge, dass zunächst die Geschwister des Erblassers zu gleichen Teilen erben; ist einer der Geschwister tot, erben dessen Anteil dann deren Abkömmlinge. Bei der Ausgangskonstellation und einem Erbe von 120.000 Euro bedeutet das, dass die beiden Schwestern je ein Drittel, also 40.000 Euro, und die beiden Nichten je ein Sechstel, also jeweils 20.000 Euro erhalten.

War der Erblasser zum Zeitpunkt seines Todes kinderlos verheiratet, ändert sich die Verteilung nur dahingehend, dass von dem Gesamterbe, wie bereits oben erwähnt, zunächst die Hälfte bzw. drei Viertel für den Ehegatten abgezogen und der Rest nach den oben genannten Anteilen verteilt wird. Bei einem Erbe von 120.000 Euro bedeutet das, dass der Ehepartner 90.000 Euro (Zugewinn) erhält, der Rest je nachdem, ob die Eltern noch leben oder nicht, nach den genannten Beispielen verteilt wird.

c. 3. Ordnung (§ 1926 BGB): Gesetzliche Erben dieser Ordnung sind Großeltern des Erblassers und deren Abkömmlinge, also Onkel und Tanten des Erblassers. Hier gelten ähnliche Vorschriften wie bei der Erbfolge 2. Ordnung: leben beide Großelternpaare zur Zeit des Erbfalls, erben diese allein und zu gleichen Teilen (§1926 Absatz 2 BGB). Lebt zur Zeit des Erbfalls von einem Großelternpaar ein Teil nicht mehr, so treten an die Stelle des Verstorbenen dessen Abkömmlinge, § 1926 Absatz 3 BGB (z. B. Tante und Onkel des Erblassers). Sind Abkömmlinge nicht vorhanden, so fällt der Anteil des Verstorbenen dem anderen Teil des Großelternteils und, wenn dieser nicht mehr lebt, dessen Abkömmlingen zu. Lebt zur Zeit des Erbfalls ein Großelternpaar nicht mehr und sind Abkömmlinge nicht vorhanden, so erben die anderen Großeltern oder ihre Abkömmlinge allein, § 1926 Absatz 4 BGB. Wie erkennbar ist, gestaltet sich die Verteilung in diesen Fällen schon etwas schwieriger, da nicht mehr nur von einem Elternpaar, sondern von zwei

Großelternpaaren auszugehen ist. Der Ehegatte des Erblassers erhält neben den Großeltern die Hälfte, bei Zugewinngemeinschaft drei Viertel. Ist von den Großeltern keiner mehr vorhanden, erbt er allein. Gleiches gilt im Wesentlichen auch für den eingetragenen Lebenspartner nach § 10 Absatz 1, 2 LPartG. Darin wurde allerdings die Regel des § 1931 Absatz 1 Satz 2 BGB nicht übernommen, was zur Folge hat, dass der Lebenspartner Abkömmlinge verstorbener Großeltern nicht immer ausschaltet. Diese kommen dann gemäß Absatz 3 neben ihm und noch lebenden Großeltern zum Zuge, werden dagegen von ihm verdrängt, wenn kein einziger Großelternteil mehr lebt.

Auch diese Ordnung soll anhand eines Beispiels erläutert werden. Ausgangsfall ist der, dass ein kinderloser, unverheirateter Erblasser stirbt und Erben 1. und 2. Ordnung (also Eltern, Kinder und Geschwister etc.) nicht vorhanden sind.

Variante 1: Alle vier Großelternteile leben noch. Von dem Erbe erhält jeder ein Viertel.

Variante 2: Der Großvater mütterlicherseits ist bereits verstorben. Das Viertel, was ihm eigentlich zustehen würde, fällt sodann an seine Abkömmlinge. Hat er zwei Söhne und zwei Enkelkinder (die Töchter einer verstorbenen Tochter), fällt dieses Viertel nach den Regeln der Erbfolge 1. Ordnung zu je einem Drittel an die beiden Söhne (die Onkel des Erblassers) und zu je einem Sechstel an die beiden Enkelkinder (die Cousinen des Erblassers). Bei einem Gesamterbe von 120.000 Euro bedeutet das, dass die Großeltern väterlicherseits sowie die Großmutter mütterlicherseits je 30.000 Euro erben. Von den restlichen 30.000 Euro erhalten die Onkel des Erblassers je 10.000 Euro und die Töchter seiner vorverstorbenen Tante, also die Cousinen des Erblassers je 5.000 Euro.

Variante 3: Beide Großeltern mütterlicherseits sind bereits verstorben, diese haben auch keine Abkömmlinge. Das gesamte Erbe fällt dann an die Großeltern väterlicherseits. Lebt auch hier nur noch ein Teil, fällt die zweite Hälfte des Erbes nach oben genannter Verteilung den Abkömmlingen zu.

d. 4. Ordnung (§ 1928 BGB): Gesetzliche Erben dieser Ordnung sind die Urgroßeltern des Erblassers und deren Abkömmlinge. Leben zur Zeit des Erbfalls Urgroßeltern, so erben sie allein; mehrere erben zu gleichen Teilen, § 1928 Absatz 2 BGB. Leben zur Zeit des Erbfalls die Urgroßeltern nicht mehr, so erbt von ihren Abkömmlingen derjenige, welcher mit dem Erblasser dem Grade nach am nächsten verwandt ist; Mehrere gleich nahe Verwandte erben zu gleichen Teilen.

Der Unterschied zu den anderen Ordnungen ist der, dass die Abkömmlinge der Urgroßeltern nur dann zum Zuge kommen, wenn keiner der Urgroßeltern mehr lebt. D. h., leben nur noch die Eltern großmütterlicherseits, erben diese das gesamte Vermögen. Lebt keiner der Großeltern mehr, wird zur Vereinfachung auf das Gradualsystem übergegangen: die Abkömmlinge werden nun nach ihrem Verwandtschaftsgrad zum Erblasser berücksichtigt, um eine zu große Zersplitterung des Erbes zu vermeiden. Der Nächstverwandte (z. B. der Großonkel) schließt also die ferneren Verwandten aus. Zwischen mehreren Verwandten gleichen Grades wird nach Köpfen geteilt. Ist ein Ehegatte des Erblassers vorhanden, verdrängt er die ohnehin seltenen Erben der 4. Ordnung völlig. Gleiches gilt auch für den eingetragenen Lebenspartner.

e. Fernere Ordnungen (§ 1929 BGB): Gesetzliche Erben dieser Ordnung sind die entfernteren Voreltern des Erblassers und deren Abkömmlinge. Unbegrenzt wird das Verwandtenerbrecht fortgeführt, wobei innerhalb der Ordnungen das Gradualsystem gilt. Der überlebende Ehegatte verdrängt aber sämtliche Verwandte ab der 4. Ordnung.

f. Erbrecht des Ehegatten (§ 1931 BGB): Der Ehegatte erhält ein eigenständiges gesetzliches Erbrecht, mit dem er die Verwandten bei der gesetzlichen Erbfolge verdrängt, denen nur der nicht dem Ehegatten zufallende Nachlassanteil verbleibt. Dies nennt man Teilungsprinzip. Der Erbanteil des Ehegatten ist fest und orientiert sich ausschließlich an den Kriterien des Bestandes der Ehe, der Art des Güterstandes sowie der Nähe der konkurrierenden Verwandtschaft zum Erblasser. Voraussetzung ist immer, dass zum Zeitpunkt des Erbfalls eine gültige Ehe bestand und keiner der Ehegatten die Scheidung beantragt hat (§ 1933 BGB). Sterben beide Ehepartner durch das gleiche Ereignis (z. B. einem Autounfall), ist der jeweilige Todeszeitpunkt zu ermitteln. Ist dies nicht möglich, wird von ihrem gleichzeitigen Versterben ausgegangen und kein Ehegatte kann Erbe des anderen werden.

Der Ehegatte erbt neben den Verwandten des Erblassers zwischen einem Viertel und dem Ganzen. Gesetzlicher Regelerbteil ist ein Viertel. Es kommt immer darauf an, ob während der Ehe die Gütertrennung oder die Zugewinngemeinschaft vereinbart war oder ob nahe Verwandte vorhanden sind. Sein Erbteil ist bei näheren Verwandten kleiner als bei entfernteren, wobei fernere als die Großeltern überhaupt nicht mehr zum Zuge kommen, der Ehegatte erbt dann allein. Dies ist in § 1931 Absatz 2 BGB geregelt. Je nach Verwandtschaftsgrad gilt dann Folgendes:

> Verwandte 1. Ordnung: Neben den Abkömmlingen des Erblassers erbt der Ehegatte bei Zugewinngemeinschaft die Hälfte (§ 1931 Absatz 3 i. V .m. § 1371 BGB), bei Gütertrennung neben einem Kind die Hälfte, neben zweien ein Drittel, neben drei und mehreren wieder ein Viertel (§ 1931 Absatz 4 BGB).
> Verwandte 2. Ordnung: Neben den Eltern des Erblassers und deren Abkömmlingen erbt der Ehegatte die Hälfte, bei Zugewinngemeinschaft drei Viertel.
> Verwandte 3. Ordnung: Neben den Großeltern erhält der Ehegatte die Hälfte, bei Zugewinngemeinschaft drei Viertel. Sind alle verstorben, erbt der Ehegatte allein, da dann andere Verwandte der 3. Ordnung nicht mehr zum Zuge kommen.

Wie bereits erwähnt, ist der Erbteil auch eng mit dem ehelichen Güterrecht verknüpft: bei gesetzlichem Güterstand wird der Zugewinn erbrechtlich durch pauschale Erhöhung um ein Viertel ausgeglichen, vgl. § 1931 Absatz 3 BGB. Dabei ist es gleichgültig, ob er überhaupt einen Anspruch auf Zugewinnausgleich hat. Der Ehegatte erhält dann neben den Kindern die Hälfte, neben Großeltern und Eltern drei Viertel. Darüber hinaus ist der erbende Ehepartner verpflichtet, den Kindern des Erblassers, die nicht aus der Ehe zwischen ihm und dem Erblasser stammen, aus dem zusätzlich gewährten Viertel eine angemessene Ausbildung zu finanzieren, sofern diese Kinder einer Ausbildung bedürfen und sie die Kosten dafür nicht selbst aufbringen können.

Bei Gütertrennung ist durch § 1931 Absatz 4 BGB sichergestellt, dass sein Erbteil nicht kleiner ausfällt als der eines Kindes. Hatte der Erblasser also zwei Kinder, erbt der Ehegatte ein Drittel, bei einem Kind die Hälfte. Wie bereits oben erwähnt, ist sichergestellt, dass der Erbteil nicht kleiner als ein Viertel ausfallen darf. Nur bei der Gütergemeinschaft bestimmt sich der Erbteil allein nach den §§ 1931 Absatz 1 und 2 BGB. Dort heißt es in § 1931 Absatz 1: „Der überlebende Ehegatte des Erblassers ist neben den Verwandten der ersten Ordnung zu einem Viertel, neben Verwandten der zweiten Ordnung oder neben Großeltern zur Hälfte der Erbschaft als gesetzlicher Erbe berufen. Treffen mit Großeltern Abkömmlinge von Großeltern zusammen, so erhält der Ehegatte auch von der anderen Hälfte den Anteil, der nach § 1926 den Abkömmlingen zufallen würde."

Zusammenfassend ist folgendes festzustellen: Der Regelerbteil beträgt nach § 1931 Absatz 1 Satz 1 BGB stets ein Viertel. Bei der Zugewinngemeinschaft erhöht sich der Anteil nach § 1931 Absatz 3 i. V. m. § 1371 BGB um ein weiteres Viertel, sodass der überlebende Ehepartner die Hälfte erhält. Hatten die Ehepartner Gütertrennung vereinbart, kommt es auf die Anzahl der Kinder an: der Ehepartner erbt ein Viertel, jedes weitere Kind (bis zu 3) ebenfalls. Hatten die Ehepartner nur zwei Kinder, wird das vierte Viertel gleichmäßig verteilt, so dass jeder ein Drittel bekommt. Bei einem Kind werden die restlichen beiden Viertel ebenfalls gleichmäßig auf Ehegatten und Kind verteilt, sodass jeder die Hälfte erbt.

<u>g. Erbrecht des eingetragenen Lebenspartners (§ 10 LPartG):</u> Nach dieser Vorschrift erhält der Lebenspartner neben Verwandten erster Ordnung ein Viertel, neben Verwandten der zweiten Ordnung und den Großeltern die Hälfte. Sein gesetzlicher Erbteil erhöht sich um ein Viertel, wenn die Lebenspartner als Vermögensstand die Ausgleichgemein-

schaft gewählt haben. Dieser ist in § 6 Absatz 2 LPartG geregelt und bedeutet, dass das Vermögen, das die Lebenspartner zu Beginn der Lebenspartnerschaft haben oder während dieser erwerben, nicht als gemeinschaftliches Vermögen anzusehen ist. Jeder Lebenspartner verwaltet sein Vermögen selbst. Der Vermögensstand ist dem der Zugewinngemeinschaft nachgebildet.

h. Erbrecht des Fiskus (§ 1936 BGB): Ist zur Zeit des Erbfalls weder ein Verwandter (unabhängig von der Ordnung), noch ein Lebenspartner noch ein Ehegatte des Erblassers vorhanden, so ist der Fiskus des Bundesstaates, dem der Erblasser zur Zeit des Todes angehört hat, gesetzlicher Erbe. Hat der Erblasser mehreren Bundesstaaten angehört, so ist der Fiskus eines jeden dieser Staaten zu gleichen Teilen zur Erbfolge berufen, § 1936 Absatz 1 BGB. Der Staat hat als letzter in der gesetzlichen Erbfolge ein privates gesetzliches Erbrecht, das auch im Ausland befindliche Vermögenswerte des Erblassers umfasst. § 1936 BGB gilt nur für den Erblasser deutscher Staatsangehörigkeit ohne Rücksicht auf dessen letzten Wohnsitz. Neben der deutschen bleibt eine zusätzliche andere Staatsbürgerschaft außer Betracht. Erbberechtigte Fisken sind trotz des nicht ganz eindeutigen Wortlauts des Gesetzes die jeweiligen Bundesländer.

5.4 Zugewinn, Gütertrennung und Gütergemeinschaft

a. Zugewinngemeinschaft: Haben die Eheleute keinen Ehevertrag geschlossen, leben sie im gesetzlichen Güterstand der Zugewinngemeinschaft. Geregelt ist dieser in den §§ 1363 bis 1390 BGB. Der gesetzliche Güterstand beginnt mit dem Tag der Eheschließung und endet mit dem Tod eines der Ehegatten bzw. bei Scheidung oder Aufhebung der Ehe. Welche Konsequenzen hat dieser Güterstand? In § 1363 Absatz 2 BGB heißt es: „Das Vermögen des Mannes und das Vermögen der Frau werden nicht gemeinschaftliches Vermögen der Ehegatten; dies gilt auch für Vermögen, das ein Ehegatte nach der Eheschließung erwirbt. Der Zugewinn, den die Ehegatten in der Ehe erzielen, wird jedoch ausgeglichen, wenn die Zugewinngemeinschaft endet."

Jeder Ehegatte behält also sein Vermögen in seinem Eigentum, auch das, das erst nach der Eheschließung erworben wird. Es besteht kein gemeinschaftliches Vermögen, aber auch keine gesetzliche Haftung für die Schulden des anderen Ehegatten. Eine gemeinsame Haftung besteht nur für gemeinsam aufgenommene Schulden oder gegenseitige Bürgschaften.

In § 1371 BGB ist der Anfall des Zugewinnausgleichs durch den Tod eines Ehegatten geregelt. Die Vorschrift verbindet Ehegüterrecht und Erbrecht, wobei die güterrechtlichen Gesichtspunkte überwiegen. Absatz 1 enthält die erbrechtliche Lösung, nämlich den Ausgleich des Zugewinns durch Erhöhung des Erbteils des überlebenden Ehegatten um ein Viertel, der gegebenenfalls durch eine Ausbildungshilfe an Abkömmlinge des Verstorbenen, die nicht aus der Ehe mit dem Überlebenden stammen, beschwert wird. Die Erhöhung erfolgt in jedem Fall, auch wenn kein Zugewinn erzielt wurde oder der Überlebende selbst ausgleichspflichtig wäre. Absatz 2 enthält die güterrechtliche Lösung. Sie tritt ein, wenn der überlebende Ehegatte weder Erbe wird, noch mit einem Vermächtnis bedacht ist. In diesem Fall erhält der Überlebende nur den Pflichtteil. Es bleibt ihm aber überlassen, den Zugewinnausgleich geltend zu machen, wenn es sich lohnt.

b. Gütertrennung: Die Gütertrennung ist in § 1414 BGB gesetzlich geregelt. Sie kann durch einen Ehevertrag vereinbart werden. Für die Zeit der Ehe gilt dasselbe wie für die Zugewinngemeinschaft: die Vermögen beider Eheleute bleiben getrennt, und jeder Ehegatte kümmert sich um seinen Vermögensteil. Erst im Fall einer Scheidung kommt der Unterschied zur Zugewinngemeinschaft zu tragen. Es findet kein Ausgleich des während der Ehe angehäuften Vermögens statt. Auch im Falle der Scheidung bleiben die Vermögen streng getrennt.

c. Gütergemeinschaft: Neben der Gütertrennung können die Eheleute im Ehevertrag auch Gütergemeinschaft vereinbaren. Geregelt ist diese Form in § 1415 bis 1482 BGB. Das bedeutet, dass das Vermögen des Mannes und der Frau zu einem gemeinschaftlichen Vermögen beider Ehegatten verschmilzt. Im Todesfall eines Ehegatten wird nach den allgemeinen Vorschriften beerbt.

d. Zugewinnausgleich: Beim Zugewinnausgleich wird eine „Vorher-/Nachherbetrachtung" angestellt. Das Vermögen, das jeder Ehegatte in die Ehe eingebracht hat, wird mit seinem jetzigen Vermögen verglichen. Es wird festgestellt, was für ein Vermögen jeder Ehegatte im Laufe der Ehe dazugewonnen hat (=Zugewinn). Der Zugewinn ist in § 1373 BGB geregelt. Dieser Zugewinn errechnet sich wie folgt: von dem Vermögen jedes Ehegatten werden dessen Schulden und Verbindlichkeiten abgezogen. Danach wird von der ermittelten Summe das Anfangsvermögen (§ 1374 BGB) des Ehegatten, also das, was er mit in die Ehe gebracht hat, abgezogen. Das Ergebnis ist der Zugewinn. Ist der Zugewinn errechnet, kommt es zum Ausgleich: der Ehegatte, der den höheren Zugewinn erwirtschaftet hat, gibt die Hälfte seines Überschusses an den anderen ab. Das während der Ehe angehäufte Vermögen wird somit beiden Partnern zu gleichen Teilen zugerechnet. Vermögenswerte, die in diesen Zugewinnausgleich fallen können, sind unter anderem Grundeigentum, Ersparnisse, Lebensversicherungen auf Kapitalbasis, Bausparverträge etc.

Zugewinn und Anfangsvermögen können niemals eine negative Größe haben. Verluste eines Ehegatten sind demnach nicht auszugleichen. Es besteht keine Verpflichtung der Ehegatten, ihr Vermögen so zu verwalten, dass möglichst großer Zugewinn erzielt wird. Umgekehrt ist es unerheblich, ob der Zugewinn erarbeitet oder ererbt wurde bzw. warum ein Ehegatte keinen Zugewinn erzielt hat.

6. Die Vorerbschaft

Sie haben ein Interesse daran, dass Ihr Vermögen auch lange Zeit nach Ihrem Tode bestimmten Personen zufällt bzw. anderen Personen nicht? Normalerweise können Sie einen Erben bestimmen, der dann über Ihren Nachlass so verfügen kann, wie er es möchte. Darunter fällt natürlich auch das Recht, seinerseits Erben einzusetzen, mit denen Sie eventuell nicht einverstanden wären.

Wenn Sie dies vermeiden möchten, können Sie bestimmen, dass Ihr Vermögen letzten Endes an eine Person fallen soll, die Sie im Testament als Nacherben einsetzen, während Sie eine andere Person nur als Vorerben einsetzen. Die klassische Variante ist die Einsetzung des Ehemanns bzw. der Ehefrau als Vorerbe und die Einsetzung der gemeinsamen Kinder als Nacherben. So ist sichergestellt, dass der Vorerbe den Nachlass nicht „aufbraucht".

Dieser Ratgeber richtet sich allerdings nicht nur an Personen, die ein Testament errichten wollen, sondern auch an die Erben selbst. Sie sind durch einen Erbfall Vorerbe eines Grundstücks oder des gesamten Nachlasses geworden? Dann ist es unabdingbar, dass Sie Ihre Rechte und Pflichten genau kennen. Aber was genau ist eigentlich ein Vorerbe? Unter dem Vorerben versteht man den kraft Gesetzes oder Verfügung von Todes wegen bestimmten Erben, der in seiner Verfügung über den Nachlass durch die Einsetzung eines Nacherben beschrankt ist.

Hat der Erblasser Sie hingegen als Nacherben eingesetzt, sind Sie interessiert daran zu erfahren, wann Sie von der Erbschaft profitieren können. Welche Rechte und Pflichten bringt dies mit sich? Diese und viele weitere Fragen werden im Laufe der folgenden Kapitel anschaulich erläutert.

Gesetzliche Regelungen über die Vor- und Nacherbschaft finden Sie in den §§ 2100 bis 2146 des Bürgerlichen Gesetzbuchs (BGB).

6.1 Erbrechtliche Grundregeln

An dieser Stelle sollen zunächst die erbrechtlichen Grundregeln kurz erläutert werden. Denn sämtliche Begriffe werden auch in den Ausführungen zur Vor - und Nacherbschaft Bedeutung finden.

Das Erbrecht hat die Funktion, Ihr privates Eigentum mit dem Tod nicht untergehen zu lassen. Der Fortbestand soll im Wege der Rechtsnachfolge gesichert werden. Das bedeutet: auch nach dem Tod soll mit dem Eigentum des Erblassers so umgegangen werden, wie er das möchte. Gesetzlich geregelt ist das Erbrecht im 5. Buch des BGB in den §§ 1922 bis 2385. Die Regeln der Erbfolge geben der Klarheit, der Leichtigkeit des Rechtsverkehrs und der Überschaubarkeit Vorrang vor der Einzelfallgerechtigkeit. Mit anderen Worten: obwohl Sie über Ihr Vermögen verfügen können, wie Sie es wünschen, müssen bestimmte Regeln eingehalten werden. Zu differenzieren ist zwischen fünf grundsätzlichen Prinzipien:

a) **Privaterbfolge:** Das Vermögen des Verstorbenen, also des Erblassers, wird an Privatpersonen abgegeben. Nur wenn kein privater Erbe vorhanden ist, erbt der Fiskus des Bundeslandes, in dem der Erblasser zum Zeitpunkt seines Todes niedergelassen war. Er beteiligt sich allerdings über die Erbschaftsteuer wertmäßig am Nachlass und beschränkt dadurch das private Erbrecht.

b) **Familienerbrecht:** Verfügt der Erblasser nichts anderes, geht das Erbe per Gesetz (gesetzliche Erbfolge, geregelt in den §§ 1922 ff. BGB) auf seine Familie über, nämlich auf seinen Ehegatten bzw. seinen eingetragenen (!) Lebenspartner und auf seine nächsten Verwandten (Kinder, Eltern, Geschwister etc.). Der Ehegatte erbt neben den Verwandten nach dem Prinzip der ehelichen Gemeinschaft. Zweck dieses Prinzips ist, dass weder den Abkömmlingen (zum Erhalt des Vermögens in der Familie) noch dem Ehegatten (zu dessen Versorgung) absoluter Vorrang eingeräumt wird.

c) **Gesamtrechtsnachfolge:** Das Vermögen des Erblassers geht als Ganzes auf die Erben über (§ 1922 BGB). Das bedeutet, dass die Erben den gesamten Nachlass – inklusive eventueller Schulden – annehmen oder das Erbe als solches ausschlagen müssen. Ausnahmen sind jedoch möglich.

d) **Testierfreiheit:** Der Erblasser kann selbst durch Verfügung von Todes wegen bestimmen, wer was erbt. Diese Freiheit ist vertraglich unbeschränkbar und wird nur durch das Pflichtteilsrecht sowie durch das Verbot sittenwidriger Verfügungen begrenzt.

e) **Vonselbsterwerb:** Mit dem Tod des Erblassers fällt sein Nachlass den Erben per Gesetz zu. Eine Mitwirkung seitens der Erben ist nicht erforderlich. Sie können sogar ohne Kenntnis und gegen ihren Willen erben. Aus diesem Grunde haben die Erben auch das Recht, das Erbe auszuschlagen (§ 1942 Absatz 1 BGB).

f) In Artikel 14 Absatz 1 Satz 1 des Grundgesetzes (GG) ist das Erbrecht als Grundrecht verankert. Garantiert wird dort das Recht des Erblassers, sein Vermögen zu vererben. Artikel 14 GG schützt aber auch das Recht des Erbanwärters vor staatlichen Maßnahmen, die seine Aussicht auf das Vermögen des Erblasser vereiteln würden.

Für ein umfassendes Verständnis der Ausführungen zur Vor- und Nacherbschaft ist es zudem erforderlich, die Begriffe des Vermächtnisses sowie des Pflichtteilsrechts zu erläutern. Auf beide wird in den späteren Ausführungen Bezug genommen.

- Sind Abkömmlinge, die Eltern oder der Ehegatte/Lebenspartner des Erblassers durch Verfügung von Todes wegen enterbt, so können sie von dem Erben den Pflichtteil verlangen. Der Pflichtteil, der nur unter bestimmten engen Voraussetzungen entfällt, ist kein gesetzlicher Erbteil, sondern ein persönlicher Anspruch auf Zahlung einer Geldsumme in Höhe der Hälfte des Werts des gesetzlichen Erbteils im Zeitpunkt des Erbfalls. Wurde der überlebende Ehegatte enterbt und lebten beide Eheleute im gesetzlichen Güterstand der Zugewinngemeinschaft, so erhöht sich sein Anteil um ein Viertel. Der Anspruch auf den Pflichtteil entsteht mit dem Erbfall. Er ist wiederum vererblich und übertragbar. Der Pflichtteilsberechtigte muss innerhalb von drei Jahren nach Kenntnis vom Erbfall Anspruch auf den Pflichtteil erheben, da der Anspruch sonst verjährt (§ 2332 Absatz 1 BGB).

- Unter einem Vermächtnis, welches in den §§ 2147 bis 2191 BGB geregelt ist, versteht man eine Einzelzuwendung eines Vermögensvorteils durch Verfügung von Todes wegen und damit gerade keine Erbeinsetzung. Derjenige, der die Zuwendung erhält, wird Bedachter genannt.

Die Zuwendung eines Vermächtnisses begründet mit dem Erbfall eine Forderung des Bedachten gegen den Beschwerten, der Erbe oder selbst Vermächtnisnehmer sein muss. Dazu folgendes Beispiel: Sie möchten Ihren Sohn als Alleinerben einsetzen. Ihre Ehefrau soll aber zeitlebens finanziell versorgt sein. Auch ihre Tochter soll einen bestimmten Geldbetrag erhalten. Im Testament müssten Sie dann folgendermaßen formulieren: *„Alleinerbe ist mein Sohn S. Meine Ehefrau E erhält lebenslängliches, unentgeltliches Wohnrecht in unserer jetzigen Wohnung in meinem Hausgrundstück X. Sie ist von S standesgemäß bis zu ihrem Tode zu unterhalten. Meiner Tochter T vermache ich einen Betrag in Höhe von ... Euro.“*

In diesem Beispiel muss S dann E aus dem Erbe unterhalten sowie T den Geldbetrag zukommen lassen. Was kann man vermachen? Gegenstand eines Vermächtnisses kann all das sein, was auch Gegenstand einer Leistung aus einem Schuldverhältnis sein kann. Beispiele: Aufnehmen des Bedachten in eine Gesellschaft, der Hausrat, Einräumung eines Ankaufsrechts oder eines Übernahmerechts an Nachlassgegenständen, Einräumung eines Nießbrauchs als lebenslanges Nutzungsrecht an Aktien/Grundstücken oder als lebenslängliches Wohnrecht, Zahlung einer Geldsumme, Erlass oder Abtretung einer Forderung, ein Anteil an einer GmbH oder ein Urheberrecht.

6.2 Rechtsstellung von Vor- und Nacherbe

Die Nacherbfolge ermöglicht dem Erblasser, die Weitergabe seines Vermögens in der Form zu steuern, dass es zunächst beim Erbfall zwar dem Vorerben persönlich, später aber nicht dessen Erben, sondern einem vom Erblasser selbst bestimmten Nacherben zukommt. Auch für den Nacherben können beliebig viele weitere Nacherben bestimmt werden. Kennzeichnend für die Nacherbfolge ist also das zeitliche Aufeinanderfolgen verschiedener Erben desselben Erblassers in Bezug auf dieselbe Erbschaft. Die Anordnung kann nur durch Testament oder Erbvertrag erfolgen. Die Nacherbfolge kann nicht nur für einzelne Nachlassgegenstände angeordnet werden.

Beispiel: Der kinderlos verheiratete Herr X hat in seinem Testament seine Ehefrau Y als Vorerbin eingesetzt. Mit dem Tod von Y soll sein Nachlass an sein Patenkind Z als Nacherbin anfallen. Verstirbt X, wird Y Vorerbin. Verstirbt nun später auch Y, fällt das Erbe des X an Z. Hätte Herr X nicht diese Regelung in seinem Testament getroffen, wäre sein Vermögen nach seinem Tod mit dem von Y verschmolzen. Das gesamte Vermögen von X und Y wäre dann an die (gesetzlichen oder gewillkürten) Erben von Y angefallen. Sie sehen den Unterschied: Auch nach dem Tod der Vorerbin hat X durch seine Bestimmung im Testament immer noch Einfluss darauf, was mit seinem Nachlass geschieht.

In der Hand des Vorerben bildet der Nachlass ein von dessen eigenem Vermögen rechtlich getrenntes Sondervermögen, über das der Nacherbe nur unter der Maßgabe der §§ 2112 ff BGB mehr oder weniger frei verfügen darf.

a) **Rechtsstellung des Vorerben:** Mit dem Erbfall fällt dem Vorerben die Vorerbschaft an. Sie bildet in seiner Hand ein Sondervermögen, das rechtlich von seinem übrigen Vermögen getrennt ist und ihm bis zum Nacherbschaftsanfall zur Nutzung verbleibt. Bis zu diesem

Zeitpunkt hat allein der Vorerbe die Stellung eines Erben und kann deshalb wie ein Eigentümer und Inhaber darüber verfügen. Er ist auch berechtigt, vorbehaltlich der gesetzlichen Beschränkungen über den Nachlass zu verfügen. Ihm gebühren die vollen Nutzungen nach § 100 BGB, also die Gebrauchsvorteile und der Gewinn der Vorerbschaft. Dem Nacherben muss lediglich die Substanz erhalten bleiben. Hat der Vorerbe den Nachlass oder einen Gegenstand aus diesem für sich verwendet, ist er nach dem Eintritt der Nacherbfolge dem Nacherben zum Ersatz des Werts verpflichtet.

b) **Rechtsstellung des Nacherben während der Vorerbschaft:** Gesetzlich geregelt, d. h. legal definiert, ist der Nacherbe in § 2100 BGB. Dort heißt es: *„Der Erblasser kann einen Erben in der Weise einsetzen, dass dieser erst Erbe wird, nachdem zunächst ein anderer Erbe geworden ist.“* Der Nacherbe wird nicht schon mit dem Todesfall des Erblassers Erbe, sondern erst dann, wenn das vom Erblasser bezeichnete Ereignis (z. B. der Tod des Vorerben) eintritt. Bis zu diesem Zeitpunkt hat der Nacherbe keine Rechtsposition inne, die ihn zum Besitz oder der Nutzung der Vorerbschaft berechtigt. Er erlangt allein ein Anwartschaftsrecht. Darunter versteht man die zunächst nur rein tatsächliche Aussicht auf einen künftigen Rechtserwerb. Dieses Recht kann übertragen, vererbt, verpfändet werden und unterliegt ggf. auch der Zwangsvollstreckung.

Mit dem Eintritt der Nacherbschaft erlischt das Recht des Vorerben. Aber wann tritt die Nacherbschaft ein? Den Zeitpunkt kann der Erblasser selbst bestimmen. Er muss allerdings beachten, dass das Ereignis in der Person des Vorerben oder Nacherben eintreten muss. Dies ist nicht streng wörtlich zu nehmen, sondern so zu verstehen, dass es eine rechtliche oder wirtschaftliche Beziehung zu ihm haben muss, also etwa sein Vermögen berührt. Dazu folgende Beispiele: Tod oder Wiederheirat des Vorerben, der Nacherbe erreicht ein gewisses Alter, er ergreift einen bestimmten Beruf oder schließt sein Studium mit dem Examen ab. Das bloße Miterleben eines Weltgeschehens ist kein solches Ereignis!

Die Erbschaft geht nach dem oben erläuterten Grundsatz der Gesamtrechtsnachfolge von selbst und unmittelbar auf den Nacherben über. Da dem Nacherben ja nur die Substanz gebührt, erhält er den Nachlass allerdings ohne die dem Vorerben verbleibenden Nutzungen (Gewinn etc.) und nur in dem rechtlichen Zustand, in dem er sich im Augenblick des Erbanfalls befindet, also ohne die Vermögenswerte, die durch wirksame Verfügungen des Vorerben aus dem Nachlass ausgeschieden sind.

6.3 Rechte und Pflichten des Vorerben

Da der Vorerbe mit dem Erbfall in die Rechtsstellung des Erblassers eintritt, kann er grundsätzlich wie ein Vollerbe über die zur Erbschaft gehörenden Gegenstände verfügen. Da aber dem Nacherben die Erbschaft – und zwar außer den beim Erbfall vorhandenen Gegenständen auch der Zuwachs, der mit Mitteln der Erbschaft beschafft wurde (z. B. Zinsen) – möglichst ungeschmälert erhalten bleiben soll, ist der Vorerbe im Umgang mit dem Erbe beschränkt, z. B. muss er Geld sicher anlegen und darf nicht ohne Zustimmung des Erben über ein Grundstück verfügen.

Mit anderen Worten: Der Vorerbe darf die Vorerbschaft nicht „verprassen“, sonst würde diese gesetzliche Regelung keinen Sinn machen.

a) Rechte des Vorerben

- **Verfügungsrecht:** In § 2112 BGB heißt es: *„Der Vorerbe kann über die zur Erbschaft gehörenden Gegenstände verfügen, soweit sich nicht aus den Vorschriften der §§ 2113 bis 2115 BGB ein anderes ergibt.“* Der Vorerbe ist, wie bereits erläutert, der wahre Erbe und damit Eigentümer des Nachlasses. Was bedeutet „Verfügung“ in diesem Zusammenhang? Dies ist technisch zu verstehen und betrifft die dingliche Übertragung, Belastung, Inhaberänderung sowie die Aufgabe des Nachlassgegenstands. Da sein Erbrecht aber nur ein zeitliches ist, wird sein Verfügungsrecht eingeschränkt, um dem Nacherben die Substanz zu erhalten. Der Vorerbe darf z. B. eine Münzsammlung verkaufen, allerdings muss das Geld (die Substanz), das er dafür erhält, dem Nacherben erhalten bleiben.

Einschränkungen seines Verfügungsrechts sind im Gesetz in folgenden Paragrafen geregelt:

- ***§ 2113 BGB Verfügung über Grundstücke, Schiffe, Schiffsbauwerke; Schenkungen:*** Erbt der Vorerbe z. B. ein Grundstück, ist er zwar der Eigentümer. Er darf durch seine Handlungen aber nicht das Recht des Nacherben beinträchtigen, z. B. das Grundstück verschenken oder zu einem Schleuderpreis verkaufen.

- ***§ 2114 BGB Verfügungen über Hypothekenforderungen, Grund- und Rentenschulden:*** Der Vorerbe kann diese kündigen und einziehen, ohne dass der Nacherbe einwilligen muss. Eine Einschränkung findet sich aber in § 2114 Satz 2 BGB. Danach benötigt der Vorerbe für eine Zahlung an sich wiederum die Einwilligung des Nacherben; sonst kommt nur eine Hinterlegung des Geldbetrags für sich und den Nacherben in Frage.

- ***§ 2115 BGB Zwangsvollstreckungsverfügungen gegen Vorerben:*** Ist die Nacherbfolge eingetreten, sind Zwangsvollstreckungsverfügungen, z. B. eine Pfändung, in Nachlassgegenstände absolut, also gegenüber jedermann, unwirksam. Auch hier befindet sich wieder eine Ausnahmeregelung in Satz 2. Danach ist die Verfügung unbeschränkt wirksam, wenn der Anspruch eines Nachlassgläubigers oder ein an einem Erbschaftsgegenstand bestehenden Recht geltend gemacht wird, das im Falle des Eintritts der Nacherbfolge dem Nacherben gegenüber wirksam ist.

- ***§ 2116 BGB Hinterlegung von Wertpapieren:*** Verlangt der Nacherbe dies, hat der Vorerbe Orderpapiere, also Schuldverschreibungen auf den Inhaber, Inhabergrundschulden, Inhaberaktien sowie Wechsel und Schecks bei einer Hinterlegungsstelle (dies sind grundsätzlich die Amtsgerichte), bei der Deutschen Gemeinschaftsbank in Frankfurt am Main oder bei der Deutschen Girozentrale mit Sitz in Berlin und Frankfurt am Main zu hinterlegen. Die Hinterlegung von z. B. Sparbüchern, Banknoten, Pfandscheinen etc. kann allerdings nicht verlangt werden. Ist die Hinterlegung erfolgt, kann der Vorerbe nur mit Einwilligung des Nacherben über die hinterlegten Papiere verfügen.

- ***§ 2117 BGB Umschreibung; Umwandlung:*** Statt sie zu hinterlegen, kann der Vorerbe o. g. Papiere auch auf sich umschreiben lassen. Voraussetzung ist dann, dass die Umschreibung mit der Bestimmung erfolgt, dass er über sie nur mit Zustimmung des Nacherben verfügen kann.

- ***§ 2119 BGB Anlegung von Geld:*** Sie haben 100.000 Euro als Vorerbe geerbt. Nach dem Gesetz hat der Vorerbe die Pflicht zur Geldanlage, da das Kapital dem Nacherben erhalten bleiben soll. Ein Mindestzinssatz ist dabei nicht vorgeschrieben, allerdings ist es nicht ausreichend, das Geld mit dem Zinssatz eines Sparbuchs mit gesetzlicher Kündigungsfrist anzulegen!

  Zu beachten ist in diesem Zusammenhang, dass der Erblasser den Vorerben von den o. g. Beschränkungen befreien kann. Gesetzlich geregelt ist dies in § 2136 BGB. Eine Befreiung kann auch bedingt erfolgen, z. B. für den Eintritt eines Not- oder Pflegefalls beim Vorerben. Die Befreiung muss in einer letztwilligen Verfügung des Erblassers enthalten sein. Dabei genügt es, wenn der Befreiungswille in der letztwilligen Verfügung irgendwie, wenn auch nur andeutungsweise oder versteckt, zum Ausdruck kommt, d. h. die Benutzung der Worte „Ich befreie den Vorerben von seinen Verpflichtungen etc." ist nicht notwendig!

Allerdings kann der Erblasser die Rechtsstellung des Vorerben auch verschlechtern. So kann er den Vorerben über die gesetzlichen Beschränkungen hinaus weiter beschränken und ihm die Verwaltung des Nachlasses und die Verfügung über Nachlassgegenstände durch Bestellung eines Testamentvollstreckers ganz entziehen.

- **Wegnahmerecht:** Dem Vorerben steht auch das Recht zu, seine Einrichtungen, mit denen er eine zur Erbschaft gehörende Sache versehen hat, wegzunehmen. Beispiel: zur Vorerbschaft gehört ein Haus. Dieses hat der Vorerbe mit Öfen, Lampen, Sicherheitsschlössern etc. versehen. Diese darf er wegnehmen, auch wenn sie durch den Einbau in das Haus ein wesentlicher Bestandteil davon geworden sind. Eine Pflicht zur Wegnahme besteht hingegen nicht!

b) Pflichten des Vorerben

Natürlich hat der Vorerbe nicht nur Rechte, sondern auch Pflichten. Wie bereits in Punkt a) erläutert, ist das Verfügungsrecht des Vorerben bereits durch eine Vielzahl von gesetzlichen Vorschriften eingeschränkt. An dieser Stelle werden nun die wichtigsten Pflichten des Vorerben aufgezählt:

- **Sorgfaltspflicht:** Der Vorerbe muss die Vorerbschaft sorgfältig verwalten, d. h. er darf sie nicht herunterwirtschaften, verschenken oder verkommen lassen. Wie weit die Sorgfaltspflicht allerdings gehen muss, regelt § 2131 BGB: Danach hat der Vorerbe dem Nacherben gegenüber nur für die Sorgfalt einzustehen, die er in eigenen Angelegenheiten anzuwenden pflegt. Hier ist ein subjektiver Maßstab anzulegen, d. h. es ist auf die Veranlagung und das gewohnheitsmäßige Verhalten des Vorerben sowie auf den mutmaßlichen Willen des Erblassers abzustellen. Hiernach richtet sich z. B., inwieweit der Vorerbe Nachlassgegenstände versichern und bereits vom Erblasser abgeschlossene Versicherungen fortzusetzen hat. In diesem Zusammenhang ist zu beachten, dass der Vorerbe nicht für den gewöhnlichen Verschleiß der Vorerbschaft bei ordnungsgemäßer Benutzung einzutreten hat!

- **Eigennützige Verwendung, § 2134 BGB:** Wenn der Vorerbe einen Nachlassgegenstand für sich verwendet hat, muss er nach Eintritt der Nacherbfolge dem Nacherben Ersatz leisten. Dies trifft auch auf seine Erben zu, wenn der Nacherbfall erst mit dem Tod des Vorerben eintritt. Zu denken ist insbesondere an Geld, das zur Tilgung eigener Schulden (nicht von Schulden der Vorerbschaft!) verbraucht wurde, sowie an andere verbrauchbare Sachen. Baut der Vorerbe auf seinem eigenen Grundstück ein Haus mit Mitteln aus der Vorerbschaft, fällt durch die Verbindung beider Gegenstände von Gesetzes wegen auch das Haus in sein Eigentum. Auch dann ist dem Nacherben Wertersatz zu leisten.

- **Herausgabepflicht:** Tritt die Nacherbfolge ein, so muss der Vorerbe die Erbschaft herausgeben. Hatte der Erblasser verfügt, dass die Nacherbfolge erst mit dem Tod des Vorerben eintreten soll, müssen seine Erben (die der Vorerben) die Vorerbschaft an den Nacherben herausgeben. Der Nachlass muss in dem Zustand herausgegeben werden, in dem er sich bei ordnungsgemäßer Verwaltung befinden müsste. Das hat zur Folge, dass sich der Nachlass nicht immer in dem Zustand befindet, in dem der Vorerbe ihn erhalten hat. Denn Veränderungen können durch Erfüllung von Nachlassverbindlichkeiten wie z. B. eines Vermächtnisses eingetreten sein.

- **Pflicht zur Erstellung eines Verzeichnisses der Erbschaftsgegenstände, § 2121 BGB:** Verlangt der Nacherbe dies, muss der Vorerbe ein Verzeichnis der zur Erbschaft gehörenden Gegenstände erstellen bzw. von einer amtlichen Stelle erstellen lassen und dem Nacherben zukommen lassen.

- Zudem treffen ihn auch die gewöhnlichen **Erhaltungskosten nach § 2124 Absatz 1 BGB**. Darunter fallen alle Kosten, die nach den rechtlichen und wirtschaftlichen Umständen des Nachlasses regelmäßig aufgewendet werden müssen, um das Vermögen zu erhalten. Dies sind z. B. normale Verschleißreparaturen wie Renovierungskosten bei Mietwohnungen, bei einem Haus Kosten für gewöhnliche Ausbesserung und Erneuerung, die Kosten für die notwendigen

Versicherungen, Verwaltungskosten, für öffentliche Lasten wie Grundsteuern und Zinsen, sonstige Ausgaben, die notwendig zur Erhaltung eines Betriebs sind, Düngemittel für landwirtschaftliche Betriebe.

- Andere Aufwendungen, die der Vorerbe zum Zwecke der Erhaltung von Erbschaftsgegenständen den Umständen nach für erforderlich halten darf, kann er aus der Erbschaft bestreiten. Gesetzlich geregelt ist das in § 2124 Absatz 2 BGB. Darunter fallen vor allem solche Aufwendungen, die langfristig mit einer Wertsteigerung des Nachlasses verbunden sind, so z. B. die Kosten für eine Erneuerung des Dachs, der ganzen Hausfassade, für den Einbau einer besseren Heizungsanlage, für Isolierverglasung der Fenster eines Miethauses, ferner die Ergänzung vernichteten Inventars. Außerordentliche Lasten z. B. eines Grundstücks nach § 2126 BGB werden ebenfalls aus dem Nachlass finanziert. Denn die Ausgabe kommt auch dem Nacherben zu Gute, da es sich um eine langfristige Investition (z. B. durch Wertsteigerung des Hauses, durch die dadurch geschaffene Möglichkeit, den Mietzins zu erhöhen) handelt. Außerordentliche Lasten sind: Erschließungsbeiträge; regelmäßig wiederkehrende Tilgungsbeiträge, die auf eine Hypothek geleistet werden; außerordentliche Vermögensabgaben. Macht der Vorerbe hingegen Ausgaben, die nicht der Erhaltung dienen, muss der Nacherbe nach Eintritt der Nacherbfolge Ersatz leisten. Gesetzlich geregelt ist das in § 2125 BGB. Darunter fallen Verwendungen, die über den bloßen Erhaltungszweck hinausgehen (z. B. völlige Umgestaltung des Grundstücks) oder unnütze kostspielige Ausgaben eines Rechtstreits. Sein Ersatzanspruch reicht aber nur so weit, als die Aufwendungen dem wirklichen oder mutmaßlichen Willen des Nacherben entsprechen.

- **Steuern:** Die durch die Vorerbschaft veranlasste Erbschaftsteuer hat der Vorerbe aus Mitteln der Vorerbschaft zu entrichten!

- Mit dem Eintritt der Nacherbschaft erlischt das Verfügungsrecht des Vorerben. Oftmals ist es aber so, dass der Vorerbe noch gar keine Kenntnis von dem Eintritt hatte, so z. B., wenn die Nacherbfolge mit der Heirat des Nacherben eintreten soll. Zu seinem Schutz ist aber in § 2140 BGB vorgesehen, dass er auch bei späteren Verfügungen noch als verfügungsberechtigt behandelt wird, wenn er sich ohne sein Verschulden in Unkenntnis des Eintritts der Nacherbfolge befand.

Vor- und Nacherbe können bei Bedarf den Zustand der zur Erbschaft gehörenden Sachen feststellen lassen. Die Kosten, die dadurch (z. B. die Hinzuziehung eines Sachverständigen) entstehen, muss derjenige, der die Feststellung gewünscht hat, selbst tragen.

6.4 Rechte und Pflichten des Nacherben

Auch dem Nacherben stehen Rechte und Pflichten zu, obwohl er – wie bereits erläutert – noch kein Vollerbe ist.

a) Rechte des Nacherben

- Zu beachten ist zunächst, dass der Vorerbe durch eine Vielzahl von gesetzlichen Vorschriften in seiner **Verfügungsfreiheit beschränkt** ist – bereits dadurch erlangt der Nacherbe gewisse Rechte (vgl. Kapitel 4).

- **Auskunftsrecht des Nacherben, § 2127 BGB:** Der Nacherbe ist berechtigt, von dem Vorerben Auskunft über den Bestand der Erbschaft zu verlangen, allerdings nur dann, wenn Grund zu der Annahme besteht, dass der Vorerbe durch seine Verwaltung die Rechte des Nacherben erheblich verletzt. Mit anderen Worten: hat der Nacherbe die (berechtigte) Befürchtung, dass die Vorerbschaft nicht ordnungsgemäß verwaltet wird, z. B. eine große Summe Geld nicht verzinslich angelegt wird, sondern zu Hause in der Schublade liegt, kann er Auskunft über die Verwaltung der Vorerbschaft verlangen. Dies allerdings nur während der Vorerbschaft und nur für den gegenwärtigen Bestand.

- **Sicherheitsleistung, § 2128 BGB:** Der Nacherbe kann Sicherheitsleistungen verlangen, wenn durch das Verhalten des Vorerben oder durch dessen ungünstige Vermögenslage beim Nacherben die Besorgnis einer erheblichen Verletzung seiner Rechte hervorgerufen wird. Unter anderem können folgende Verhaltensweisen des Vorerben das Verlangen von Sicherheitsleistungen rechtfertigen: der Vorerbe macht unentgeltliche Verfügungen, d. h. er verschenkt Gegenstände aus dem Vorerbe; er unterlässt es, Forderungen einzutreiben; Unterlassen von Geldanlagen; unwirtschaftliche Verwaltung des eigenen Vermögens. Der Anspruch muss in einem Prozess geltend gemacht werden. Sicherheit ist in Höhe des Nachlasswerts zu erbringen, sofern nicht ein geringerer Schaden droht. Nach Verurteilung zur Sicherheitsleistung kann im Wege der Vollstreckung die Zwangsverwaltung angeordnet werden, wenn die Sicherheitsleistung nicht erbracht wurde. Das heißt: das Gericht bestimmt eine Person, die die Verwaltung des Nachlasses übernimmt. Dies kann auch der Nacherbe sein, allerdings folgerichtig nicht der Vorerbe. Dem Vorerben wird nicht nur die Verwaltung entzogen, er verliert zudem das Recht, über die Erbschaftsgegenstände zu verfügen (§ 2129 Absatz 1 BGB).

b) Pflichten des Nacherben

Ist zur ordnungsgemäßen Verwaltung der Vorerbschaft eine Verfügung erforderlich, die der Vorerbe nur mit Einwilligung des Nacherben vornehmen kann, so ist der Nacherbe dem Vorerben gegenüber verpflichtet, seine Einwilligung zu erteilen. Zur Verwaltung gehört z. B. der Verkauf von Nachlassgegenständen, um die Nachlassverbindlichkeiten (siehe Kapitel 6.6) zu erfüllen. Weitere Beispiele: Verpflichtung des Nacherben, dem Verkauf eines Grundstücks zuzustimmen, wenn anderenfalls Enteignung droht; eine der o. g. Verfügungen der §§ 2113 , 2114, 2116, 2117, 2118 BGB wird notwendig. Die Zustimmung des Nacherben muss allerdings gerichtlich genehmigt werden.

6.5 Haftung für Nachlassverbindlichkeiten

Für Nachlassverbindlichkeiten haften Vor- und Nacherbe als wahre Erben des Erblassers. Der Vorerbe wird mit dem Eintritt der Nacherbfolge von der Haftung grundsätzlich frei. Was zu den Nachlassverbindlichkeiten gehört, bestimmt § 1967 BGB: Schulden des Erblassers (auch Steuerschulden); Verbindlichkeiten, die aus Vermächtnissen, Pflichtteilrechten und Auflagen resultieren. Aus Verständnisgründen soll an dieser Stelle zuerst die Haftung des Nacherben erläutert werden. Auch das Gesetz orientiert sich an diesem Aufbau.

a) **Haftung des Nacherben:** Gesetzlich geregelt ist diese in § 2144 BGB. Seine Haftung beginnt mit dem Eintritt des Nacherbfalls. Er haftet auch für Verbindlichkeiten, soweit sie aus Rechtsgeschäften entstanden sind, die der Vorerbe in ordnungsgemäßer Verwaltung eingegangen ist. Haftungsbestand ist nicht der ursprüngliche, sondern der Nachlass, der vom Vorerben herauszugeben war.

b) **Haftung des Vorerben:** Nach dem Eintritt der Nacherbfolge haftet der Vorerbe noch insoweit, als der Nacherbe nicht haftet. Man spricht dann von einer Weiterhaftung. Diese tritt in folgenden Fällen auf:

- für die ihm allein auferlegten Vermächtnisse und Auflagen
- für Eigenverbindlichkeiten wie z. B. Haftung aus Verletzung der Verwaltungspflicht
- für Verbindlichkeiten, die ihm im Verhältnis zum Nacherben zur Last fallen, also wirtschaftlich gesehen nur ihn allein etwas angehen

6.6 Ausschlagung der Vor- oder Nacherbschaft

Etwas zu erben bedeutet nicht immer einen Vorteil, da mit dem Erbfall auch alle Schulden und sonstige Verbindlichkeiten des Erblassers auf den Erben übergehen. Dafür haftet dieser dann grundsätzlich mit seinem eigenen Vermögen. Deshalb haben sowohl der Vorerbe als auch der Nacherbe die Möglichkeit, die Erbschaft auszuschlagen.

a) **Ausschlagung der Vorerbschaft:** Die Erben können das Erbe annehmen, aber nach den §§ 1942 ff BGB auch ausschlagen. Dieses Recht steht auch dem Vorerben zu. Wie bei der Ausschlagung nach § 1942 BGB ist der Vorerbe an eine bestimmte Frist gebunden, die mit Kenntnis vom Erbfall beginnt. Die Frist beträgt im Regelfall sechs Wochen. Schlägt er das Vorerbe aus, kommt der Nacherbe als Ersatzerbe nach § 2102 Absatz 1 BGB zum Zuge.

   Was ist eigentlich ein Ersatzerbe? Für den Fall, dass der Eingesetzte nicht Erbe wird (z. B. durch Ausschlagung der Erbschaft), kann der Erblasser einen so genannten Ersatzerben benennen. Dieser wird dann Erbe. Sinn dieser Möglichkeit ist es, die gewillkürte Erbfolge zu sichern und die gesetzliche weiterhin auszuschließen.

   Beispiel: Erblasser E verfügt in seinem Testament, dass sein Sohn S Alleinerbe werden soll. Als Ersatzerben bestimmt er sein Patenkind T. Nach Eintritt des Erbfalls schlägt S allerdings das Erbe aus. Hätte E in seinem Testament nicht T als Ersatzerben bestimmt, würden die Abkömmlinge von S, z. B. dessen Kinder, im Rahmen der gesetzlichen Erbfolge den Nachlass von E erben. So allerdings wird T Erbin.

b) **Ausschlagung der Nacherbschaft:** Sobald der Erbfall (nicht erst der Nacherbfall!) eingetreten ist, kann auch der Nacherbe die Erbschaft ausschlagen. Gesetzlich geregelt ist das in § 2142 BGB. Er ist jedoch auch an die sechswöchige Frist gebunden (§ 2142 i. V. m. § 1944 BGB).

Durch die Ausschlagung der Nacherbschaft wird diese gegenstandslos. Im Zweifel verbleibt die Erbschaft beim Vorerben oder fällt den Erben des Vorerben zu.

Zu beachten ist in diesem Zusammenhang aber auch der Wille des Erblassers: Ist seinem Testament zu entnehmen, dass er für diesen Fall einen Ersatzerben bestimmen wollte (auch wenn er dies wörtlich nicht ausgedrückt hat), kommt dieser zum Zuge!

6.7 Beendigung und Unwirksamkeit der Nacherbschaft

Die Nacherbschaft kann unwirksam werden. Das ist der Fall nach einem Ablauf von 30 Jahren, ohne dass der Fall der Nacherbfolge (z. B. durch den Tod des Vorerben oder den Eintritt eines vom Erblasser bestimmten Ereignisses) eingetreten ist. Sinn und Zweck dieser Vorschrift (§ 2109 BGB) ist, dass der Erbe nicht übermäßig lang durch die Verfügungsbeschränkungen der Vorerbschaft belastet wird. Die Frist beginnt mit dem auf den Tod des Erblassers folgenden Tag und endet genau 30 Jahre später.

Beispiel: Der Erblasser stirbt am 23. Juni 2005. Die Frist beginnt am 24. Juni 2005 und endet sodann mit Ablauf des 23. Juni 2035. Mit Ablauf der Frist wird die Einsetzung des Nacherben unwirksam. Der Vorerbe wird somit Vollerbe und der Nachlass sein freies Vermögen, über das er nach Belieben verfügen kann. Dies gilt auch, wenn der Erblasser mehrere einander nachfolgende Nacherbfolgen angeordnet hatte.
Allerdings gibt es zwei Ausnahmen von der Beschränkung auf 30 Jahre: Darunter fällt zunächst das personenbezogene Ereignis. Darunter ist Folgendes zu verstehen: ordnet der Erblasser an, dass der Nacherbfall durch ein bestimmtes Ereignis, das in der Person des Vorerben oder des Nacherben liegt, eintreten soll, und ist diese Person – d. h. der Vor- bzw. der Nacherbe – beim Erbfall bereits gezeugt, tritt die Nacherbschaft auch noch nach Ablauf der 30-Jahres-Frist ein.

Dazu ein Beispiel: Der Erblasser E hatte in seinem Testament verfügt, dass sein erster Enkel, der zu dem Zeitpunkt, an dem das Testament errichtet wurde, noch gar nicht gezeugt war, Nacherbe seiner Ehefrau werden soll. E verstirbt. Zu diesem Zeitpunkt ist der Enkel bereits gezeugt. Die Ehefrau wird Vorerbin. Stirbt die Ehefrau erst 31 Jahre nach dem Erbfall, wird der Enkel trotz Ablauf der 30-Jahres-Frist Nacherbe.

Eine weitere Ausnahme ist der Fall der ungeborenen Geschwister: Setzt der Erblasser künftige Geschwister des Vorerben im Falle ihrer Geburt als Nacherben ein oder als Nacherben des Nacherben, wird die zeitliche Grenze variiert. Es wird dann auf die Lebensdauer von Mutter und Vater der Nacherben abgestellt, da spätestens nach deren Tod der Nacherbfall nicht mehr eintreten kann. Die Ausnahme gilt auch für Halbgeschwister.

Beispiel: Erblasser E hat in seinem Testament sein Patenkind A, das Einzelkind ist, als Vorerben eingesetzt. Weiterhin hat er verfügt, dass ein künftiges Geschwisterkind von A Nacherbe von A werden soll. Der Erbfall tritt am 31. Juli 2005 ein; A ist demnach Vorerbe, für den die Verfügungsbeschränkungen gelten. Am 25. Oktober 2006 verunglücken beide Eltern von A tödlich. Da A nunmehr keine (leiblichen) Geschwister mehr bekommen kann, wird er am 25.Oktober 2006 Vollerbe, also lange vor Ablauf der 30-Jahres-Frist. Wäre lediglich ein Elternteil ums Leben gekommen, wäre A noch nicht Vollerbe geworden, da theoretisch noch die Möglichkeit bestanden hätte, dass der Vater/die Mutter noch ein weiteres Kind bekommt.

Soll allerdings eine juristische Person, so z. B. eine Stiftung, als Nacherbe eingesetzt werden, bleibt es bei der 30-Jahres-Frist.
Dazu folgendes Vertragsmuster:

6.8 Mustertestament

Ich, ...

geborene/r ....

geboren am ....

in ....

setze hiermit ....

geboren am ....

in ....

zum Vorerben ein.

Als Nacherben setze ich ....

....

geboren am ....

in ....ein.

Die Vorerbschaft endet mit dem Tod des Vorerben.

Selbstverständlich können auch mehrere Personen als Vorerben eingesetzt werden. Dann könnte der Absatz wie folgt lauten: „... *setze hiermit (Name), geboren am (Datum), in (Ort) sowie (Name), geboren am (Datum) in (Ort) zu meinen Vorerben ein. Beide/alle drei etc. sollen zu gleichen Teilen Vorerben sein.*" Auf die wörtliche Bezeichnung kommt es nicht an; es muss nur aus dem Sinnzusammenhang im Testament hervorgehen, dass Vor- und Nacherbschaft gewollt ist. Mit der Bezeichnung „Vor- und Nacherbe" sind Sie allerdings auf der sicheren Seite!

Selbst zu diesem Zeitpunkt noch nicht gezeugte Personen können als Nacherben eingesetzt werden. Diese werden dann mit der Geburt Nacherben.

Die Vorerbschaft

Der Regelfall ist, dass die Vorerbschaft bis zum Tod des Vorerben dauert. Jedoch können die in Kapitel 3 erläuterten Ereignisse an Stelle des Todeszeitpunktes eingesetzt werden. Eine weitere Formulierung wäre: *„Die Vorerbschaft dauert bis zur Vollendung des 25. Lebensjahres des Nacherben. Danach geht die Vorerbschaft auf den Nacherben über."* Oder *„Die Vorerbschaft endet, sobald der Vorerbe sich wieder verheiratet."*

Ortsangabe und Datum sind entbehrlich, sollten jedoch angegeben werden. Ihre eigenhändige, nicht notwendigerweise lesbare Unterschrift ist jedoch zwingend notwendig. Zudem muss das gesamte Testament handschriftlich geschrieben sein, um an seiner Echtheit keine Zweifel aufkommen zu lassen!

....

Ort, Datum

....

Unterschrift (Vor- und Zuname)

7. Wie Sie ein Erbe annehmen oder ausschlagen

Etwas zu erben bedeutet nicht immer einen Vorteil, da mit dem Erbe auch alle Schulden und sonstigen Verbindlichkeiten des Erblassers auf den Erben übergehen. Dafür haftet dieser dann grundsätzlich mit seinem eigenen Vermögen. Jetzt haben Sie festgestellt, dass der Nachlass völlig überschuldet ist.Sie haben mal davon gehört, dass man eine Erbschaft auch ausschlagen kann.

Aber wie genau geht das? Was muss dabei beachtet werden? Wem gegenüber erklärt man die Ausschlagung? Diese und viele weitere Fragen sollen Ihnen in den folgenden Kapiteln beantwortet werden. Es sollen Ihnen aber nicht nur die Voraussetzungen, unter denen Sie eine Erbschaft annehmen oder ausschlagen können, näher gebracht, sondern auch – für ein umfassendes Verständnis – die Grundregeln des Erbrechts erläutert werden. Denn im Zusammenhang mit der Ausschlagung werden viele Fragen aufgeworfen: Wie erbt man überhaupt? Was ist der Unterschied zwischen einer Erbschaft und einem Vermächtnis? Gesetzlich geregelt sind Annahme und Ausschlagung einer Erbschaft in den §§1942 bis 1966 des Bürgerlichen Gesetzbuches (BGB), aber auch die §§119 ff. BGB finden Anwendung.

Der Vollständigkeit halber wird in den Kapiteln 7.3 und 7.7 zudem auf das Vermächtnis eingegangen, denn dieses kann ebenfalls ausgeschlagen werden.

7.1 Überblick über das Erbrecht

Das Erbrecht hat die Funktion, das Privateigentum als Grundlage der eigenverantwortlichen Lebensgestaltung mit dem Tod des Eigentümers nicht untergehen zu lassen. Der Fortbestand soll im Wege der Rechtsnachfolge gesichert werden. Das bedeutet: auch nach dem Tod soll mit dem Eigentum des Erblassers so umgegangen werden, wie er das möchte. Gesetzlich geregelt ist das Erbrecht in den §§1922 bis 2385 BGB. Diese Regeln der Erbfolge geben der Klarheit, der Leichtigkeit des Rechtsverkehrs und der Überschaubarkeit Vorrang vor der Einzelfallgerechtigkeit. Mit anderen Worten: obwohl Sie über Ihr Vermögen verfügen können, wie Sie es wünschen, müssen bestimmte Regeln eingehalten werden. Zu differenzieren ist zwischen den fünf grundsätzlichen Prinzipien, die zum Teil von der Verfassung garantiert werden:

a. **Privaterbfolge:** Das Vermögen des Verstorbenen wird an Privatpersonen abgegeben. Nur wenn kein privater Erbe vorhanden ist, erbt der Staat (§1936 BGB). Er beteiligt sich allerdings über die Erbschaftsteuer wertmäßig am Nachlass und beschränkt dadurch das private Erbrecht.

b. **Familienerbrecht:** Verfügt der Erblasser nichts anderes, geht das Erbe per Gesetz auf seine Familie über, nämlich auf seinen Ehegatten bzw. seinen eingetragenen Lebenspartner und auf seine nächsten Verwandten (Eltern, Kinder, Geschwister etc.). Der Ehegatte/eingetragene Lebenspartner erbt neben den Verwandten nach dem Prinzip der ehelichen Gemeinschaft. Dabei wird vom Teilungsprinzip ausgegangen. Zweck dieses Prinzips ist es, dass weder den Abkömmlingen (zum Erhalt des Vermögens in der Familie) noch dem Ehegatten/eingetragenen Lebenspartner (zu dessen Versorgung)absoluter Vorrang eingeräumt wird.

c. **Gesamtrechtsnachfolge:** Das Vermögen des Erblassers geht als Ganzes auf die Erben über (§1922 BGB). Das bedeutet, dass die Erben den gesamten Nachlass inklusive eventueller Schulden annehmen oder das Erbe als solches ausschlagen müssen. Ausnahmen sind jedoch möglich; diese werden in den nachfolgenden Kapiteln noch näher erläutert.

d. **Testierfreiheit:** Der Erblasser kann durch Verfügung von Todes wegen selbst bestimmen, wer was erbt. Diese Freiheit ist vertraglich unbeschränkbar (§2302 BGB) und wird nur durch das Pflichtteilsrecht sowie durch das Verbot sittenwidriger Verfügungen begrenzt. Ersterer Begriff wird an anderer Stelle näher erläutert.

e. **Vonselbsterwerb:** Mit dem Tod des Erblassers fällt sein Nachlass per Gesetz dem Erben zu. Eine Mitwirkung seitens des Erben ist nicht erforderlich. Er kann sogar ohne Kenntnis und gegen seinen Willen erben. Aus diesem Grunde haben die Erben auch das Recht, das Erbe auszuschlagen (§ 1942 Absatz 1 BGB)).

In Artikel 14 Absatz 1 Satz 1 des Grundgesetzes (GG) ist das Erbrecht als Grundrecht verankert. Garantiert wird dort das Recht des Erblassers, sein Vermögen zu vererben. Artikel 14 GG schützt aber auch das Recht des Erbanwärters vor staatlichen Maßnahmen, die seine Aussicht auf das Vermögen des Erblassers vereiteln würden.

7.2 Wie „erbt" man?

Zum besseren Verständnis werden an dieser Stelle einige Begriffe erläutert, die die Grundlage für die folgenden Kapitel bilden sollen.

a. **Gesetzliche Erbfolge:** Diese ist in den §§1924 bis 1936 BGB geregelt. Sie kommt nur zum Zuge, wenn der Erblasser nicht durch Verfügung von Todes wegen, also durch Testament oder Erbvertrag, die Erben bestimmt hat. Im Erbrecht gilt nur die gesetzlich anerkannte Verwandtschaft des §1589 BGB. Das heißt, dass auch Blutsverwandte, wie z. B.vor dem 1.7.1949 geborene nicht eheliche Kinder nicht zu den gesetzlichen Erben gehören. Sind beim Erbfall unterschiedliche Verwandte vorhanden, bestimmt sich durch die Zugehörigkeit zu einer der in den §§1924 bis 1929 BGB gebildeten Ordnung, wer von ihnen zum Zuge kommt. Um es kurz zu machen: erst erben die Kinder und die Enkelkinder (Erben 1. Ordnung); gibt es diese nicht, erben die Eltern und die Geschwister des Erblassers (Erben 2.Ordnung, §1925 BGB), anschließend die Großeltern des Erblassers sowie deren Abkömmlinge, also Onkel und Tanten des Erblassers (Erben 3.Ordnung, §1926 BGB). Sind solche nicht vorhanden, erben die Urgroßeltern des Erblassers und deren Abkömmlinge (Erben 4.Ordnung, §1928 BGB). Zu guter Letzt greift man auf die fernere Ordnung des § 1929 BGB zurück.

b. **Testament (gewillkürte Erbfolge):** Unter einem Testament versteht man die vom Erblasser einseitig getroffene Verfügung von Todes wegen, in der dieser in der Regel die Erben bestimmt und damit die gesetzliche durch die gewillkürte Erbfolge ersetzt hat. Einseitig bedeutet, dass – anders als bei einem Vertrag – die vom Erblasser abgegebene Erklärung nicht der Annahme durch einen Vertragspartner bedarf. Das Testament ist gültig, wenn der Erblasser seine Erklärung (formgültig) abgegeben hat. Unter gewissen Umständen können Verwandte oder Ehegatten von der gesetzlichen Erbfolge ausgeschlossen werden. In diesem Fall spricht man von Enterbung.

c. **Erbvertrag:** Darunter versteht man eine Verfügung von Todes wegen, also den vom Erblasser zum Ausdruck gebrachten letzten Willen. In ihm kann der Erblasser jede Verfügung treffen, die auch durch ein Testament getroffen werden kann. Unterschied zum Testament ist der, dass die Testierfreiheit des Erblassers eingeschränkt wird. Eine frühere letztwillige Verfügung wird durch Abschluss eines Erbvertrages insoweit aufgehoben, als dass sie das Recht des durch den Vertrag Begünstigten vereiteln oder einschränken würde. Es handelt sich beim Erbvertrag immer um ein zweiseitiges Rechtsgeschäft, an das die Vertragspartner gebunden sind. Dadurch unterscheidet sich dieser vom Testament, das jederzeit einseitig, das heißt ohne Zustimmung der anderen Partei, widerrufen oder abgeändert werden kann. Sind sich beide Parteien einig, kann der Erbvertrag natürlich wieder aufgehoben werden.

d. **Vermächtnis:** Unter einem Vermächtnis, welches in den §§2147 bis 2191 BGB geregelt ist, versteht man eine Einzelzuwendung eines Vermögensvorteils durch Verfügung von Todes wegen. Dies ist gerade keine Erbeinsetzung! Derjenige, der die Zuwendung erhält, wird Bedachter genannt. Besondere Arten des Vermächtnisses sind z. B.das Wahlvermächtnis, das Zweckvermächtnis und das Forderungsvermächtnis. Die Zuwendung eines Vermächtnisses begründet mit dem Erbfall eine Forderung des Bedachten gegen den Beschwerten, der Erbe oder selbst Vermächtnisnehmer sein muss. Dazu folgendes Beispiel: Sie möchten Ihren Sohn als Alleinerben einsetzen. Ihre Ehefrau soll aber zeitlebens finanziell versorgt sein. Auch ihre Tochter soll einen bestimmten Geldbetrag erhalten. Ihr Testament müssten Sie dann folgendermaßen formulieren:

„Alleinerbe ist mein Sohn S. Meine Ehefrau E erhält lebenslängliches, unentgeltliches Wohnrecht in unserer jetzigen Wohnung auf meinem Hausgrundstück X. Sie ist von S standesgemäß bis zu ihrem Tode zu unterhalten. Meiner Tochter T vermache ich einen Betrag in Höhe von ...Euro."

In diesem Beispiel muss S dann E aus dem Erbe unterhalten sowie T den Geldbetrag zukommen lassen. Das Vermächtnis kann allerdings ebenfalls angenommen bzw.ausgeschlagen werden (§2180 BGB; vgl. dazu die Ausführungen in Kapitel 7.7).

7.2 Annahme einer Erbschaft

Unter der Erbschaft, auch Nachlass genannt, versteht man das Vermögen, also die Gesamtheit der Rechtsverhältnisse des Erblassers, die beim Erbfall als Ganzes auf die Erben übergehen. Zur Erbschaft gehören nach der überwiegenden Ansicht im Rechtsverkehr neben den Rechten auch die Schulden des Erblassers, die so genannten Nachlassverbindlichkeiten, für die der Erbe grundsätzlich aufkommen muss.

Vererblich sind alle vermögensbezogenen Rechte und Pflichten, z. B. das Eigentum und sonstige Rechte, der Anspruch auf Schmerzensgeld, Forderungen an etwas sowie der Besitz. Unvererblich hingegen sind höchstpersönliche Rechtsbeziehungen des Erblassers wie z. B. Mitgliedschaftsrechte, der Nießbrauch und Unterhaltsansprüche, sofern es sich nicht um Rückstände handelt. Die Erbschaft kann nach §1950 BGB nur als Ganzes angenommen oder ausgeschlagen werden, eine Annahme von einzelnen Verfügungen ist nicht möglich! Davon zu unterscheiden ist allerdings der Fall, wenn jemand aus mehreren Gründen (z. B. durch Verfügung von Todes wegen und kraft Gesetzes) als Erbe berufen ist. Er kann die Erbschaft dann aus einem Grunde annehmen und aus einem anderen Grund ausschlagen (§1948 BGB). Das gleiche gilt bei Berufung zu mehreren Erbteilen, falls die Berufung auf verschiedenen Gründen beruht, nicht dagegen bei verschiedenen Testamenten, sofern nicht vom Erblasser etwas anderes gestattet ist (§ 1951 BGB)).

Grundsätzlich bedarf es einer Annahme der Erbschaft nicht, denn diese geht automatisch auf den Erben über. Dies gilt für die gesetzliche Erbfolge, aber auch für die Erbfolge aufgrund eines Testaments oder Erbvertrages. Bei der Annahme handelt es sich um eine formlose, nicht empfangsbedürftige Willenserklärung, die voraussetzt, dass der Erbe voll geschäftsfähig ist.

Unter der Geschäftsfähigkeit versteht man die Fähigkeit, Rechtsgeschäfte selbstständig vollwirksam vorzunehmen. Gesetzlich geregelt sind nur der Fall der Geschäftsunfähigkeit (§104 BGB) sowie der beschränkten Geschäftsfähigkeit (§106 BGB). Danach ist geschäftsunfähig, wer nicht das siebte Lebensjahr vollendet hat oder „wer sich in einem die freie Willensbestimmung ausschließenden Zustand krankhafter Störung der Geistestätigkeit befindet, sofern nicht der Zustand seiner Natur nach ein vorübergehender ist “. Minderjährige, die das siebte Lebensjahr vollendet haben, sind gemäß §106 BGB nur beschränkt geschäftsfähig. Um Handlungen wirksam vornehmen zu können, bedarf es nach §107 BGB der Zustimmung der gesetzlichen Vertreter.

Wer stillschweigend oder ausdrücklich (auch durch schlüssige Handlungen anderen gegenüber, es müssen nicht die Worte fallen „Ich nehme die Erbschaft an “) erklärt, er wolle Erbe sein und die Erbschaft annehmen, kann die Erbschaft nicht mehr ausschlagen. Bloße Fürsorgemaßnahmen für den Nachlass wie z. B. die Übernahme der Beerdigungskosten oder der Antrag auf Testamentseröffnung reichen hierfür

in der Regel nicht aus. Für eine stillschweigende Annahme ist das Auftreten als Erbe ausreichend. Als Annahme gilt nach dem Gesetz auch der Ablauf der für die Ausschlagung vorgesehenen Frist (vgl. dazu auch Kapitel 7.5).
Die Annahme der Erbschaft bewirkt, dass der Annehmende endgültig Erbe wird und das Recht verliert, die Erbschaft auszuschlagen. Sie beendet den Schwebezustand und wandelt den vorläufigen Erwerb der Erbschaft in einen endgültigen um. Sie bestätigt den Anfall und den gleichzeitigen Verzicht auf die Ausschlagung.

Als Annahme gilt auch die Anfechtung der Ausschlagung und das ungenutzte Verstreichenlassen der Ausschlagungsfrist. Auch hier muss der Erbe geschäftsfähig sein oder, wenn dies nicht der Fall ist, einen gesetzlichen Vertreter haben, der Kenntnis von Erbfall und Berufungsgrund hat. Die Fristversäumung kann wie die Annahme angefochten werden. Die Annahme der Erbschaft ist unwiderruflich – genau wie die Ausschlagung auch. Sie kann aber nach den Vorschriften der §§ 1954 ff.. BGB angefochten werden.

7.4 Ausschlagung einer Erbschaft

Wie bereits in der Einleitung erwähnt, sind die Annahme und Ausschlagung der Erbschaft in den §§1942 ff.BGB geregelt. In §1942 Absatz 1 BGB heißt es: „Die Erbschaft geht auf den berufenen Erben unbeschadet des Rechts über, sie auszuschlagen." Darunter versteht man den Anfall der Erbschaft. Zusammen mit §1922 BGB wird hier der Grundsatz des oben angesprochenen Vonselbsterwerbs zum Ausdruck gebracht, der sich im Zeitpunkt des Erbfalls ohne Wissen und Willen des Erben kraft Gesetz vollzieht. Um eine Erbschaft auszuschlagen, müssen bestimmte Voraussetzungen erfüllt werden, so u.a. die Einhaltung von Frist- und Formvorschriften:

a. **Fristbeginn:** Gehen wir davon aus, dass der Erbfall am 18. Mai 2005 eingetreten ist und der vorläufige Erbe auch am selben Tag davon und von der Tatsache, dass er gesetzlicher Erbe (vgl. zum Unterschied gesetzlicher Erbe/Erbe durch Testament Kapitel 7.2) ist, Kenntnis erhalten hat. Er hat am 30. Mai noch nicht die Annahme der Erbschaft erklärt, da er die Erbschaft gerne ausschlagen möchte. Gemäß §1944 BGB kann die Ausschlagung nur binnen einer Frist von sechs Wochen erfolgen. Die Frist ist aus dem Grund so kurz bemessen, um den durch die Möglichkeit der Ausschlagung geschaffenen Schwebezustand innerhalb einer festgelegten Zeit zu beenden. Sie wird allerdings nach §1944 Absatz 3 BGB auf sechs Monate verlängert, wenn entweder der Erblasser seinen alleinigen Wohnsitz im Ausland hatte, oder wenn der Erbe sich bei Fristbeginn im Ausland aufhielt. Auf den Sterbeort kommt es hierbei nicht an. Die Frist beginnt mit dem Zeitpunkt, in welchem der Erbe von dem Erbfall und dem Grund der Berufung Kenntnis erlangt hat, in unserem Fall also am 18. Mai 2005. Bleibt er tatenlos, hat er die Erbschaft mit Ablauf des 30. Juni 2005 angenommen, kann diese also nicht mehr ausschlagen.

Kenntnis des Berufungsgrundes liegt vor, wenn der Erbe weiß, weshalb ihm die Erbschaft und ob sie ihm als gesetzlichem oder gewillkürtem Erben angefallen ist. Der Fristbeginn ist also ausgeschlossen, solange der Testamentserbe annimmt, er sei gesetzlicher Erbe oder umgekehrt. Bei der gewillkürten Erbfolge muss der Erbe Kenntnis von dem Testament haben, bei der gesetzlichen ist die Kenntnis des die Erbberechtigung begründenden Familienverhältnisses erforderlich. Außerdem muss dem Erben bekannt sein, dass keine letztwillige Verfügung vorhanden ist.

Ist der Erbe durch ein Testament berufen (=gewillkürter Erbe), so beginnt die Frist gemäß §1944 Absatz 2 Satz 2 BGB nicht vor Verkündung der Verfügung! Zur exakten Festlegung des frühesten Beginns der Ausschlagungsfrist ist daher auf die Kenntnis des Erben von der Testamentseröffnung abzustellen.

Erhält der Erbe erst später Kenntnis davon, wird die Frist auch erst dann in Gang gesetzt. Ob gewillkürter oder gesetzlicher Erbe, entscheidend ist in beiden Fällen, dass auch die richtige Person von

Erbfall und Berufungsgrund Kenntnis erlangt! Ist der Erbe minderjährig oder geschäftsunfähig, kommt es auf die Kenntnis seiner gesetzlichen Vertreter, also beider Eltern oder seines Betreuers (§ 1902 BGB)), an. Wie wird die Frist nun genau berechnet? Kommen wir noch einmal auf das obige Beispiel zurück. Kenntniszeitpunkt ist der 18. Mai 2005. Die Frist wird gemäß den §§187 Absatz 1 und 188, 193 BGB berechnet. Der Tag des Ereignisses (18. Mai) wird nicht mitgerechnet, sodass die Frist am 19. Mai beginnt und mit Ablauf von sechs Wochen, also mit Ablauf des 30. Juni 2005, endet!

b. **Form der Ausschlagung:** Gemäß §1945 BGB erfolgt die Ausschlagung durch Erklärung gegenüber dem Nachlassgericht (§1962 BGB); die Erklärung ist zur Niederschrift des Nachlassgerichts oder in öffentlich beglaubigter Form abzugeben. Mit anderen Worten: Die Ausschlagung muss binnen der oben genannten Frist an die richtige Person gerichtet werden, um wirksam zu sein. Bei der Ausschlagung handelt es sich nämlich um eine so genannte empfangsbedürftige Willenserklärung, d. h., die richtige Person muss davon Kenntnis erhalten. Ist der vorläufige Erbe beschränkt geschäftsfähig, muss sein gesetzlicher Vertreter der Ausschlagung zustimmen; ist er geschäftsunfähig, muss der gesetzliche Vertreter an seiner Stelle ausschlagen.

c. **Zeitpunkt der Ausschlagung:** Wie auch bei der Annahme ist nach §1946 BGB Voraussetzung, dass ein Erbfall eingetreten ist. Eine Ausschlagung kann nicht im Voraus erfolgen oder „für alle Fälle ". Auch kann die Ausschlagung nicht unter einer Bedingung oder einer Zeitbestimmung erfolgen (§ 1947 BGB).

d. **Wirkung der Ausschlagung:** Was passiert durch die Ausschlagung der Erbschaft überhaupt? Nach §1953 Absatz 1 BGB gilt der Anfall (der Erbschaft) an den Ausschlagenden als dann nicht erfolgt. Nach §1953 Absatz 2 BGB gilt der Nächstberufene, rückwirkend vom Erbfall an, als Erbe. Handelt es sich z. B. um die gesetzliche Erbfolge, schlägt der Sohn das Erbe aus und sind keine weiteren Erben 1. Ordnung vorhanden, wird vorläufiger Erbe der Erbe 2. Ordnung, so z. B. die Mutter des Erblassers. Gemäß § 1953 Absatz 3 BGB soll das Nachlassgericht die Ausschlagung demjenigen mitteilen, welchem die Erbschaft infolge der Ausschlagung angefallen ist. Entgegen dem Wortlaut des Gesetzes handelt es sich hierbei um eine Mitteilungspflicht, die den Zweck hat, die Ausschlagungsfrist gegenüber den infolge der Ausschlagung Berufenen in Lauf zu setzen.

Zu beachten ist, dass nach §1952 BGB das Ausschlagungsrecht auch vererbt werden kann!

7.5 Anfechtung von Annahme und Ausschlagung

Die Willenserklärung des Erben, dass er die Erbschaft annimmt oder ausschlägt, ist aus Gründen der Rechtssicherheit grundsätzlich unwiderruflich. Unter bestimmten Voraussetzungen kann er seine Erklärung jedoch anfechten.

Die Anfechtung ist im allgemeinen Teil des BGB, in den §§119, 120, 123 und 142 ff. geregelt; die §§1954 ff. BGB enthalten lediglich Sonderregelungen. Für eine wirksame Anfechtung müssen folgende Voraussetzungen erfüllt sein:

a. **Anfechtungsgrund:** Eine Annahme oder Ausschlagung kann nur angefochten werden, wenn ein Grund dafür vorliegt. Darunter fallen Erklärungs-, Inhalts- oder Eigenschaftsirrtum. Ein Irrtum über das Motiv ist hingegen unbeachtlich.

> Erklärungsirrtum:Dieser liegt gemäß §119 Absatz 1 Alternative 2 BGB vor, wenn schon der äußere Erklärungstatbestand nicht dem Willen des Erklärenden entspricht. Beispiele: Versprechen oder Verschreiben.

- Inhaltsirrtum: Danach (§119 Absatz 1 Alternative 1 BGB) stimmen äußerer Tatbestand und Wille überein, der Erklärende irrt sich aber bezüglich der Tragweite und der Bedeutung seiner Erklärung. Ein solcher Irrtum liegt allerdings nicht vor, wenn die Annahme ausdrücklich erklärt wurde und der Annehmende dabei nicht gewusst hat, dass er das Erbe auch ausschlagen kann.

- Eigenschaftsirrtum (§119 Absatz 2 BGB): Dabei stimmen Wille und Erklärung überein. Der Erklärende irrt sich nicht bezüglich der Erklärungshandlung oder des Erklärungsinhalts, sondern über Eigenschaften des Geschäftsgegenstands und damit über die außerhalb der Erklärung liegenden Wirklichkeit. Solche Eigenschaften sind z. B.: Überschuldung des Nachlasses oder Rechte Dritter am Nachlass.

- Arglistige Täuschung oder Drohung: Nach §123 BGB kann derjenige, der zur Abgabe einer Willenserklärung durch arglistige Täuschung oder widerrechtlich durch Drohung bestimmt worden ist, die Erklärung anfechten. Die arglistige Täuschung setzt eine vorsätzliche Täuschung zum Zwecke der Erregung oder Aufrechterhaltung eines Irrtums voraus.

b. **Anfechtungsfrist:** Die Anfechtungsfrist nach §1954 BGB beträgt in der Regel sechs Wochen. Sie beginnt bei arglistiger Täuschung und Irrtum mit Kenntnis vom Anfechtungsgrund, bei Drohung mit Beendigung der Zwangslage (vgl. §1954 Absatz 2 Satz 1 BGB). Kenntnis hat der Anfechtungsberechtigte dann, wenn ihm die dafür maßgeblichen Tatsachen bekannt werden und er erkennt, dass seine Erklärung eine andere Bedeutung oder Wirkung hatte, als er ihr beilegen wollte. Nach §1954 Absatz 3 beträgt die Frist sechs Monate, wenn der Erblasser seinen letzten Wohnsitz nur im Ausland hatte oder wenn sich der Erbe bei Beginn der Frist im Ausland aufhielt. Zu beachten ist, dass die Anfechtung nach §1954 Absatz 4 BGB ganz ausgeschlossen ist, wenn seit der Annahme oder Ausschlagung 30 Jahre verstrichen sind.

c. **Anfechtungsberechtigung:** Anfechtungsberechtigt sind nur der Erbe oder der Erbeserbe.

d. **Form der Anfechtung:** Die Anfechtung muss ebenso wie die Ausschlagung gegenüber dem Nachlassgericht erklärt werden. Gesetzlich geregelt ist dies in §1955 BGB. Für die Form der Erklärung gelten die Regeln des §1945 BGB, die bereits erläutert wurden.

e. **Wirkung der Anfechtung:** Gemäß §1957 Absatz 1 BGB gilt die Anfechtung der Annahme als Ausschlagung und umgekehrt. Das bedeutet, dass die angefochtene Erklärung nichtig wird und darüber hinaus sofort die jeweils gegenteilige Wirkung eintritt. Damit soll zur Vermeidung von Unklarheiten der Eintritt eines nochmaligen Schwebezustands vermieden werden. Rechtsfolge ist, dass der Anfechtende nach §122 BGB gegenüber einem Dritten zum Schadensersatz verpflichtet ist, wenn diesem im Vertrauen auf die Gültigkeit der Annahme oder Ausschlagung ein Schaden entstanden ist. Zu ersetzen sind z. B. die Kosten eines Rechtsstreits.

Zu beachten ist, dass die Versäumung der Ausschlagungsfrist nach §1956 BGB in der gleichen Weise wie die Erklärung selbst angefochten werden kann. Ist der Erbe über den Berufungsgrund im Irrtum, so gilt gemäß §1949 Absatz 1 BGB die Annahme auch ohne Anfechtung als nicht erfolgt.

7.6 Annahme und Ausschlagung eines Vermächtnis

Nicht nur die Erbschaft, sondern auch ein Vermächtnis kann angenommen und ausgeschlagen werden. Gesetzlich geregelt ist das in §2180 BGB, dort wird allerdings auf die bereits in Kapitel 7.5 erwähnten Regelungen der §§1950, 1952 Absatz 1 und 3 und auf §1953 Absätze 1 und 2 BGB Bezug genommen. Diese Paragrafen sind nach dem Wortlaut des §2180 Absatz 3 BGB analog anzuwenden. Das bedeutet nichts anderes, als dass die Sachverhalte beim Testament und beim Vermächtnis ähnlich gelagert sind und deshalb die gleichen Vorschriften Anwendung finden.

Annahme und Ausschlagung sind formlose, auch durch schlüssiges Verhalten mögliche, empfangsbedürftige Willenserklärungen. Empfangsbedürftig bedeutet, dass es nicht ausreichend ist, zu sich selbst zu sagen „Ich schlage das Vermächtnis aus". Diese Aussage oder ein entsprechendes schlüssiges Verhalten muss gegenüber dem Beschwerten, dem Nachlasspfleger (§§1960 Absatz 2, 1961 BGB) oder dem Testamentsvollstrecker (§2213 Absatz 1 BGB) zum Ausdruck gebracht werden. Die Erklärung kann, wie bei der Erbschaft auch, erst nach dem Erbfall erfolgen (vgl. dazu § 2180 Absatz 2 Satz 2 BGB). Anders als bei der Erbschaft gibt es hier keine Ausschlagungsfrist; der Erblasser kann allerdings als Bedingung die Annahme binnen einer bestimmten Frist verfügen. Ist die Erklärung (Annahme oder Ausschlagung) einmal abgegeben, ist sie genauso wie bei der Erbschaft unwiderruflich, sie kann aber nach den allgemeinen Regeln der §§119 ff.BGB ebenfalls angefochten werden. Wie bei der Erbschaft ist die Erklärung bedingungsfeindlich – sie kann auch nicht unter einer Zeitbestimmung abgegeben werden. Das heißt: entweder nimmt man das Vermächtnis an oder nicht, ein „Ja, aber ..." ist nicht möglich.

Die Erklärung der Annahme bewirkt nach §2180 Absatz 1 BGB, dass die Ausschlagung ausgeschlossen ist. Bei der Ausschlagung kommt §2180 Absatz 3 BGB zur Geltung, wo es heißt, dass die für die Annahme und die Ausschlagung einer Erbschaft geltenden Vorschriften der §§1950, 1952 Absatz 1 und 3 sowie 1953 Absatz 1 und 2 BGB zur Anwendung kommen. Gemäß §1953 Absatz 1 BGB gilt der Anfall an den Ausschlagenden als nicht erfolgt, und das Vermächtnis ist somit hinfällig. §1953 Absatz 2 BGB, in dem es heißt: „Die Erbschaft fällt demjenigen an, welcher berufen sein würde, wenn der Ausschlagende zur Zeit des Erbfalls nicht gelebt hätte; der Anfall gilt als mit dem Erbfall erfolgt", ist so anzuwenden, dass die Rückbeziehung auf den Zeitpunkt des Erbfalls eintritt. Von der Ausschlagung ist zu unterscheiden der Verzicht gegenüber dem Erblasser, der in §2352 BGB geregelt ist.

Dort heißt es in Satz 1: „Wer durch Testament als Erbe eingesetzt oder mit einem Vermächtnis bedacht ist, kann durch Vertrag mit dem Erblasser auf die Zuwendung verzichten." In der folgenden Tabelle finden Sie für einen besseren Überblick eine Gegenüberstellung der Unterschiede und Gemeinsamkeiten von Annahme und Ausschlagung einer Erbschaft gegenüber denen eines Vermächtnisses.

	Erbschaft	Vermächtnis
Ausschlagungsfrist	Sechs Wochen bzw. sechs Monate (§§ 1943, 1944 BGB	Keine
Ausschlagungsrecht	Ja, § 1952 Absatz 1 BGB	Ja, §§ 2180 Absatz 3, 1952 1 BGB
Form der Ausschlagung	§ 1945 BG3; gegenüber dem Nachlassgericht zur Niederschrift oder öffentlich beglaubigter Form	§ 2180 Absatz 2 BGB, gegenber dem Beschwerten (z. B. Erben), dem Nachlasspfleger oder dem Testamentvollstrecker, keine besonderen Formschriften
Erklärung unter einer Bedingung	Nicht möglich, bedingungsfeindlich nach § 1947 BGB	Nicht möglich, bedingungsfeindlich nach § 2180 Absatz 2 BGB
Anfechtung der Erklärung	Möglich gem. §§ ff. BGB; zu beachten allerdings § 1954 BGB (andere Frist!) sowie die §§ 1955 - 1957 BGB	Möglich gem. §§ 119 ff. BGB; § 1954 BGB findet keine Anwendung, deswegen gilt die Frist der §§ 121, 124 BGB
Teilnahme und Teilausschlagung	Nicht möglich, unwirksam nach § 1950 BGB	Nicht möglich, unwirksam nach §§ 2180 Absatz 3, 1950 BGB
Vererblichkeit des Annahme- und Ausschlagungsrechts	Ja gem. § 1952 Absatz 1BGB	Ja gem. §§ 2180 Absatz 3, 1952 Absatz 1 BGB
Wirkung der Ausschlagung	§ 1953 Absatz 1 BGB; Anfall gilt als nicht erfolgt	§§ 2180 Absatz 3 1 BGB; Anfall gilt als nicht erfolgt
Mitteilungspflicht über die Ausschlagung	Gemäß § 1953 Absatz 3 BGB an denjenigen, an den die Erbschaft infolge der Ausschlagung anfällt; Pflicht trifft Nachlassgericht	Nicht anwendbar, da das Nachlassgericht nicht involviert ist

8. Alles zur Testamentsvollstreckung

Sie sind zum Testamentvollstrecker bestimmt worden? Dann stellt sich für Sie zunächst die Frage, ob Sie das Amt annehmen oder ablehnen möchten. Haben Sie sich für ersteres entschieden, ist es unerlässlich, dass Sie Ihre Rechte und Pflichten sowie Ihr Aufgabengebiet genau kennen. Denn unter Umständen kann das Amt über Jahrzehnte hin andauern. Aber nicht nur Ihre Aufgaben, sondern auch Fragen zur Vergütung, zur gerichtlichen Geltendmachung von Forderungen sowie zu Ihrer Haftung werden in diesem Ratgeber ausführlich beantwortet.

Nicht nur an den Testamentvollstrecker, sondern auch an den zukünftigen Erblasser richten sich die nachfolgenden Kapitel. Es wird diesen wahrscheinlich beruhigen, wenn eine gegenüber den Erben neutrale Person des besonderen Vertrauens ausgewählt werden kann. Diese gewährleistet, dass die letztwillige Verfügung des Erblassers gewissenhaft ausgeführt wird. Aus diesem Grunde ist es empfehlenswert, nicht einen der Erben als Testamentvollstrecker zu bestimmen, da eine Neutralität so nicht immer garantiert werden kann. Wen aber können Sie zum Testamentvollstrecker benennen? Muss man dazu ein bestimmtes Alter erreicht oder einen bestimmten Beruf haben? Oder kann man die Auswahl einem vertrauenswürdigen Dritten überlassen? Wer trägt die Kosten für den Testamentvollstrecker?

Gesetzliche Vorschriften befinden sich im Gesetz in den §§ 2197 bis 2228 des Bürgerlichen Gesetzbuches (BGB).

An dieser Stelle werden zunächst einige Begriffe erläutert, die in den folgenden Kapiteln immer wieder erwähnt werden und ohne die ein umfassendes Verständnis der Materie nur schwer möglich ist.

- Nachlassgericht: Das Nachlassgericht ist gemäß § 1962 BGB das Amtsgericht, das in dem Bezirk des letzten Wohnortes oder Aufenthaltsortes des Verstorbenen liegt. Aufgaben des Gerichts sind alle mit dem Erbfall zusammenhängenden Angelegenheiten, soweit ein gerichtliches Einschreiten erforderlich ist.

- Vermächtnis: Unter einem Vermächtnis versteht man eine Einzelzuwendung eines Vermögensvorteils durch Verfügung von Todes wegen und damit gerade keine Erbeinsetzung. Derjenige, der die Zuwendung erhält, wird Bedachter genannt. Die Zuwendung eines Vermächtnisses begründet mit dem Erbfall eine Forderung des Bedachten gegen den Beschwerten (das heißt dem Erben oder dem Vermächtnissnehmer). Gegenstände können zum Beispiel sein: Aufnehmen des Bedachten in eine Gesellschaft, der Hausrat, Einräumung eines Ankaufsrechts oder eines Übernahmerechts an Nachlassgegenständen, Einräumung eines Nießbrauchs als lebenslanges Nutzungsrecht/ an Aktien/ an Grundstücken oder als lebenslängliches Wohnrecht, Zahlung einer Geldsumme, der Erlass oder die Abtretung einer Forderung, ein Anteil an einer GmbH oder ein Urheberrecht.

- Erbengemeinschaft: Das BGB kennt nur die Gesamtrechtsnachfolge hinsichtlich des ganzen Nachlasses. Die Erbschaft bleibt nach dem Erbfall deshalb zunächst zusammen; der Nachlass steht den Miterben nur gemeinschaftlich zu. Der durch den Erbfall begründete Anteil des einzelnen Miterben an der Erbengemeinschaft verschafft diesem einen Anspruch auf Auseinandersetzung (Teilung) des Nachlasses, aber keine unmittelbare gegenständliche Beziehung zum Nachlass oder zu Teilen davon. Unter einer Erbengemeinschaft versteht man eine Mehrheit von Erben. Die Miterbengemeinschaft entsteht kraft Gesetz durch den Tod des Erblassers unabhängig vom Willen der Miterben.

- Vor- und Nacherbschaft: Die Nacherbfolge ermöglicht es dem Erblasser, die Weitergabe seines Vermögens in der Form zu steuern, dass es zunächst beim Erbfall zwar dem Vorerben persönlich, später aber nicht dessen Erben, sondern einem vom Erblasser selbst bestimmten Nacherben zukommt. Auch für den Nacherben können beliebig viele weitere Nacherben bestimmt werden. Kennzeichnend für die Nacherbfolge ist also das zeitliche Aufeinanderfolgen verschiedener Erben desselben Erblassers in Bezug auf dieselbe Erbschaft. Die Anordnung kann nur durch Testament oder Erbvertrag erfolgen. Die Nacherbfolge kann nicht nur für einzelne Nachlassgegenstände angeordnet werden.

Beispiel: Der kinderlos verheiratete Herr X hat in seinem Testament seine Ehefrau Y als Vorerbin eingesetzt. Mit dem Tod der Y soll sein Nachlass an sein Patenkind Z als Nacherbin anfallen. Verstirbt X, wird Y Vorerbin. Verstirbt nun später auch Y, fällt das Erbe des X an Z. Hätte Herr X nicht diese Regelung in seinem Testament getroffen, wäre sein Vermögen nach seinem Tod mit dem der X verschmolzen. Das gesamte Vermögen von X und Y wäre dann an die (gesetzlichen oder gewillkürten) Erben der Y angefallen. Sie sehen den Unterschied: auch nach dem Tod der Vorerbin hat X durch seine Bestimmung im Testament immer noch Einfluss darauf, was mit seinem Nachlass geschieht.

In der Hand des Vorerben bildet der Nachlass ein von seinem eigenen Vermögen rechtlich getrenntes Sondervermögen, über das der Nacherbe nur unter der Maßgabe der §§ 2112 ff BGB mehr oder weniger frei verfügen darf.

8.1 Ernennung und Bekanntmachung

Wie wird man eigentlich Testamentvollstrecker? Im Gesetz sind verschiedene Möglichkeiten vorgesehen.

a. Ernennung: Der Erblasser kann durch letztwillige Verfügung, d.h. durch Testament oder durch eine einseitige Verfügung im Erbvertrag einen oder mehrere Testamentvollstrecker ernennen. Gesetzlich geregelt ist das in § 2197 Absatz 1 BGB. Der Testamentvollstrecker muss nicht für den gesamten Nachlass bestellt werden; es besteht die Möglichkeit, ihn nur für einen bestimmten Erbteil, ein Vermächtnis oder nur zur Beschränkung eines bestimmten Erben einzusetzen. Eine bestimmte Ausdrucksweise des Erblassers ist für die Ernennung nicht erforderlich. Es genügt eine Bezeichnung als

„Pfleger“, „Bevollmächtigter“ oder „Verwalter“, solange der entsprechende Wille des Erblassers erkennbar ist.

Haben Ehegatten ein gemeinschaftliches Testament gemacht (sog. „Berliner Testament“) und in diesem einen Dritten als Testamentvollstrecker bestimmt, ist dieser grundsätzlich sowohl für den Nachlass des erstversterbenden als auch des letztversterbenden Ehegatten zuständig, es sei denn, die Auslegung des Testamentes ergibt etwas anderes.

Auch die ersatzweise Benennung eines Testamentvollstreckers („Ersatztestamentvollstrecker“) ist nach § 2197 Absatz 2 BGB möglich. Beispiel: E hat in seinem Testament A zum Testamentvollstrecker ernannt, ersatzweise B. A lehnt ab bzw. die Ernennung war unwirksam. Dann rückt B an seine Stelle und wird Testamentvollstrecker.

Der Erblasser kann die Ernennung jederzeit widerrufen. Wer kann alles Testamentvollstrecker sein? Zum Testamentvollstrecker kann jede Person ernannt werden, sofern sie nicht untauglich ist (vgl. dazu Punkt f), also z.B. auch die Ehefrau, der Vermächtnisnehmer, eine ausländische oder eine juristische Person (z. B. eine Stiftung). Testamentvollstrecker kann auch der jeweilige Träger eines Amtes oder eines Notariats sein, nicht jedoch eine Behörde (wie z. B. das Nachlassgericht). Bei der Ernennung eines Notars ist allerdings zu beachten, dass dieser nicht der Notar sein darf, der ggf. das Testament beurkundet hat! Auch die Bank oder den Rechtsanwalt seines Vertrauens kann der Erblasser zum Testamentvollstrecker ernennen. Der Alleinerbe oder der alleinige Vorerbe kann nicht Testamentvollstrecker sein, sondern nur Mittestamentvollstrecker (vgl. dazu Punkt c). Der Miterbe, d. h. jeder einzelne Erbe in einer Erbengemeinschaft kann ohne weiteres zum Testamentvollstrecker ernannt werden; wie bereits in Kapitel 1 angedeutet, ist es aber aus Gründen mangelnder Neutralität ratsam, davon abzusehen. Einem Rechtsanwalt ist die Tätigkeit untersagt, wenn er zuvor gegen den Träger des zu verwaltenden Vermögens (Erbe) tätig geworden ist; das schließt auch die Sozii mit ein. Ist zum Testamentvollstrecker ein gesetzlicher Vertreter des Erben (z. B. ein Elternteil) ernannt und führt diese Doppelstellung zu einem Interessengegensatz, ist ein Ergänzungspfleger zu bestellen, der vom Erblasser oder einem Dritten bzw. vom Vormundschaftsgericht bestimmt wird.

b. Bestimmung durch einen Dritten: Der Erblasser kann auch die Bestimmung eines Testamentvollstreckers einem Dritten überlassen. Voraussetzung ist allerdings, dass er dann im Testament die Testamentvollstreckung überhaupt angeordnet hat. Dritter kann auch der Erbe sein; der Dritte kann sich auch selbst bestimmen. Die Bestimmung ist unwiderruflich. Sie wird mit Eingang beim Nachlassgericht wirksam und muss öffentlich beglaubigt werden. Hat der Dritte unbeschränkt Zeit, einen Testamentvollstrecker zu bestimmen? Grundsätzlich ja. Allerdings kann der Erblasser in seinem Testament eine Frist setzen, die jedoch vom Nachlassgericht verlängert bzw. verkürzt werden kann. Außerdem haben die Beteiligten (z. B. Erben, Nacherben, Pflichtteilsberechtigte, Vermächtnisnehmer, Auflagenberechtigte) die Möglichkeit, bei Gericht einen Antrag auf Fristsetzung zu stellen. Nach fruchtlosem Fristablauf erlischt das Bestimmungsrecht des Dritten und die Testamentvollstreckung wird hinfällig, es sei denn, der Erblasser hatte einen Ersatztestamentvollstrecker bestimmt.

c. Ernennung eines Mitvollstreckers oder Nachfolgers: In der letztwilligen Verfügung kann der Erblasser den Testamentvollstrecker ermächtigen, einen oder mehrere Mitvollstrecker zu bestimmen. Zudem besteht nach § 2199 Absatz 2 BGB für den Erblasser die Möglichkeit, den Testamentvollstrecker dazu zu ermächtigen, einen Nachfolger zu ernennen. Dieser kann allerdings nur für den Fall der Beendigung des Amtes ernannt werden.

d. Ernennung durch das Nachlassgericht: Der Erblasser kann in dem Testament auch das Nachlassgericht ersuchen, einen Testamentvollstrecker zu ernennen. Das Gericht muss dem Ersuchen aber nicht ohne weiteres nachkommen, da es in seinem Ermessen steht, ob unter Berücksichtigung der Lage des Nachlasses und der Interessen der

Beteiligten ein Testamentvollstrecker zu ernennen ist. Ablehnen kann das Nachlassgericht zwar nicht wegen Überlastung, aber z. B. dann, wenn der Nachlass eine Vollstreckung nicht lohnt. Zuständig für das Auswahlverfahren ist der Richter. Die Beteiligten sind vor der Entscheidung anzuhören, es sei denn, dies wäre mit unverhältnismäßig hohen Kosten verbunden. Lehnt der Richter eine Ernennung ab, bzw. sind die Erben mit der ernannten Person nicht einverstanden, haben sie die Möglichkeit, gegen die Entscheidung Beschwerde einzulegen. Der Testamentvollstrecker hingegen kann nur ablehnen (vgl. Punkt e), keine Beschwerde einlegen.

e. Annahme und Ablehnung des Amtes: Das Amt des Testamentvollstreckers beginnt mit dem Zeitpunkt, in welchem der Ernannte das Amt annimmt. Für Annahme – bzw. Ablehnungserklärung ist die privatschriftliche Form ausreichend, d.h. sie muss nicht notariell beglaubigt werden. Zur Übernahme besteht keine Verpflichtung!

f. Unwirksamkeit der Ernennung: Die Ernennung ist nach § 2201 BGB unwirksam, wenn der Testamentvollstrecker zu der Zeit, in der er das Amt antreten sollte, geschäftsunfähig oder in der Geschäftsfähigkeit beschränkt ist oder zur Besorgung seiner Vermögensangelegenheiten einen Betreuer erhalten hat. Unter der Geschäftsfähigkeit versteht man die Fähigkeit, Rechtsgeschäfte selbstständig vollwirksam vorzunehmen. Gesetzlich sind die Fälle der Geschäftsunfähigkeit in § 104 BGB sowie der beschränkten Geschäftsfähigkeit in § 106 BGB geregelt. Danach ist geschäftsunfähig, wer nicht das siebte Lebensjahr vollendet hat oder „wer sich in einem die freie Willensbestimmung ausschließenden Zustand krankhafter Störung der Geistestätigkeit befindet, sofern nicht der Zustand seiner Natur nach ein vorübergehender ist". Minderjährige, die das siebte Lebensjahr vollendet haben, sind gemäß § 106 BGB nur beschränkt geschäftsfähig.

g. Mehrere Testamentvollstrecker: Sind mehrere Personen als Testamentvollstrecker ernannt, führen diese nach § 2224 BGB das Amt gemeinschaftlich durch. Bestehen Meinungsverschiedenheiten untereinander, entscheidet das Nachlassgericht, sofern der Erblasser diese Kompetenz nicht einem der Testamentvollstrecker oder einem Dritten übertragen hat. Bei Wegfall einer der Testamentvollstrecker führen die übrigen das Amt allein weiter, es sei denn, der Erblasser hat etwas anderes angeordnet.

Dem Testamentvollstrecker hat das Nachlassgericht auf Antrag ein Zeugnis über die Ernennung zu erteilen. Dieses bestätigt, dass der darin Genannte wirksam zum Testamentvollstrecker ernannt ist und dass keine weiteren als die in dem Zeugnis angegebenen Beschränkungen oder Erweiterungen seiner Befugnis bestehen. In dem Testamentvollstreckerzeugnis sind Name des Erblassers sowie des Testamentvollstreckers anzugeben, der Testamentvollstrecker dazu in möglichst genauer Bezeichnung. Ferner werden die Beschränkungen und Erweiterungen seiner Verfügungsgewalt schriftlich niedergelegt. Bei Beendigung des Amtes wird das Zeugnis von selbst kraftlos.

8.2 Rechte und Pflichten

Aufgabe des Testamentvollstrecker ist es, die letztwillige Verfügung des Erblassers in dessem Sinne zur Ausführung zu bringen, § 2203 BGB. Voraussetzung ist, dass das Testament rechtsgültig ist, d. h. der Erblasser testierfähig war. Bei der Ausführung hat der Testamentvollstrecker die Anordnungen des Erblassers und dessen erkennbaren Willen unbedingt zu befolgen, da seine Befugnis auf diesen beruhen und diese für ihn oberste Norm sind. Der Testamentvollstrecker ist daher an Weisungen der Erben nicht gebunden! Er hat insbesondere für die Erfüllung oder Sicherstellung von Vermächtnissen und Auflagen und die Berichtigung der Erbschaftssteuer zu sorgen und auch die ihm sonst zugewiesenen Aufgaben zu erledigen wie z. B. die Bestattung, Veröffentlichung von Schriftstücken, Leistung von Rechtsbeistand.

Keine den Testamentvollstrecker bindenden Anordnungen sind Wünsche, Hoffnungen oder Bitten des Erblassers! Erblasser sollten dies bei Erstellung ihres Testamentes dringend berücksichtigen und ihren Wil-

len so deutlich wie möglich formulieren!
Jedoch können Inhalt und Umfang seines Amtes nach dem durch die §§ 2203 ff BGB gewährten Spielraum sehr vielseitig sein. Seine Aufgaben können sehr umfangreich sein und sich über Jahre oder sogar Jahrzehnte erstrecken. Der Regelfall ist die Abwicklungsvollstreckung mit dem Ziel der Auseinandersetzung; die Dauervollstreckung (vgl. dazu Kapitel 8.5 b) ist die Ausnahme. Um seiner Aufgabe gerecht zu werden, wird sich der Testamentvollstrecker, der von seiner Ernennung Kenntnis hat und annehmen will, sofort beim Nachlassgericht melden und die Testamentseröffnung betreiben. Seine Tätigkeit bezieht sich im Zweifel auf alle Bestimmungen von Todes wegen des Erblassers, die ein Dritter ausführen kann. Als Vollstrecker des letzten Willens hat der Testamentvollstrecker die letztwilligen Verfügungen aber nur auszuführen und darf sie nicht erweitern.

Im Gesetz sind folgende Aufgaben vorgesehen:

a. Aus dem Nachlass hat der Testamentvollstrecker zunächst die Schulden des Erblassers (u. a. Nachlassverbindlichkeiten) festzustellen sowie zu bezahlen.

b. Er muss die zum Nachlass gehörenden Forderungen geltend machen, ggf. auch gegen die Erben (vgl. dazu Kapitel 8.8).

c. Der Testamentvollstrecker muss zudem die Erbschaftssteuer aus dem Nachlass bezahlen. Er ist allerdings nicht berechtigt, den Steuerbescheid anzufechten; diese Befugnis obliegt den Erben.

d. Er ist befugt, rechtsgeschäftliche Erklärungen, die gegenüber dem Nachlass abzugeben sind, in Empfang zu nehmen. Beispiel: Zum Nachlass gehört ein Mietshaus mit mehreren Wohnungen. Mieter M schickt die Kündigung zu Händen des Testamentvollstreckers – die Kündigung ist wirksam.

e. Er darf den Nachlass in Besitz nehmen und über diesen verfügen. Diese Verfügungsbefugnis ergibt sich aus § 2205 Satz 2 BGB. Wirksam sind die Verfügungen nur, wenn sie entgeltlich sind oder wenn ihnen die Erben und/oder Vermächtnisnehmer zugestimmt haben. Seine Handlungen gelten dann unmittelbar für und gegen die Erben.

f. Pflicht zur Auseinandersetzung: Sind mehrere Erben vorhanden, bilden diese eine Erbengemeinschaft. Ziel der Gemeinschaft ist natürlich nicht die dauernde gemeinschaftliche Berechtigung am Nachlass, sondern die Aufteilung gemäß der entsprechenden Erbquoten (Auseinandersetzung). Wurden nicht eindeutige Bestimmungen im Testament geschaffen, ist die Auseinandersetzung eine höchst komplizierte Angelegenheit. Gesetzlich geregelt ist diese in den §§ 2042 ff. BGB. Jeder Miterbe kann – mit einigen Einschränkungen – jederzeit die Auseinandersetzung verlangen. Der Testamentvollstrecker hat entsprechend der Anordnungen des Erblassers und gemäß dem Gesetz zu teilen, ohne an Weisungen der Erben gebunden zu sein. Zu unterlassen ist allerdings die Auseinandersetzung, wenn alle Erben wirksam vereinbart haben, die Erbengemeinschaft hinsichtlich des Nachlasses oder eines Teils von ihm fortzusetzen. Der Auseinandersetzungsplan („Welcher Erbe erhält was?") wird vom Testamentvollstrecker aufgestellt und für verbindlich erklärt, allerdings müssen die Erben vorher angehört werden. Gesetzlich ist das in § 2204 Absatz 2 BGB vorgeschrieben. Eine Genehmigung seitens der Erben ist aber nicht notwendig. Die Ausführung der Teilung erfolgt durch die Zuteilung selbstständiger Rechte an die Erben, die Gemeinschaft wird aufgelöst.

g. Verwaltung des Nachlasses: Das Recht zur Verwaltung, welches in den §§ 2205 und 2216 BGB geregelt ist, besteht während der gesamten Dauer der Vollstreckung; es gilt allerdings die zeitliche Grenze des § 2210 BGB (vgl. dazu Kapitel 8.5). Zu beachten ist, dass der Erbe während dieser Zeit nicht verwalten kann! Das Verwaltungsrecht des Testamentvollstrecker erlischt endgültig hinsichtlich solcher Nachlassgegenstände, die er dem Erben zur freien Verfügung überlässt. Verpflichtet ist er hierzu auf Verlangen, soweit er dieser Gegenstände zur Erfüllung seiner Obliegenheiten offenbar nicht mehr bedarf. Der Testamentvollstrecker kann allerdings nicht die höchstpersönlichen Rechte der Erben wahrnehmen. Dazu zählen z. B. die Annahme und Ausschlagung der Erbschaft, oder die Anfechtung des Testaments. Ist der Testamentvollstrecker zugleich Erbe, darf er selbstverständlich für sich selbst diese Rechte wahrnehmen!

Befindet sich in dem Nachlass ein Unternehmen, welches der Testamentvollstrecker verwalten soll, ist sein Aufgabenkreis von dessen Rechtsform abhängig:

- Ein Einzelhandelsgeschäft des Erblassers kann der Testamentvollstrecker verpachten, veräußern, stilllegen oder den Erben überlassen, falls sich aus dem Testament kein gegenteiliger Wille des Erblassers ergibt. Nach außen führt der Testamentvollstrecker das Handelsgeschäft in eigener Haftung und Verantwortung fort. Im Innenverhältnis (also im Verhältnis Testamentvollstrecker – Erbe) ist er Treuhänder der / des Erben. Er wird aber nicht Inhaber des Betriebsvermögens! Er führt das Handelsgeschäft lediglich als Vertreter der Erben in deren Namen fort; dazu ist eine Vollmacht notwendig. Der Erblasser kann in seinem Testament durch eine Bedingung oder Auflage den Erben verpflichten, dem Testamentvollstrecker eine Rechtsstellung einzuräumen, die über die Befugnisse des § 2206 BGB hinausgeht. Im Handelsregister wird der Erbe/ die Erben als Inhaber eingetragen. Diese Anmeldepflicht trifft den Testamentvollstrecker nicht. Bei der Übergabe eines Einzelhandelsgeschäfts an eine Erbengemeinschaft (also an eine Mehrzahl von Personen!) verwandelt sich das Geschäft nicht automatisch in eine OHG. Denkbar ist aber eine entsprechende Anordnung des Erblassers.

- Eine vom Erblasser angeordnete Testamentvollstreckung kann sich auch auf seinen im Wege der Sondererbfolge vererbten Anteil an eine Personengesellschaft (z. B. eine Gesellschaft bürgerlichen Rechts (GbR), eine offene Handelsgesellschaft (OHG), eine Kommanditgesellschaft (KG), eine stille Gesellschaft) erstrecken. Die Rechtsposition des Testamentvollstrecker ist dann allerdings begrenzt. Er kann jedoch über die mit der Beteiligung verbundenen verkehrsfähigen Vermögensrechte verfügen und in gewissem Umfang auch über die nach dem Erbfall entstehenden Gewinnansprüche. Dem Testamentvollstrecker ist es nicht gestattet, in eine OHG einzutreten; dieses Recht haben nur die Erben. Diese trifft auch die Pflicht zur Anmeldung im Handelsregister.

- Bei der stillen Gesellschaft kann der Testamentvollstrecker die Rechte des/der Erben wahrnehmen. Das Eintrittsrecht eines Erben bzw. Miterben, den der Erblasser zu seinem Rechtsnachfolger als stiller Gesellschafter bestimmt hat, wird durch eine Testamentvollstreckung nicht berührt.

- Der Testamentvollstrecker verwaltet einen zum Nachlass gehörenden Geschäftsanteil einer Gesellschaft mit beschränkter Haftung (GmbH) kraft eigenen Rechts unter Ausschluss des/der Erben und übt dabei alle aus dem Anteil fließenden Verwaltungs- und Vermögensrechte aus. Er ist allerdings von dem Stimmrecht ausgeschlossen, soweit es um seine Entlastung oder die der anderen Mitglieder geht; an seiner Stelle üben die Erben das Stimmrecht aus.

- Auch zum Nachlass gehörende Aktien verwaltet der Testamentvollstrecker. Er übt das Stimmrecht aus. Zulässig ist auch eine Dauervollstreckung der Aktien, bei der der Testamentvollstrecker aber die Erben nicht persönlich verpflichten kann.

- Anteil an einer Genossenschaft: Mit dem Tod eines Genossen geht die Mitgliedschaft auf die Erben über; sie endet mit dem Schluss des Geschäftsjahres, in dem die Erbfolge eingetreten ist. Bis zu diesem Zeitpunkt kann für mehrere Erben das Stimmrecht durch einen Bevollmächtigten ausgeübt werden. Für den Zeitraum der Fortsetzung der Mitgliedschaft kann der Testamentvollstrecker die Mitgliedschaftsrechte wahrnehmen.

Die Verwaltung muss ferner gemäß § 2216 BGB ordnungsgemäß durchgeführt werden. Was bedeutet das im Einzelnen? Der Testamentvollstrecker muss das ihm anvertraute Vermögen sichern und erhalten, Verluste verhindern und Nutzungen gewährleisten. Er darf sich nicht nur mit dem mäßigen Erfolg seiner Tätigkeit begnügen, sondern muss jede Möglichkeit zur Verbesserung wahrnehmen und Kontrollmaßnahmen durchführen, um Gefahren zu vermeiden. Besondere Anweisungen des Erblassers sind dabei zu befolgen, wie z. B. Ge- und Verbote. Nach § 2216 Absatz 2 Satz 2 BGB darf der Testamentvollstrecker oder ein anderer Beteiligter wie z. B. der Erbe beim Nachlassgericht die Anordnungen außer Kraft setzen lassen. Grund dafür ist, dass der Erblasser nicht unfehlbar ist und die spätere Entwicklung nicht voraussehbar.

h. Aus § 2205 Satz 3 BGB ergibt sich für den Testamentvollstrecker ein Schenkungsverbot mit Ausnahme von Anstands- und Pflichtschenkungen. Durch Zustimmung aller Erben kann das Schenkungsverbot allerdings umgangen werden.

i. Der Testamentvollstrecker ist nach § 2206 BGB berechtigt, Verbindlichkeiten für den Nachlass einzugehen, soweit diese für die ordnungsgemäße Verwaltung erforderlich sind. Andernfalls getroffene Maßnahmen bleiben unwirksam. Da der Testamentvollstrecker in erster Linie den Anordnungen und dem mutmaßlichen Willen des Erblassers zu folgen hat, ist der Erbe verpflichtet, seine Einwilligung zu erteilen. Allerdings sieht § 2207 BGB ein Erweiterung der Verpflichtungsbefugnis vor, wenn diese vom Erblasser angeordnet wurde.

j. Der Testamentvollstrecker muss dem Erben unverzüglich nach der Annahme seines Amtes ein Nachlassverzeichnis erstellen, da dieses eine Grundlage für eine ordnungsgemäße Amtsführung bildet. Nur so können die Erben kontrollieren, ob alles seine Richtigkeit hat. Der Erbe kann die Aufnahme durch einen Notar oder eine Behörde oder seine eigene Hinzuziehung verlangen. Auch der Testamentvollstrecker kann das Verzeichnis durch eine Behörde bzw. einen Notar aufnehmen lassen. Die Kosten dafür fallen dem Nachlass zur Last.

k. Der Testamentvollstrecker ist verpflichtet, Nachlassgegenstände, die er zur Erfüllung seiner Verpflichtungen nicht benötigt, den Erben auf deren Verlangen zur freien Verfügung zu stellen. Weigert sich der Testamentvollstrecker, kann die Herausgabe auf dem Klageweg erzwungen werden.

l. Rechnungslegung: Nach § 2218 BGB ist der Testamentvollstrecker zur unaufgeforderten Auskunft und Rechenschaft gegenüber den Erben verpflichtet.

m. Da die Verwaltung des Nachlasses unter Umständen mit großem Aufwand verbunden ist, kann der Testamentvollstrecker für die Führung des Amtes eine angemessene Vergütung verlangen. Schuldner der Vergütung sind die Erben. Der Vergütungsanspruch bestimmt sich in erster Linie nach dem Willen des Erblassers, der verbindlich festlegen kann, ob und in welcher Höhe der Testamentvollstrecker eine Vergütung erhält. Nur wenn eine Bestimmung unterbleibt, steht ihm eine „angemessene" Vergütung zu. Gesetzliche Regelungen dazu gibt es nicht. Für die normal verlaufende Abwicklungsvollstreckung ist auch bei unterschiedlichem Umfang eine einmal zu zahlende Vergütung vorgesehen. Wenn hierzu eine Bestimmung fehlt, wird in der Regel der Hundertsatz vom Bruttonachlass als angemessen betrachtet. Schulden des Nachlasses werden nicht vorher abgezogen, da gerade diese Abwicklung einen großen Aufwand bedeutet. Für die Höhe sind stets die Umstände des Einzelfalls maßgeblich wie z.B. die Schwierigkeit der geleisteten Aufgabe, die Dauer der Abwicklung und der Umfang der ihn treffenden Verantwortung. Die Vergütung ist eine Bruttovergütung, so dass der Testamentvollstrecker keine Mehrwertsteuer aufschlagen darf. Zudem sind Sondergebühren bei längerer Verwaltungsdauer zulässig, so dass die Vergütung auch in Teilen gezahlt werden kann.

Eine so genannte Konstituierungsgebühr kann der Testamentvollstrecker verlangen, wenn er dies entweder mit den Erben vereinbart hat oder wenn er zu Beginn der Testamentvollstreckung eine besonders arbeitsreiche und verantwortungsvolle Tätigkeit hat entfalten müssen. Unter Konstituierung versteht man die Ermittlung und Inbesitznahme der Nachlassgegenstände, die Aufstellung eines Vermögensverzeichnisses, die Regelung der Forderungen und der vom Erblasser herrührenden Schulden, die Bezahlung der Beerdigung, des Grabsteins und der Erbschaftssteuer. Eine jährliche Verwaltungsgebühr kommt zusätzlich dann in Betracht, wenn sich an die Konstituierung eine längere Verwaltung anschließt.

Zu berücksichtigen ist, dass der Erblasser den Testamentvollstrecker nicht von allen ihm obliegenden Verpflichtungen befreien kann. Dazu zählen die §§ 2215, 2216, 2218 und 2219 BGB (Nachlassverzeichnis, ordnungsgemäße Verwaltung, Rechnungslegung und die Haftung des Testamentvollstreckers).

8.3 Arten der Vollstreckung

Im Gesetz ist nicht nur die Testamentvollstreckung vorgesehen, sondern auch die Nacherben- sowie die Vermächtnisvollstreckung.

a. Nacherbenvollstreckung: Der Erblasser kann einen Testamentvollstrecker auch zu dem Zwecke ernennen, dass dieser bis zum Eintritt einer angeordneten Nacherbfolge die Rechte des Nacherben ausübt und dessen Pflichten erfüllt (vgl. zur Vor- und Nacherbschaft Kapitel 8.1). Der Testamentvollstrecker nimmt während der Zeit der Vorerbschaft die schon vor dem Nacherbfall bestehenden Rechte und Pflichten der Nacherben wahr. Er beschränkt den Nacherben und kann auch neben einem zu Lasten des Vorerben für die Verwaltung der Vorerbschaft ernannten Testamentvollstrecker bestellt werden. Dem Nacherbentestamentvollstrecker obliegt nicht die Verwaltung des Nachlasses, sondern nur die Wahrnehmung der Rechte und Pflichten. Gegenüber dem Vorerben ist er zu dessen Unterstützung bei der Verwaltung verpflichtet. Das Amt endet mit Eintritt der Nacherbfolge.

b. Vermächtnisvollstrecker: Der Erblasser kann einen Testamentvollstrecker zu dem Zwecke ernennen, für die einem Vermächtnisnehmer auferlegten Beschwerungen zu sorgen, z. B. für die Vollziehung einer Auflage. Auf dieses Amt finden ebenfalls die o. g. Vorschriften Anwendung.

8.4 Beschränkungen des Testamentvollstreckers sowie des Erben

Der Erblasser kann in seinem Testament eine Beschränkung der Rechte des Testamentvollstreckers sowie eine Verfügungsbeschränkung der Erben vornehmen.

a. Gesetzlich geregelt ist die Beschränkung des Testamentvollstreckers in den §§ 2208, 2209 und 2210 BGB. Der Erblasser kann die Befugnisse des Testamentvollstreckers nach seinem Willen verschiedentlich beschränken: z. B. durch Entziehung eines Teils seiner Rechte oder durch Bindung an die Zustimmung der Erben; durch Beschränkung auf die Verwaltung oder sogar nur auf bestimmte Verwaltungsaufgaben, z. B. Verwaltung eines Unternehmens; Beschränkung auf vermittelnde Tätigkeiten nach Beendigung der Verwaltung; durch bloße Übertragung einzelner Rechte. Er kann auch eine gegenständliche Beschränkung auf einzelne Nachlassgegenstände vornehmen oder die Testamentvollstreckung nur für den Anteil eines Miterben anordnen.

b. Eine Form der Beschränkung für den Erben ist die Dauervollstreckung. Ist ihre Anordnung nicht ausdrücklich erfolgt, kann sie angenommen werden, wenn der Nachlass eines Alleinerben von einem Testamentvollstrecker zu verwalten ist und diesem keine besonderen Aufgaben zugewiesen wurden. Sie beschränkt den Erben erheblich und stellt eine Art fürsorgliche Bevormundung dar. Endet nämlich sonst die Verwaltung mit der Auseinandersetzung, bedeutet die Dauervollstreckung eine zeitliche Verlängerung. Auch bei mehreren Erben ist dies möglich. Der Dauervollstrecker hat den Nachlass in seinen Besitz zu nehmen, um ihn im Allgemeinen auch im Besitz zu halten. Ansonsten wird auf die o.g. Aufgaben verwiesen. Die Dauervollstreckung erweitert die Befugnis des Testamentvollstrecker erheblich. Sie ist allerdings zeitlich auf 30 Jahre nach dem Erbfall beschränkt. Der Erblasser kann jedoch anordnen, dass die Verwaltung bis zum Tode des Erben oder des Testamentvollstreckers oder bis zum Eintritt eines anderen Ereignisses in der Person des einen oder anderen andauern soll. Ist eine juristische Person, z. B. eine Bank oder Treuhandgesellschaft Testamentvollstrecker, bleibt es bei der 30-Jahre-Frist, damit nicht die Verwaltungsvollstreckung durch Anordnung auf Lebenszeit verewigbar ist. Eine längere Dauer der Testamentvollstreckung ist in diesem Fall ausgeschlossen, auch wenn der Erblasser dies in seinem Testament vorgesehen hatte.

c. Eine weitere Verfügungsbeschränkung des Erben ergibt sich aus § 2211 BGB. Die Vorschrift stellt klar, dass der Testamentvollstrecker nicht nur die alleinige Verwaltung, sondern auch das ausschließliche Verfügungsrecht über die Nachlassgegenstände hat. Beispiel: Nicht der Erbe des Mieters, sondern der Testamentvollstrecker kann die Wohnung kündigen.

8.5 Haftung des Testamentvollstreckers

Wie ist die Rechtslage, wenn der Testamentvollstrecker eine ihm obliegende Verpflichtung verletzt? Gesetzliche Regelungen hierzu befinden sich in § 2219 BGB. Dem Erben gegenüber haftet der Testamentvollstrecker für schuldhafte Verletzung seiner Pflichten. Dem Vermächtnisnehmer haftet der Testamentvollstrecker gleichfalls. Durch die Verletzung wird der Testamentvollstrecker schadensersatzpflichtig. Darüber hinaus können die Erben Klage gegen ihn auf Einhaltung der Grenzen seiner Befugnis erheben.

Beispiele: für Kosten die durch erkennbar überflüssige, leichtfertige Prozessführung entstehen; für eine verzögerte Auseinandersetzung; für die Geldeinlage bei einer unzuverlässigen Bank; für Versteigerung trotz der Möglichkeit eines günstigeren freien Verkaufs; für Versäumung des verlangten Nachweises seiner Legitimation zur Verfügung über verwahrte Nachlass-Wertpapiere gegenüber der verwahrenden Bank; für die unnötige Umwandlung eines Einzelhandelsgeschäfts in eine GmbH.

8.6 Beendigung der Vollstreckung

Das Amt des Testamentvollstreckers kann durch unterschiedliche Gründe beendet werden:

a. Erlöschung: Das Amt erlischt, wenn der Testamentvollstrecker verstirbt oder wenn ein Fall eintritt, in welchem die Ernennung nach § 2201 BGB unwirksam sein würde, so z. B. wenn die Geschäftsunfähigkeit eintritt (vgl. dazu Kapitel 8.2).

b. Kündigung: Der Testamentvollstrecker kann sein Amt jederzeit kündigen. Diese ist formlos möglich, sie muss aber gegenüber dem Nachlassgericht abgegeben werden. Auch ein Verzicht auf das Kündigungsrecht hindert nicht die Kündigung, allerdings muss dann ein wichtiger Grund, wie z. B. schwere Erkrankung, anderweitige Überlastung oder Verfeindung mit den Erben vorliegen.

c. Entlassung: Liegt ein wichtiger Grund vor, können die Erben oder der Vermächtnisnehmer einen Antrag beim Nachlassgericht auf Entlassung stellen. Ein wichtiger Grund liegt in der erheblichen und schuldhaften Zuwiderhandlung gegen die dem Testamentvollstrecker obliegenden Pflichten. Beispiele: Missachtung der Verwaltungsanordnungen des Erblassers; Verweigerung der Erfüllung eines Vermächtnisses; die Auswahl oder die Beibehaltung ungeeigneter Vertreter; die Täuschung des in ihn gesetzten Vertrauens;

schuldhafte Unterlassung der Vorlage eines Nachlassverzeichnisses; erhebliche Interessengefährdung der Erben; einseitige Benachteiligung eines Miterben. Wichtige Gründe können sich allerdings nicht nur aus den genannten Beispielen ergeben, sondern auch aus anderen objektiven Gründen. So liegt ein wichtiger Grund ohne Rücksicht auf ein Verschulden auch dann vor, wenn der Testamentvollstrecker durch sein Verhalten oder bei ihm bestehenden Verhältnissen begründeten Anlass gibt, dass ein längeres Verweilen im Amt bei der Ausführung des Erblasserwillens hinderlich sei oder dass sich dadurch eine Schädigung oder erhebliche Gefährdung der Interessen der am Nachlass Beteiligten ergibt. Dazu zählen z. B. Misstrauen in die unparteiliche Amtsführung oder ein erheblicher Interessengegensatz zwischen den Parteien.

8.7 Prozessführung

Manchmal bleibt es nicht aus, dass Prozesse gegen den Nachlass geführt werden. Ansprüche von Gläubigern des Erblassers können dann nach § 2213 Absatz 1 BGB gegen die Erben, aber auch gegen den Testamentvollstrecker gerichtlich geltend gemacht werden. Ein Urteil gegen den Erben entfaltet allerdings keine Rechtskraft gegen den Testamentvollstrecker, der ja für die Verwaltung des Nachlasses zuständig ist. Kommt es infolge des Urteils sodann zu einer Zwangsvollstreckung, darf der Gläubiger nicht beim Erben vollstrecken. Vielmehr muss noch ein Urteil gegen den Testamentvollstrecker auf Duldung erwirkt werden. Nach Annahme der Erbschaft ist der Erbe berechtigt, den Prozess als Beklagter zu führen.

Auch der Testamentvollstrecker kann wegen eigener Ansprüche auf Nachlassgegenstände (z. B. wenn der Erblasser ihm ein Vermächtnis hinterlassen hat) gegen die Erben klagen.

Gläubiger des Erben, die nicht zu den Nachlassgläubigern gehören (sog. Privatgläubiger), können sich natürlich nicht an die der Testamentvollstreckung unterliegenden Nachlassgegenstände halten. Gesetzlich geregelt ist das in § 2214 BGB.

Aber auch der Testamentvollstrecker kann klagen, wenn zum Nachlass eine Forderung, z. B. aus einem Kaufvertrag auf Zahlung einer Geldsumme, gehört. Für diese so genannten Aktivprozesse (im Unterschied zum Passivprozess, bei dem er verklagt wird) kann allein der Testamentvollstrecker im Rahmen seiner Verwaltungsbefugnis die zum Nachlass gehörenden Rechte gerichtlich geltend machen, nicht die Erben! Das Urteil wirkt entsprechend dem Verfügungsrecht für und gegen die Erben. Dagegen berühren andere Prozesse, die nicht in die Verwaltung des Nachlasses, sondern z. B. gegen andere Erbanwärter geführt werden, den wahren Erben nicht. In einem vom Testamentvollstrecker geführten Prozess kann der Erbe somit nur Zeuge, Neben- und Hauptintervenient oder Streitverkünder sein. Endet das Amt des Testamentvollstreckers vor Beendigung des Prozesses, tritt der Erbe bzw. jeder einzelne Miterbe (nicht die Erbengemeinschaft!) an die Stelle des Testamentvollstreckers.

9. Wie Sie ein Testament anfechten

Sie haben vom Inhalt eines Testaments anlässlich einer Testamentseröffnung Kenntnis erhalten. Jetzt drängt sich Ihnen die Frage auf, ob es bei der Errichtung des Testaments mit rechten Dingen zugegangen ist. Oder Sie sind zu der Überzeugung gekommen, dass der Erblasser, also der Verstorbene, bei der Errichtung seines Testaments über einen wichtigen Umstand im Irrtum war, oder er sich schlicht und einfach verschrieben hat. In all diesen Fällen, die in den folgenden Kapiteln näher erläutert werden, ist die Anfechtung einer sogenannten letztwilligen Verfügung, d. h. eines Erbvertrages oder eines Testaments durch einen gesetzlichen Erben unter bestimmten Umständen möglich. Der Anfechtende muss dann darlegen und beweisen, dass der Erblasser bei Kenntnis der Sachlage anders testiert hätte.

Ziel einer solchen Anfechtung ist es, ebenso wie bei der Auslegung von Testamenten, dem wirklichen Willen des Erblassers Geltung zu verschaffen. Die Anfechtung muss nicht immer das gesamte Testament, sondern sie kann auch lediglich eine von mehreren Verfügungen des Testaments oder des Erbvertrages betreffen. Ist sie erfolgreich, hat dies zur Folge, dass die angefochtene Verfügung nichtig ist. Die Verfügung wird dann so behandelt, als ob sie niemals getroffen worden sei. Dann tritt – den angefochtenen Teil betreffend – die gesetzliche Erbfolge ein. Geregelt ist die Anfechtung im Gesetz in den §§ 119 ff. des Burgerlichen Gesetzbuches (BGB) sowie in den §§ 2078 bis 2086 BGB. Während die §§ 119 ff BGB die „normale“ Anfechtung, beispielsweise die von Kaufverträgen betrifft, ist in den §§ 2078 ff BGB die Anfechtung von letztwilligen Verfügungen geregelt.

9.1 Funktion des Erbrechts

Wie bereits in der Einleitung ersichtlich, werden Sie mit einer Vielzahl von Begriffen konfrontiert, die Sie unter Umständen noch nie gehört haben. Zum besseren Verständnis des sich anschließenden Textes soll an dieser Stelle zunächst die Funktion des Erbrechts erläutert werden.

Das Erbrecht hat die Funktion, das Privateigentum als Grundlage der eigenverantwortlichen Lebensgestaltung mit dem Tod des Eigentümers nicht untergehen zu lassen. Der Fortbestand soll im Wege der Rechtsnachfolge gesichert werden. Das bedeutet: auch nach dem Tod soll mit dem Eigentum des Erblassers so umgegangen werden, wie er das zu Lebzeiten vorgehabt hatte.

Gesetzlich geregelt ist das Erbrecht in den §§ 1922 bis 2385 BGB. Diese Regeln der Erbfolge geben der Klarheit, der Leichtigkeit des Rechtsverkehrs und der Überschaubarkeit Vorrang vor der Einzelfallgerechtigkeit. Mit anderen Worten: obwohl Sie über Ihr Vermögen verfügen können, wie Sie es wünschen, müssen bestimmte Regeln eingehalten werden. Zu differenzieren ist zwischen den fünf grundsätzlichen Prinzipien, die zum Teil von der Verfassung garantiert werden:

<u>a. Privaterbfolge:</u> Das Vermögen des Verstorbenen wird an Privatpersonen abgegeben. Nur wenn kein privater Erbe vorhanden ist, erbt der Staat (§1936 BGB). Er beteiligt sich allerdings über die Erbschaftssteuer wertmäßig am Nachlass und beschränkt dadurch das private Erbrecht.

<u>b. Familienerbrecht:</u> Verfügt der Erblasser nichts anderes, geht das Erbe per Gesetz auf seine Familie über, nämlich auf seinen Ehegatten bzw. seinen eingetragenen Lebenspartner und auf seine nächsten Verwandten (Eltern, Kinder, Geschwister etc.). Der Ehegatte/eingetragene Lebenspartner erbt neben den Verwandten nach dem Prinzip der ehelichen Gemeinschaft. Dabei wird vom Teilungsprinzip ausgegangen. Zweck dieses Prinzips ist es, dass weder den Abkömmlingen (zum Erhalt des Vermögens in der Familie) noch dem Ehegatten/eingetragenen

Lebenspartner (zu dessen Versorgung) absoluter Vorrang eingeräumt wird.

c. Gesamtrechtsnachfolge: Das Vermögen des Erblassers geht als Ganzes auf die Erben über (§ 1922 BGB). Das bedeutet, dass die Erben den gesamten Nachlass inklusive eventueller Schulden annehmen oder das Erbe als solches ausschlagen müssen. Ausnahmen sind jedoch möglich.

d. Testierfreiheit: Der Erblasser kann selbst durch Verfügung von Todes wegen bestimmen, wer was erbt. Diese Freiheit ist vertraglich unbeschränkbar (§ 2302 BGB) und wird nur durch das Pflichtteilsrecht sowie durch das Verbot sittenwidriger Verfügungen begrenzt.

e. Vonselbsterwerb: Mit dem Tod des Erblassers fällt sein Nachlass dem Erben per Gesetz zu. Eine Mitwirkung seitens des Erben ist nicht erforderlich, deshalb spricht man bei der Errichtung des Testaments auch von einer einseitigen Willenserklärung. Er kann sogar ohne Kenntnis und gegen seinen Willen erben. Aus diesem Grunde haben die Erben auch das Recht, das Erbe auszuschlagen (§ 1942 Absatz 1 BGB).

In Artikel 14 Absatz 1 Satz 1 des Grundgesetzes (GG) ist das Erbrecht als Grundrecht verankert. Garantiert wird dort das Recht des Erblassers, sein Vermögen zu vererben. Artikel 14 GG schützt aber auch das Recht des Erbanwärters vor staatlichen Maßnahmen, die seine Aussicht auf das Vermögen des Erblassers vereiteln würden.

9.2 Begrifflichkeiten

Zum besseren Verständnis werden an dieser Stelle einige Begriffe erläutert. Denn nicht nur das Testament kann angefochten werden, sondern auch ein Erbvertrag.

a. Erbvertrag: Darunter versteht man eine Verfügung von Todes wegen, also den vom Erblasser zum Ausdruck gebrachten letzten Willen. In ihm kann der Erblasser jede Verfügung treffen, die auch durch ein Testament getroffen werden kann. Unterschied zum Testament ist der, dass die Testierfreiheit des Erblassers eingeschränkt wird. Eine frühere letztwillige Verfügung wird durch Abschluss eines Erbvertrages insoweit aufgehoben, als sie das Recht des durch den Vertrag Begünstigten vereiteln oder einschränken würde.

Es handelt sich beim Erbvertrag immer um ein zweiseitiges Rechtsgeschäft, an das die Vertragspartner gebunden sind. Dadurch unterscheidet sich dieser vom Testament, das jederzeit einseitig, das heißt ohne Zustimmung der anderen Partei, widerrufen oder abgeändert werden kann. Sind sich beide Parteien einig, kann der Vertrag natürlich wieder aufgehoben werden. Einseitig kann dies nur unter den Voraussetzungen erfolgen, unter denen auch sonstige Verträge angefochten werden können (siehe dazu die Ausführungen in den folgenden Kapiteln).

b. Testierfähigkeit: Wer darf überhaupt ein Testament errichten? Diese Frage ist wichtig, denn ein Testament, dass von jemanden, der nicht testierfähig ist, errichtet wurde, ist von vornherein unwirksam und braucht nicht erst angefochten zu werden. Grundsätzlich ist nach § 2229 Absatz 1 BGB jeder testierfähig, der das 16. Lebensjahr vollendet hat. Ausgenommen ist derjenige, *„der wegen krankhafter Störung der Geistestätigkeit, wegen Geistesschwäche oder wegen Bewusstseinsstörung nicht in der Lage ist, die Bedeutung einer von ihm abgegebenen Willenserklärung einzusehen und nach dieser Einsicht zu handeln"* (vgl. § 2229 Absatz 4 BGB).

Zu beachten ist jedoch, dass eine geistige Erkrankung des Erblassers der Gültigkeit des Testaments nicht entgegensteht, wenn dieses von der Erkrankung nicht beeinflusst ist. Auch schließen in der Regel Psychopathie, Rauschgiftsucht, ein abnormes Persönlichkeitsbild oder querulatorische Veranlagungen die Testierfähigkeit nicht aus. Chronischer Alkohol- und/oder Tablettenmissbrauch führt erst dann zur Testierunfähigkeit, wenn der dadurch bedingte Abbau der Persönlichkeit den

Wert einer Geisteskrankheit erreicht hat. Bestehen Zweifel an der Testierfähigkeit, sollte diese Frage unbedingt durch ein Gutachten eines psychiatrischen oder nerven-ärztlichen Sachverständigen geklärt werden. Oftmals ist das Verhalten in den oben genannten Fällen äußerst wechselhaft. Deshalb ist zu beachten, dass die in lichten Momenten vorgenommenen Verfügungen wirksam sind!

Rechtsfolge der Testierunfähigkeit ist, dass das Testament unwirksam ist und bleibt. Sie können also nichts anfechten, da es gar kein gültiges Testament gibt! Es wird auch bei späterem Eintritt der Testierfähigkeit nicht wirksam, sondern muss dann formgerecht neu errichtet werden!

Minderjährige können das Testament nur durch eine Erklärung gegenüber dem Notar oder durch Übergabe einer offenen Schrift errichten. Minderjährige benötigen nicht die Zustimmung ihres gesetzlichen Vertreters. Dies ist gesetzlich geregelt in § 2229 Absatz 2 BGB.

c. Pflichtteilsberechtigter: Die Testierfreiheit des Erblassers wird durch das Pflichtteilsrecht naher Angehöriger eingeschränkt. Sind nämlich Abkömmlinge, die Eltern oder der Ehegatte/Lebenspartner des Erblassers durch Verfügung von Todes wegen enterbt, so können sie von dem Erben den Pflichtteil verlangen. Der Pflichtteil, der nur unter bestimmten engen Voraussetzungen entfällt, ist kein gesetzlicher Erbteil, sondern ein persönlicher Anspruch auf Zahlung einer Geldsumme in Höhe der Hälfte des Wertes des gesetzlichen Erbteils im Zeitpunkt des Erbfalls. Wurde der überlebende Ehegatte enterbt und lebten beide im gesetzlichen Güterstand der Zugewinngemeinschaft, so erhöht sich dessen Anteil um ein Viertel. Der Anspruch auf den Pflichtteil entsteht mit dem Erbfall. Er ist wiederum vererblich und übertragbar. Der Pflichtteilsberechtigte muss innerhalb von drei Jahren nach Kenntnis vom Erbfall Anspruch auf den Pflichtteil erheben, da der Anspruch sonst verjährt (§ 2332 Absatz 1 BGB).

d. Vermächtnis: Unter einem Vermächtnis, welches in den §§ 2147 bis 2191 BGB geregelt ist, versteht man eine Einzelzuwendung eines Vermögensvorteils durch Verfügung von Todes wegen und damit gerade keine Erbeinsetzung. Derjenige, der die Zuwendung erhält, wird Bedachter genannt. Besondere Arten des Vermächtnisses sind z. B. Wahlvermächtnis, Zweckvermächtnis und Forderungsvermächtnis. Die Zuwendung eines Vermächtnisses begründet mit dem Erbfall eine Forderung des Bedachten gegen den Beschwerten, der Erbe oder selbst Vermächtnisnehmer sein muss.

Dazu folgendes Beispiel: Sie möchten Ihren Sohn als Alleinerben einsetzen. Ihre Ehefrau soll aber zeitlebens finanziell versorgt sein. Auch ihre Tochter soll einen bestimmten Geldbetrag erhalten. Im Testament müssten Sie dann folgendermaßen formulieren: *„Alleinerbe ist mein Sohn S. Meine Ehefrau E erhält lebenslängliches unentgeltliches Wohnrecht in unserer jetzigen Wohnung in meinem Hausgrundstück X. Sie ist von S standesgemäß bis zu ihrem Tode zu unterhalten. Meiner Tochter T vermache ich einen Betrag in Höhe von ....Euro“*. In diesem Beispiel muss S dann E aus dem Erbe unterhalten sowie der T den Geldbetrag zukommen lassen. Diese Möglichkeit ist steuerlich günstiger als die Vorerbschaft, da das Vermögen nur einmal vererbt wird.

e. Formstrenge: Die Errichtung von Testamenten ist nur in den gesetzlich festgelegten Formen möglich. Zweck der strengen Formvorschriften ist es zunächst, den wirklichen Willen des Erblassers zur Geltung kommen zu lassen. Er soll durch die Einhaltung der Form angehalten werden, sich selbst darüber klar zu werden, welchen Inhalt seine Verfügung von Todes wegen haben soll. Diesen Willen soll er so deutlich wie möglich zum Ausdruck bringen. Außerdem dienen die Formvorschriften dazu, Entwürfe und Vorüberlegungen von der maßgebenden Verfügung abzugrenzen.Schließlich soll die Echtheit der Erklärung sichergestellt und nach Möglichkeit auch die Selbstständigkeit des Willens des Erblassers verbürgt werden.

Das Gesetz stellt zwei Testamentsformen zur Verfügung, die erbrechtlich gleichwertig sind und zwischen denen der Erblasser frei wählen kann. Das „eigenhändige“ oder „privatschriftliche“ Testament ist geregelt in § 2247 BGB. Danach muss der Erblasser das Testament handschriftlich verfassen und unterschreiben. Sinn und Zweck dieser Formvorschriften ist es zu gewährleisten, dass das Testament dem freiverantwortlichen und eigenen Willen des Erblassers entspricht. Von der Errichtung eines eigenhändigen Testaments sind Minderjährige und Leseunfähige ausgeschlossen. Davon zu unterscheiden ist das „öffentliche" Testament (§ 2231 Nr. 1, 2232 BGB). Dieses kann durch „Errichtung durch Erklärung", also durch mündliche Erklärung gegenüber einem Notar oder durch Überreichung einer Schrift mit der Erklärung, dass diese seinen letzten Willen enthalte, sein Testament errichten.

9.3. Auslegung

Da die Anfechtung voraussetzt, dass sich der Erblasser in einem Irrtum befunden hat, muss zunächst klargestellt werden, was der Verstorbene wirklich gewollt hat und von welchen Voraussetzungen er sich leiten ließ. Dies geschieht im Wege der Auslegung gemäß § 133 BGB, also der Interpretation des Testaments.

Dabei ist zwar vom Wortlaut des Testaments auszugehen, dieser ist jedoch nicht bindend. Vielmehr ist zur Ermittlung des wirklichen Willens nicht am buchstäblichen Sinn seines Ausdrucks zu haften. Dazu muss der Wortsinn der vom Erblasser benutzen Ausdrücke hinterfragt werden („Wie hat er das gemeint?") um festzustellen, was er mit seinen Worten sagen wollte. Allein sein subjektives Verständnis hinsichtlich des von ihm verwendeten Begriffs ist maßgeblich. Unterschied zur Auslegung von Willenserklärung z. B. im Rahmen eines Kaufvertrages ist, dass die Erklärung des Erblassers nicht empfangsbedürftig ist (ein Testament kommt also auch zustande, ohne dass die andere Partei ihr Einverständnis erklärt) und es daher keines Vertrauensschutzes bedarf. Nur Erbverträge sind nach den §§ 157, 242 BGB auch auf die Sicht des Erklärungsempfängers abzustellen!

Zur Ermittlung des Inhalts der einzelnen Verfügungen ist der gesamte Inhalt der Testamentsurkunde einschließlich aller Nebenumstände, auch solche außerhalb des Testaments, heranzuziehen und zu würdigen. Solche Umstände können vor oder auch nach der Errichtung des Testaments liegen. Dazu gehört z. B. das Verhalten des Erblassers, seine Äußerungen und Handlungen; auch der Inhalt früherer Erklärungen kann herangezogen werden. Abzustellen ist aber stets auf den Willen des Erblassers zum Zeitpunkt der Testamentserrichtung. Danach eingetretene Umstände können daher nur Bedeutung erlangen, soweit sie Rückschlüsse hierauf zulassen. Bei Veränderung der Lebensverhältnisse seit Testamentserrichtung, ist zu klären, wie der Erblasser bei Kenntnis der veränderten Umstände testiert hätte. Die Rechtsprechung verlangt allerdings zur Erhaltung der grundsätzlichen Formstrenge im Erbrecht (vgl. dazu auch Kapitel 9.3 e), dass die Auslegung des letzten Willens des Erblassers in der Testamentsurkunde selbst einen, wenn auch nur geringen Anhaltspunkt findet.

Das Gesetz stellt darüber hinaus eine Vielzahl von Auslegungsvorschriften, z. B. in § 2084 BGB auf: Mehrdeutige Verfügungen des Erblassers sind so auszulegen, dass der – durch Auslegung zu ermittelnde – Wille des Erblassers zum Erfolg führt. Dadurch verändert sich allerdings nicht das Ziel der Auslegung. Es soll nur dem zu ermittelnden wirklichen Willen zum Erfolg verholfen werden, indem ein rechtlich zulässiger Weg zur Verwirklichung des Willens des Erblassers einem rechtlich unzulässigen vorzuziehen ist. Zu beachten ist allerdings, dass § 2084 BGB nicht anwendbar ist, wenn über die Auslegung des letzten Willens keine Zweifel bestehen!

Weitere im Gesetz vorgesehene Auslegungsregeln:

> Mangels entgegenstehenden, feststellbaren Willens des Erblassers sind bei Einsetzung der „Verwandten" die gesetzlichen Erben im Zeitpunkt des Erbfalls erbberechtigt (§§ 2066, 2067 BGB);

> bei Einsetzung von Kindern oder sonstigen Abkömmlingen treten im Zweifel bei Wegfall des Bedachten nach Testamentserrichtung dessen Abkömmlinge an seine Stelle (§§ 2068, 2069 BGB);

> bei Einsetzung der „Armen“ ist die Armenkasse der Gemeinde, in deren Bezirk der Erblasser seinen letzten Wohnsitz hatte, als bedacht anzusehen (vgl. § 2072 BGB);

> die Einsetzung eines Verlobten oder Ehegatten ist in der Regel unwirksam, wenn die Ehe oder das Verlöbnis vor dem Erbfall aufgelöst wurde, sofern nicht die Auslegung ergibt, dass der Erblasser die Verfügung auch für diesen Fall getroffen hätte (§ 2077 BGB).

Zu beachten ist in diesem Zusammenhang auch § 2085 BGB: entgegen der Regelung in § 139 BGB führt die Unwirksamkeit einer von mehreren Verfügungen nicht zur Unwirksamkeit des gesamten Testaments, wenn nicht ein untrennbarer Zusammenhang anzunehmen ist!

9.4. Anfechtungsvoraussetzungen

Wie in dem vorangehenden Kapitel dargestellt, kommt eine Anfechtung also nur dann in Betracht, wenn die ausgelegte Erklärung des letzten Willens nicht mit dem tatsächlichen Willen des Erblassers übereinstimmt. Die Anfechtung letztwilliger Verfügungen ist in einem weiteren Umfang zugelassen, als beispielweise bei einem Kaufvertrag, weil auf den Vertrauensschutz eines Erklärungsempfängers (z. B. den Erben) keine Rücksicht zu nehmen ist. Anfechtbar ist aber nicht das Testament als solches, sondern nur einzelne Verfügungen. Die Anfechtbarkeit geht lediglich so weit, wie der Irrtum gereicht und auf den Inhalt der Erklärung Einfluss gehabt hat.

Eine Anfechtung eines Testaments oder eines Erbvertrages kommt aus vielerlei Gründen in Betracht: wegen Irrtums, Drohung oder arglistiger Täuschung. Bedingung ist allerdings – wie bereits ausgeführt –, dass vorher eine Auslegung des letzten Willens des Erblassers stattgefunden hat, d. h., der wahre Wille des Verstorbenen versucht wurde zu ermitteln. Damit die Anfechtung wirksam und erfolgreich durchgeführt werden kann, müssen bestimmte Voraussetzungen erfüllt sein:

a. Anfechtungsgrund: Eine letztwillige Verfügung kann nur dann angefochten werden, wenn ein Grund dazu gegeben ist. Der häufigste Grund liegt in der Übergehung Pflichtteilsberechtigter, weil sie erst nach Errichtung der letztwilligen Verfügung geboren oder pflichtteilsberechtigt wurden. Weitere Anfechtungsgründe sind Inhalts-, Erklärungs-, Motivirrtümer sowie die Drohung, die in den §§ 2078 Absatz 1 und 2 BGB geregelt sind. In § 2078 Absatz 1 BGB heißt es: „Eine letztwillige Verfügung kann angefochten werden, soweit der Erblasser über den Inhalt seiner Erklärung im Irrtum war oder eine Erklärung dieses Inhalts überhaupt nicht abgeben wollte und anzunehmen ist, dass er die Erklärung bei Kenntnis der Sachlage nicht abgegeben haben würde “.

> Inhalts- und Erklärungsirrtum: Unter einem Irrtum ist das unbewusste Auseinanderfallen von Willen und Erklärung zu verstehen. Voraussetzung ist also stets, dass der Erblasser bei Kenntnis der Sachlage die Erklärung nicht abgegeben hätte. Beispiel: der Erblasser hat sich verschrieben oder – beim öffentlichen Testament – versprochen. Oder war der Erblasser der festen Überzeugung, dass ein wirksames Testament nur vor dem Notar errichtet werden kann und misst er deshalb seinem handschriftlichen Testaments-„entwurf“ keine Bedeutung bei, so kann dieser „Entwurf“ wegen Irrtums angefochten werden. Der Erblasser wollte ja nicht so testieren, er befand sich folglich im Irrtum. Dabei genügt es, wenn der Irrtum die Erklärung im wesentlichen mitbestimmt hat.

Das Problem ist allerdings, dass der Erblasser ja nicht mehr nach seinem eigentlichen Willen gefragt werden kann. Deshalb muss die wirkliche Auffassung entsprechend der subjektiven Denk- und Anschauungsweise des Verstorbenen ermittelt werden, d. h., man muss sich in die Situation des Erblassers hineinversetzen. Zu berücksichtigen ist allerdings, dass der tatsächliche Wille nicht gesetzeswidrig sein darf. Auf die Verkehrsitte, d. h. auf die herrschende Anschauung im betroffenen gesellschaftlichen Kreis, ist – anders als z. B. bei einem Kaufvertrag – nicht Rücksicht zu nehmen! Auch muss der Fall nicht verständig gewürdigt werden, sondern immer im Sinne des Erblassers.

> Motivirrtum: Findet der Motivirrtum bei den allgemeinen Anfechtungsregeln der §§ 119 ff. BGB keine Berücksichtigung, ist er gemäß § 2078 Absatz 2 BGB im Erbrecht beachtlich, um beim Testament den wahren Willen des Erblassers stärker berücksichtigen zu können. Eine Anfechtung ist daher möglich, wenn der Erblasser durch die irrige Annahme oder die irrige Erwartung des Eintritts oder des Nichteintritts eines Umstandes zu der Verfügung bestimmt wurde oder er einen Pflichtteilsberechtigten übergangen hat, dessen Vorhandensein ihm bei Errichtung des Testaments nicht bekannt war.

Allerdings reicht nicht jede Fehlvorstellung aus. Vielmehr muss diese den Beweggrund für die getroffene Entscheidung gebildet haben. Beispiele: die Erwartung, dass künftig Unstimmigkeiten zwischen dem Erblasser und dem Bedachten ausbleiben; Erwartung künftigen Wohlverhaltens des Erben gegenüber des Erblassers; oder auch der grundlegende Irrtum über das Verhalten des Bedachten, z. B. Vermögensgefährdung durch Beitritt zu einer Sekte; der Erblasser geht davon aus, mit seiner Lebensgefährtin den Lebensabend gemeinsam zu verbringen und bedenkt sie deshalb als Alleinerbin, kurz darauf zieht diese aber aus; der Erblasser geht irrtümlich davon aus, dass sein Sohn verstorben ist und vererbt gerade deswegen sein Vermögen einer gemeinnützigen Organisation.

Ein Motivirrtum liegt auch dann vor, wenn der Erblasser aufgrund einer arglistigen (also vorsätzlichen) Täuschung zu der Verfügung be stimmt wurde. Dazu folgendes Beispiel: eine seiner Töchter erzählt ihm bewusst wahrheitswidrig, dass sie aufgrund eines Schicksalsschlages verarmt sei, woraufhin der Vater für diese Tochter eine größere Erbquote bestimmt, als für die anderen Kinder.

> Drohung: Wenn der Erblasser gerade zu dieser letztwilligen Verfügung widerrechtlich durch Drohung bestimmt oder gar erpresst wird, dann kann das Testament angefochten werden. Beispiele: Drohung mit einer Strafanzeige; Drohung einer Krankenschwester, einen Kranken hilflos sterben zu lassen.

Wichtig ist in allen Fällen, dass der Irrtum bzw. die Drohung kausal, also ursächlich für die Verfügung waren.

> Anfechtung wegen Übergehung eines Pflichtteilsberechtigten: dieser Anfechtungsgrund ist gesetzlich geregelt in § 2079 BGB. Danach kann „eine letztwillige Verfügung angefochten werden, wenn der Erblasser einen zur Zeit des Erbfalls vorhandenen Pflichtteilsberechtigten übergangen hat, dessen Vorhandensein ihm bei der Errichtung der Verfügung nicht bekannt war oder der erst nach nach der Errichtung geboren oder pflichtteilsberechtigt geworden ist. Die Anfechtung ist ausgeschlossen, soweit anzunehmen ist, „dass der Erblasser auch bei Kenntnis der Sachlage die Vergütung getroffen haben würde". Diese Vorschrift regelt einen Sonderfall des Motivirrtums. Das Übergehen eines Pflichtteilsberechtigten liegt vor, wenn dieser weder enterbt noch als Erbe eingesetzt oder mit einem Vermächtnis bedacht ist. Es bedeutet, dass ein Berechtigter unbewusst ausgeschlossen wird. Ein anderer Sachverhalt ist allerdings dann gegeben, wenn der Erblasser den Pflichtteilsberechtigten absichtlich ausgeschlossen hat! In diesem Fall kann der Übergangene nicht anfechten!

Wirkung der Anfechtung ist, dass das gesamte Testament vernichtet wird, weil die Berücksichtigung eines weiteren Erben alle Erbteile verschieben würde. Es führt dann zur gesetzlichen Erbfolge.

b. Weiterhin ist Voraussetzung einer wirksamen Anfechtung, dass eine Berechtigung zur Anfechtung vorliegt. Anfechtungsberechtigt ist nur derjenige, der aus der Unwirksamkeit der letztwilligen Verfügung einen Vorteil ziehen kann. Anders ausgedrückt: wäre der Anfechtende nach der Anfechtung am Nachlass beteiligt, so ist er zur Anfechtung berechtigt. Geregelt ist dies in § 2080 BGB.

c. Zudem muss der Anfechtungsberechtigte auch eine Erklärung abgeben. Diese muss nach § 2081 BGB gegenüber dem Nachlassgericht erklärt werden. Das Nachlassgericht ist gemäß § 1962 BGB das Amtsgericht, das in dem Bezirk des letzten Wohnortes oder Aufenthaltsortes des Verstorbenen liegt. Aus der Erklärung muss sich eindeutig ergeben, welche Verfügung angefochten werden soll, ebenso der Anfechtungsgrund. Die Erklärung kann schriftlich oder zu Protokoll abgegeben werden. Inhaltlich ist zumindest die eindeutige Kundgabe des Anfechtungswillens erforderlich. Wirksam ist die Erklärung, wenn sie dem richtigen Gericht zugegangen ist. Wie geht es dann weiter? Das Gericht nimmt die Erklärung entgegen und teilt sie den Anfechtungsgegnern, also denjenigen, die durch das Testament oder den Erbvertrag begünstigt wurden, mit. Eine Prüfung in der Hinsicht, ob die Anfechtung berechtigt ist oder nicht, erfolgt an dieser Stelle noch nicht, sondern erst in dem sich anschließenden Erbscheinverfahren.

d. Anfechtungsfrist: Selbstverständlich kann man die Anfechtung nicht erst Jahre später, nachdem man von dem Irrtum oder der Drohung Kenntnis bekommen hat, erklären. Nach § 2082 Absatz 1 BGB kann die Anfechtung nur binnen Jahresfrist erfolgen. Die Frist beginnt nach § 2082 Absatz 2 BGB mit der Kenntnis des Anfechtungsberechtigten vom Anfechtungsgrund. Er muss demnach zuverlässig vom Erbfall, Testament sowie vom Irrtum oder der Bedrohung des Erblassers sowie der Ursächlichkeit für die jetzige Form des Testaments Kenntnis erlangt haben. Zu beachten ist allerdings, dass 30 Jahre nach Eintritt des Erbfalls die Anfechtung gänzlich ausgeschlossen ist (§ 2082 Absatz 3 BGB). Bitte beachten Sie, dass eine unvollständige Verfügung, die darauf zurückzuführen ist, dass der Erblasser während der Errichtung stirbt oder nicht mehr weitersprechen kann, nicht angefochten werden muss bzw. kann. Das Testament ist in diesen Fällen bereits nichtig, so dass die gesetzliche Erbfolge eintritt!

9.5 Ergänzungsvorbehalt

Der Vollständigkeit halber soll an dieser Stelle der in § 2086 BGB geregelte Ergänzungsvorbehalt erläutert werden. In § 2086 BGB heißt es: „Ist einer letztwilligen Verfügung der Vorbehalt einer Ergänzung beigefügt, die Ergänzung aber unterblieben, so ist die Verfügung wirksam, sofern nicht anzunehmen ist, dass die Wirksamkeit von der Ergänzung abhängig sein sollte“. Was heißt das genau? Das Gesetz geht in diesem Fall von der Lebenserfahrung aus, dass der Erblasser in der späteren Ergänzung meist nur noch eine Erläuterung treffen wollte, die Endgültigkeit seiner Verfügung davon aber im Zweifel nicht abhängig machen wollte. § 154 BGB, nachdem ein Vertrag in solchen Fällen als im Zweifel nicht geschlossen gilt, findet hier keine Anwendung. Denn § 2086 BGB setzt bereits ein formgerecht errichtetes Testament voraus; zweifelhaft ist nur, ob es durch den Ergänzungsvorbehalt in Frage gestellt werden kann.

10. Alles zum Vermächtnis

Bei der Testamentseröffnung haben Sie erfahren, dass Ihnen etwas „vermacht“ wurde. Was bedeutet das überhaupt? Sind Sie damit in der rechtlichen Position eines Erben? Muss man das Vermächtnis annehmen oder kann man es auch ausschlagen? Zu beachten ist, dass es unterschiedliche Arten des Vermächtnisses gibt: Ihnen kann eine bestimmte Sache („meine goldene Uhr der Marke x aus dem Jahre 1950“) oder eine nur der Art nach bestimmte Sache („eine Perlenkette aus meinem Schmuckkasten“) vermacht werden. Wer sucht im letzteren Fall die Sache aus? Was ist, wenn diese defekt ist? Diese und viele weitere Fragen werden in den nächsten Kapiteln beantwortet.

Die folgenden Ausführungen richten sich allerdings nicht nur an den Vermächtnisnehmer, den so genannten „Bedachten“, sondern auch an den Erblasser sowie an denjenigen, der das Vermächtnis leisten muss, also an den so genannten „Beschwerten”.
Anhand von vielen Formulierungsbeispielen sowie einem „Muster-Testament“ wird anschaulich erklärt, wie ein solches Vermächtnis aussehen kann.

Gesetzliche Vorschriften über das Vermächtnis befinden sich in den §§ 2147 bis 2191 des Bürgerlichen Gesetzbuchs (BGB).

Des Weiteren finden Sie allgemeine Ausführungen zum Erbrecht, ohne die ein Verständnis der Materie nur erschwert möglich wäre.

10.1 Erbrechtliche Grundlagen

Warum gibt es eigentlich gesetzliche Vorschriften? Warum kann nicht jeder über sein Vermögen so verfügen, wie er es möchte?

Das Erbrecht, wie es im BGB verankert ist, hat die Aufgabe, das Eigentum als Grundlage der eigenverantwortlichen Lebensgestaltung mit dem Tod des Eigentümers nicht untergehen zu lassen. Der Fortbestand soll im Wege der Rechtsnachfolge gesichert werden. Das bedeutet: auch nach dem Tod soll mit dem Eigentum des Erblassers so umgegangen werden, wie er das zu Lebzeiten wollte. Die erbrechtlichen Regeln geben der Klarheit, der Leichtigkeit des Rechtsverkehrs und der Überschaubarkeit Vorrang vor der Einzelfallgerechtigkeit. Mit anderen Worten: obwohl Sie über Ihr Vermögen verfügen können, wie Sie es wünschen, müssen bestimmte Regeln eingehalten werden.

Es existieren fünf grundsätzliche Prinzipien, die zum Teil von der Verfassung garantiert werden. Dazu zählen:

a. Privaterbfolge: Das Vermögen des Verstorbenen wird an Privatpersonen abgegeben. Nur wenn kein privater Erbe vorhanden ist, erbt der Fiskus des Bundeslandes, in dem der Erblasser zum Zeitpunkt seines Todes seine Niederlassung hatte. Er beteiligt sich allerdings über die Erbschaftsteuer wertmäßig am Nachlass und beschränkt dadurch das private Erbrecht.

b. Familienerbrecht: Verfügt der Erblasser nichts anderes, geht das Erbe per Gesetz auf seine Familie über, nämlich auf seinen Ehegatten bzw. seinen eingetragenen Lebenspartner und auf seine nächsten Verwandten (Eltern, Kinder, Geschwister etc.). Der Ehegatte oder der eingetragene Lebenspartner erbt neben den Verwandten nach dem Prinzip der ehelichen Gemeinschaft. Zweck dieses Prinzips ist es, dass weder den Abkömmlingen (zum Erhalt des Vermögens in der Familie) noch dem Ehegatten/ eingetragenen Lebenspartner (zu dessen Versorgung) absoluter Vorrang eingeräumt wird.

c. Gesamtrechtsnachfolge: Das Vermögen des Erblassers geht als Ganzes auf die Erben über. Das bedeutet, dass die Erben den gesamten Nachlass inklusive eventueller Schulden annehmen oder das Erbe als Ganzes ausschlagen müssen. Ausnahmen sind jedoch möglich.

d. Testierfreiheit: Der Erblasser kann durch Verfügung von Todes wegen selbst bestimmen, wer was erbt. Diese Freiheit ist vertraglich unbeschränkbar und wird nur das Pflichtteilsrecht sowie durch das Verbot sittenwidriger Verfügungen begrenzt. Aus dem Grundsatz der Testierfreiheit folgt, dass der Erblasser sogar nächste Angehörige übergehen kann, d.h., er kann diese enterben.

e. Vonselbsterwerb: Mit dem Tod des Erblassers fällt sein Nachlass dem Erben per Gesetz zu. Eine Mitwirkung seitens des Erben ist nicht erforderlich. Er kann sogar ohne Kenntnis und gegen seinen Willen erben. Aus diesem Grunde haben die Erben auch das Recht, das Erbe auszuschlagen.

An dieser Stelle sollen zudem einige Begriffe aus dem Erbrecht erläutert werden, die die folgenden Ausführungen zum Vermächtnis erleichtern sollen.

- Erblasser: Darunter versteht man eine natürliche Person (im Unterschied zu einer juristischen Person, z. B. einer Stiftung), durch deren Tod die Erbschaft auf den oder die Erben übergeht.

- Verfügung von Todes wegen: Es handelt sich dabei entweder um ein Testament, welches eine einseitige Verfügungvon Todes wegen darstellt (das bedeutet, dass nur der Erblasser eine Willenserklärung abgibt) oder um einen Erbvertrag, welcher eine zweiseitige Verfügung von Todes wegen darstellt (hier macht der Erblasser , ähnlich wie bei einem Kaufvertrag, ein Angebot, das der Vertragspartner annimmt oder ausschlägt). In diesem Fall kommt der Vertrag nur dann zu Stande, wenn beide Willenserklärungen übereinstimmen.

- Gesetzliche Erbfolge: Darunter versteht man die Erbfolge in der Reihenfolge, wie sie vom Gesetz vorgeschrieben ist. Grob vereinfacht gesagt erben erst diejenigen, die dem Erblasser verwandtschaftlich am nächsten standen, d.h. zuerst die Abkömmlinge des Erblassers (Kinder und Enkelkinder), dann die Eltern und Geschwister, etc. Der Ehegatte oder der eingetragene Lebenspartner in einer gleichgeschlechtlichen Beziehung erben neben den Verwandten (Bitte beachten Sie: durch die Heirat/Eintragung der Lebenspartnerschaft entsteht kein Verwandtschaftsverhältnis!). Die gesetzliche Erbfolge kommt dann zur Anwendung, wenn z. B. der Erblasser kein Testament gemacht hat .

- Gewillkürte Erbfolge: Das Gegenteil der gesetzlichen Erbfolge. Der Erblasser kann durch Testament bestimmen, wen er als Erben einsetzen möchte. Diese können neben den Verwandten und dem Ehepartner auch Freunde, Bekannte und Institutionen wie z.B. Stiftungen sein.

- Pflichtteilsrecht: Die Testierfreiheit des Erblassers wird durch das Pflichtteilsrecht naher Angehöriger eingeschränkt. Sind die Abkömmlinge, die Eltern oder der Ehegatte / Lebenspartner des Erblassers durch Verfügung von Todes wegen enterbt, so können sie von dem Erben den Pflichtteil verlangen. Der Pflichtteil, der nur unter bestimmten engen Voraussetzungen entfällt, ist kein gesetzlicher Erbteil, sondern ein persönlicher Anspruch auf Zahlung einer Geldsumme in Höhe der Hälfte des Wertes des gesetzlichen Erbteils zum Zeitpunkt des Erbfalls. Wurde der überlebende Ehegatte enterbt und lebten beide im gesetzlichen Güterstand der Zugewinngemeinschaft, so erhöht sich dessen Anteil um ein Viertel. Der Anspruch auf den Pflichtteil entsteht mit dem Erbfall. Er ist vererblich und übertragbar. Der Pflichtteilsberechtigte muss innerhalb von drei Jahren nach Kenntnisnahme des Erbfalls Anspruch auf den Pflichtteil erheben, da der Anspruch ansonsten nach § 2332 Absatz 1 BGB verjährt.

- Zugewinngemeinschaft: Haben die Eheleute keinen Ehevertrag geschlossen, leben sie im gesetzlichen Güterstand der Zugewinngemeinschaft. Geregelt ist dieser in den §§ 1363 bis 1390 BGB. Der gesetzliche Güterstand beginnt mit dem Tag der Eheschließung. Und endet mit dem Tod eines der Ehegatten bzw. bei Scheidung oder Aufhebung der Ehe. Jeder Ehegatte behält sein Vermögen in seinem Eigentum, auch das, das erst nach der Eheschließung erworben wird. Es besteht kein gemeinschaftliches Vermögen, aber auch keine gesetzliche Haftung für Schulden des anderen Ehegatten. Gemeinsame Haftung besteht nur für gemeinsam aufgenommene Schulden oder gegenseitige Bürgschaften. Allerdings sieht das Gesetz einige Beschränkungen in der selbständigen Vermögensverwaltung vor, insbesondere in § 1365 BGB. Dort heißt es in Absatz 1: „Ein Ehegatte kann sich nur mit Einwilligung des anderen Ehegatten verpflichten, über sein Vermögen im Ganzen zu verfügen. Hat er sich ohne Zustimmung des anderen Ehegatten verpflichtet, so kann er die Verpflichtung nur erfüllen, wenn der andere Ehegatte einwilligt." Diese Vorschrift dient der Erhaltung der wirtschaftlichen Existenzgrundlage der Familiengemeinschaft und soll den anderen Ehegatten vor der Gefährdung seines Anspruchs auf Zugewinnausgleich bei Beendigung des Güterstandes schützen. Aus diesem Grunde muss der Ehegatte unter Umständen bei der Verfügung über den Miterbenteil zustimmen.

- Erbengemeinschaft: Das BGB kennt nur die Gesamtrechtsnachfolge hinsichtlich des ganzen Nachlasses. Aufgrund dessen bleibt die Erbschaft nach Eintritt des Erbfalls zunächst zusammen und der Nachlass steht den Miterben nur gemeinschaftlich zu. Der durch den Erbfall begründete Anteil des einzelnen Miterben an der Erbengemeinschaft verschafft diesem einen Anspruch auf Auseinandersetzung (Teilung) des Nachlasses, aber keine unmittelbare gegenständliche Beziehung zum Nachlass oder zu Teilen davon. Unter einer Erbengemeinschaft versteht man eine Mehrheit von Erben. Die Miterbengemeinschaft entsteht kraft Gesetzes durch den Tod des Erblassers und zwar unabhängig vom Willen der Miterben.

10.2 Begriffsbestimmung

Unter einem Vermächtnis versteht man eine Einzelzuwendung eines Vermögensvorteils durch Verfügung von Todes wegen. Dies ist gerade keine Erbeinsetzung. Derjenige, der die Zuwendung erhält, wird Bedachter genannt. Besondere Arten des Vermächtnisses sind z. B. das Wahlvermächtnis, das Zweckvermächtnis und das Forderungsvermächtnis. Diese Begriffe werden im folgenden näher erläutert.
Von wem erhält der Bedachte das Vermächtnis? Dieses muss der Erbe bzw. die Erbengemeinschaft leisten. Denjenigen, der das Vermächtnis an den Bedachten aushändigt, bezeichnet man als Beschwerten.

a. Beschwerter: Die Zuwendung eines Vermächtnisses begründet mit dem Erbfall eine Forderung des Bedachten gegen den Beschwerten, der Erbe (unabhängig davon, ob er gesetzlicher oder gewillkürter Erbe ist, vgl. dazu Kapitel 10.2) oder selbst Vermächtnisnehmer sein muss. Gesetzlich geregelt ist das in § 2147 BGB. Mit einem Vermächtnis kann nur beschwert werden, wer vom Erblasser etwas unmittelbar und aus eigenem Recht erhält. Hat der Erblasser in seinem Testament nichts anderes bestimmt, ist der Erbe (bzw. bei mehreren Erben der Miterbe) beschwert. Auch der Ersatzerbe kann beschwert werden.

Was ist eigentlich ein Ersatzerbe? Für den Fall, dass der Eingesetzte nicht Erbe wird (z. B. durch Ausschlagung der Erbschaft), kann der Erblasser einen so genannten Ersatzerben benennen. Dieser wird dann Erbe. Der Sinn liegt darin, dieser Möglichkeit die gewillkürte Erbfolge zu sichern und die gesetzliche weiterhin auszuschließen. Beispiel: Erblasser E verfügt in seinem Testament, dass sein Sohn S Alleinerbe werden soll. Als Ersatzerben bestimmt er sein Patenkind T. Nach Eintritt des Erbfalls schlägt S das Erbe aus. Hätte E in seinem Testament nicht T als Ersatzerben bestimmt, würden die Abkömmlinge des S, z. B. dessen Kinder, im Rahmen der gesetzlichen Erbfolge den Nachlass des E erben. So wird T jedoch Alleinerbin.

Nicht beschweren kann der Erblasser hingegen Personen, die am Nachlass nur aufgrund des Pflichtteilsrechts beteiligt sind. Ferner auch nicht Dritte, selbst wenn sie vom Erblasser durch Rechtsgeschäft unter Lebenden eine unentgeltliche Zuwendung (Schenkung) erhalten haben.

Es ist möglich, mehrere Erben oder Vermächtnisnehmer mit demselben Vermächtnis zu beschweren. Jeder Erbe muss dann entsprechend dem Verhältnis seines Erbteils leisten (§ 2148 BGB). Beispiel: Erblasser E hat sein gesamtes Vermögen (100.000 Euro) seiner Ehefrau A sowie seinen beiden Töchtern B und C hinterlassen. Aus dem Nachlass soll sein Patenkind D ein Vermächtnis in Höhe von 10.000 Euro erhalten. A erbt die Hälfte, B und C jeweils ein Viertel (Gesetzliche Erbfolge, wenn die Ehegatten keinen Ehevertrag geschlossen und im gesetzlichen Güterstand der Zugewinngemeinschaft gelebt haben, vgl. dazu auch Kapitel 10.2). A muss dann 5.000 an D leisten und B und C jeweils 2.500 Euro. Zu beachten ist allerdings, dass A, B und C als Gesamtschuldner haften und die Gesamtsumme aus dem Nachlass bezahlt werden muss, bevor dieser aufgeteilt wird. Der Erblasser hat zudem die Möglichkeit, nur einen Miterben mit dem Vermächtnis zu belasten, etwa nur seine Ehefrau Fällt der Beschwerte weg, z.B. durch Ausschlagung der Erbschaft, bleibt das Vermächtnis trotzdem bestehen. Derjenige, der an die Stelle des Beschwerten tritt, haftet weiterhin für das Vermächtnis.

b. <u>Bestimmungsrecht des Beschwerten oder eines Dritten</u>: Im Regelfall gilt der Grundsatz, dass die Person, die eine Zuwendung erhalten soll, vom Erblasser bestimmt werden muss. Durch die Regelung in § 2151 BGB genügt es für das Vermächtnis, dass der Erblasser nur den Personenkreis der Vermächtnisnehmer bestimmt (z.B. die Mitglieder eines bestimmten Vereins), die endgültige Auswahl aber einem anderen überlässt. Die Zahl der in Betracht kommenden Personen darf jedoch nicht zu weit ausgedehnt werden. Bestimmungsberechtigt ist der Beschwerte (also der Erbe) oder ein Dritter (etwa der Testamentsvollstrecker), je nach Willen des Erblassers. Die Bestimmung erfolgt formlos und kann nicht widerrufen werden. Unterbleibt die Bestimmung, sind alle Bedachten zusammen Vermächtnisnehmer.

Der Erblasser kann nach § 2152 BGB auch mehrere Personen mit einem Vermächtnis in der Weise bedenken, dass nur einer das Vermächtnis erhalten soll. Hat er nichts anderes angeordnet, bestimmt der Beschwerte, wer das Vermächtnis erhält. Beispiel: Erblasser E hinterlässt seinen Nachlass dem Alleinerben A. B oder C sollen aus dem Nachlass 10.000 Euro erhalten. A entscheidet dann, ob B oder C das Geld erhält.
Desweiteren hat der Erblasser die Möglichkeit nach § 2153 BGB, mehrere mit einem Vermächtnis in der Weise zu bedenken, dass der Beschwerte oder ein Dritter bestimmt, was jeder von dem vermachten Gegenstand erhalten soll. Ist der Nachlass nicht real teilbar, sind für die einzelnen Bedachten ideelle Bruchteile zu bestimmen.

c. Vermächtnis unter einer Bedingung oder Terminbestimmung: Der Erblasser kann ein Vermächtnis unter einer Bedingung oder unter Bestimmung eines Anfangstermins anordnen. Beispiel: der Erblasser setzt seine Tochter um ihrer Versorgung willen zur Alleinerbin ein und bestimmt, dass das zum Nachlass gehörige Haus im Falle ihres kinderlosen Versterbens an die Kinder seines Sohnes fallen soll.

   Hierzu zählt auch der Fall des noch nicht gezeugten Bedachten. Hier ist der Anfall des Vermächtnisses hinausgeschoben. Allerdings darf die dreißigjährige Frist des § 2162 BGB nicht überschritten werden (vgl. dazu Kapitel 10.6). Bedenken Sie aber, dass ein Vermächtnis unwirksam ist, wenn der Bedachte zur Zeit des Erbfalls nicht mehr lebt! Für diesen Fall kann der Erblasser einen Ersatzvermächtnisnehmer bestimmen, § 2190 BGB (vergleichbar einem Ersatzerben, vgl. dazu Kapitel 10.3 a).

d. Folgen des Vermächtnisses: Durch das Vermächtnis wird für den Bedachten das Recht begründet, von dem Beschwerten die Leistung des vermachten Gegenstandes zu fordern. Dies ist in § 2174 BGB geregelt. Eventuell dadurch entstehende Kosten (z.B. Lieferkosten) muss der Beschwerte tragen. Hat der Erblasser nichts anderes bestimmt, kann der Vermächtnisnehmer sofort nach Eintritt des Erbfalls sein Vermächtnis einfordern. Wurde hingegen das Vermächtnis unter einer Bedingung oder unter Bestimmung eines Zeitpunktes angeordnet, fällt das Vermächtnis an, wenn entweder die Bedingung erfüllt oder der Zeitpunkt erreicht ist. Auch hierzu ein Beispiel: das Vermächtnis soll erst anfallen, wenn der Bedachte heiratet; wenn er sein erstes Staatsexamen bestanden hat; zwei Jahre nach dem Erbfall etc. Ist der Bedachte zum Zeitpunkt des Erbfalls noch nicht gezeugt, so fällt das Vermächtnis mit der Geburt an.

Die Zeit zwischen Erbfall und Anfall des Vermächtnisses nennt man Schwebezeit. Während dieser Zeit hat der Bedachte bereits eine rechtlich geschützte Anwartschaft. Darunter versteht man die gesetzlich gesicherte Aussicht auf einen künftigen Rechtserwerb. Dieses Recht kann übertragen und verpfändet werden und unterliegt auch gegebenenfalls der Zwangsvollstreckung.

10.3 Arten des Vermächtnisses

Im Gesetz sind verschiedene Arten des Vermächtnisses vorgesehen. Dazu zählen folgende:

a. <u>Vorausvermächtnis (§ 2150 BGB):</u> In § 2150 BGB heißt es: „Das einem Erben zugewendete Vermächtnis gilt als Vermächtnis auch insoweit, als der Erbe selbst beschwert ist." Was ist darunter zu verstehen? Ein solches Vorausvermächtnis liegt vor, wenn dem Erben zusätzlich zu seinem Erbteil ein Vermögensvorteil zugewendet wird, den er sich nicht auf seinen Erbteil anrechnen lassen muss. Dies setzt voraus, dass dem Allein- oder Miterben neben seiner Erbeinsetzung noch ein oder mehrere bestimmte Nachlassgegenstände gesondert zugewendet werden. Das Vorausvermächtnis belastet den gesamten Nachlass und kann gegen die Erbengemeinschaft durchgesetzt werden. Das Problem der Konstellation liegt darin, dass dem Erben eine Doppelstellung zukommt. Er ist Beschwerter (Erbe) und Bedachter (Vermächtnisnehmer) zugleich. Als Vermächtnisnehmer ist ihm das Zugewendete ungekürzt und ohne Anrechnung auf seinen Erbteil zu gewähren. Als Erbe ist er selbst entsprechend seiner Erbquote beschwert. Das Vorausvermächtnis muss zunächst von dem Nachlass abgezogen werden. Dadurch vermindert sich allerdings der zu verteilende Nachlass. Da er zugleich mitbeschwert ist, trifft ihn dies in gleicher Weise wie die übrigen Miterben. Alle Miterben haben zur vollen Vermächtniserfüllung verhältnismäßig beizutragen, also nicht bloß zu dem ihrem Erbteil entsprechenden Anteil, sondern auch zu dem auf den Erbteil des Vorausbedachten entfallenden Anteil. Dazu ein Beispiel: A, B und C sind Miterben zu je einem Drittel. A wurde ein Vorausvermächtnis von 6.000 Euro zugewendet und der Nachlass hat einen Wert von 30.000 Euro. A erhält vorab das Vermächtnis in Höhe von 6.000 Euro. Die verbleibenden 24.000 Euro werden anschließend durch drei geteilt, so dass A insgesamt 14.000 Euro und B und C je 8.000 Euro erhalten.

b. <u>Wahlvermächtnis (§ 2154 BGB):</u> Der Erblasser kann das Vermächtnis so anordnen, dass der Bedachte von mehreren Gegenständen nur den einen oder den anderen erhalten soll. Die Wahl kann auch einem Dritten übertragen werden, im Zweifel ist aber der Bedachte wahlberechtigt. Beispiel. : „Meiner Tochter T vermache ich eines meiner Bilder. Dieses kann sie selbst ausgewählt.“ Oder: „Meiner Tochter T vermache ich eines meiner Bilder. Meine Ehefrau E soll bestimmen, welches sie erhalten soll.“

c. <u>Gattungsvermächtnis (§ 2155 BGB):</u> Dieses Vermächtnis bezieht sich auf einen relativ unbestimmten Vermächtnisgegenstand, der erst durch die Leistung konkretisiert wird. Der Erblasser bestimmt nur die Merkmale der Gattung (d. h. nur nach bestimmten Sachmerkmalen wie „100 Flaschen Rotwein“ oder „zwei Bilder vom Künstler X“) Der Bedachte kann dann eine seinem persönlichen Verhältnis entsprechende Sache dieser Gattung fordern. Deren konkrete

Bestimmung (z. B. welche Flaschen Rotwein oder welche Bilder genau) kann entweder der Beschwerte, der Bedachte oder ein Dritter vornehmen.

d. Zweckvermächtnis (§ 2156 BGB): Der Erblasser kann bei der Anordnung eines Vermächtnisses dessen Zweck bestimmen. Diese Zweckbestimmung erfordert, dass der Erblasser den Zweck in seinem Testament so genau bezeichnet, dass sich aus dem dadurch bestimmten Grund der Zuwendung hinreichende Anhaltspunkte ergeben. Beispiel: „Meinem Sohn S vermache ich 10.000 Euro zur Finanzierung seines Studiums." „Meiner Kusine K vermache ich 1.000 Euro, damit sie einen langersehnten Urlaub machen kann." Eine allgemeine Floskel „um ihr eine Freude zu machen" ist nicht ausreichend.

e. Gemeinschaftliches Vermächtnis (§ 2157 BGB): Hat der Erblasser denselben Gegenstand mehreren Bedachten vermacht, ohne selbst dessen Aufteilung anzuordnen oder dafür einen Bestimmungsberechtigten einzusetzen, erfolgt die Aufteilung nach den §§ 2089 bis 2093 BGB. Die Bedachten sind danach zu gleichen Teilen eingesetzt. Entscheidend ist, ob es dem Erblasser darauf ankam, den Gegenstand insgesamt zu vermachen.

f. Verschaffungsvermächtnis (§ 2170 BGB): Diese Art von Vermächtnis ist auf einen Gegenstand gerichtet, der nicht zum Nachlass gehört. Die Anordnung setzt aber nicht voraus, dass der Erblasser sich darüber bewusst ist. Der Beschwerte (Erbe) hat dann den Gegenstand anzuschaffen und dem Bedachten zu übereignen. Ist die Beschaffung von Anfang an unmöglich gewesen, ist das Vermächtnis unwirksam. Ist die Beschaffung erst im Laufe der Zeit unmöglich geworden, wird der Beschwerte befreit.

g. Forderungsvermächtnis (§ 2173 BGB): Hierbei erlangt der Bedachte den Anspruch auf Übertragung einer Forderung nebst inklusive der Zinsen, die für die Forderung angefallen sind. Beispiel: X schuldete dem Erblasser E aus einem Kaufvertrag 10.000 Euro.

E verstirbt und hinterlässt Y seine Forderung gegen X auf Zahlung von 10.000 Euro zuzüglich Zinsen.

h. Schuldvermächtnis: Vermacht der Erblasser etwas, was er dem Bedachten ohnehin schuldete, kann dieses Vermächtnis als Schuldanerkenntnis aufgefasst werden. Dem Bedachten wird dadurch der Beweis des Schuldverhältnisses erspart und er kann seinen Anspruch gegenüber den Erben erheblich leichter durchsetzen.

10.4 Inhalt des Vermächtnisses

Was kann man vermachen? Gegenstand eines Vermächtnisses kann all das sein, was auch Gegenstand einer Leistung aus einem Schuldverhältnis sein kann. Hierzu einige Beispiele: die Aufnahme des Bedachten in eine Gesellschaft, der Hausrat, Einräumung eines Ankaufsrechts oder eines Übernahmerechts an Nachlassgegenständen, die Einräumung eines Nießbrauchs als lebenslanges Nutzungsrecht/ an Aktien/ an Grundstücken oder als lebenslängliches Wohnrecht, die Zahlung einer Geldsumme, der Erlass oder die Abtretung einer Forderung, ein Anteil an einer GmbH oder ein Urheberrecht.

Stellen Sie sich vor, Ihnen wurde ein Grundstück vermacht. Dann müssen Sie sich die Frage stellen, ob Ihnen auch das „Drumherum" gehört. In § 2164 BGB ist gesetzlich geregelt, dass sich das Vermächtnis einer Sache im Zweifel auch auf das zur Zeit des Erbfalls vorhandene Zubehör erstreckt. Aber was ist darunter genau zu verstehen? Als Zubehör werden bewegliche Sachen bezeichnet, die der Hauptsache dienen. Beispiele: Alarmanlage einer Wohnung; Baumaterial auf einem Grundstück; eine vorhandene Einbauküche; Vorräte an Kohle oder Öl zum Heizen; landwirtschaftliches Inventar wie Pflug, Trecker, Dreschmaschine.

Natürlich kann es auch sein, dass das Ihnen vermachte Grundstück z. B. mit einer Hypothek oder einem Nießbrauch belastet ist. Dann können Sie nach § 2165 BGB nicht die Beseitigung der Belastung verlangen. Denn der Vermächtnisnehmer soll grundsätzlich nur das erhalten, was auch dem Erblasser zustand, und nicht mehr. Sind neben dem vermachten Grundstück noch andere zur Erbschaft gehörende Grundstücke mit der Hypothek belastet, so beschränkt sich die Verpflichtung des Bedachten nur auf den Teil der Schuld, der dem Verhältnis des Wertes des vermachten Grundstücks entspricht.

Können auch fremde Gegenstände vermacht werden? Gesetzliche Regelungen darüber befinden sich in § 2169 BGB. Ein Stückvermächtnis (z. B. eines ganz bestimmten Einrichtungsgegenstandes) ist grundsätzlich nur wirksam, wenn der vermachte Gegenstand dem Erblasser tatsächlich zur Zeit des Erbfalls (nicht der Anordnung!) gehört (vgl. dazu Kapitel 10.6).

Ist ein bestimmter, zur Erbschaft gehörender Gegenstand vermacht worden, dann hat der Beschwerte dem Bedachten auch die seit dem Anfall des Vermächtnisses (also seit Eintritt des Erbfalls) gezogenen Früchte herauszugeben. Früchte sind z. B. die beim Vermächtnis einer Geldzahlung fällig gewordenen Zinsen.

Der Beschwerte kann vom Bedachten jedoch Verwendungsersatz verlangen, wenn er nach dem Erbfall Aufwendungen zur Bestreitung von Lasten der Sache hatte. Dies können z. B. Stellplatzkosten für einen vermachten PKW oder Lagerkosten sein.

Der Vermächtnisnehmer kann seinerseits ebenfalls mit einem Vermächtnis (oder einer Auflage, vgl. dazu Kapitel 10.10) beschwert werden. Diesen Fall nennt man nach § 2186 BGB Untervermächtnis. Der Hauptvermächtnisnehmer kann die Erfüllung aber auch noch nach der Annahme noch verweigern, wenn er bemerkt, dass sein Vermächtnis zur Erfüllung nicht ausreicht. Ebenso wie der Erbe soll der Vermächtnisnehmer nicht für eine Summe haften, die über die der Zuwendung hinausgeht.

10.5 Unwirksamkeit eines Vermächtnisses

Ein Vermächtnis kann unter Umständen unwirksam werden bzw. von vornherein unwirksam sein. Im Gesetz sind folgende Fälle vorgesehen:

- Vermächtnis fremder Gegenstände: Natürlich darf der Erblasser nicht einfach Gegenstände vermachen, die ihm nicht gehören. Es ist ihm jedoch nach § 2169 Absatz 2 BGB gestattet, den Besitz an einer Sache zu vermachen, es sei denn, dass der Bedachte dadurch keinen rechtlichen Vorteil erlangt.

- Des weiteren darf ein Vermächtnis nicht auf eine Leistung gerichtet sein, deren Erbringung auf Dauer unmöglich wurde. Beispiel: Das Vermächtnis richtet sich auf eine bestimmte Sache, die zerstört ist. Die Leistung einer Sache gilt auch dann als unmöglich, wenn sie mit einer anderen Sache derart verbunden ist, dass sich das Eigentum an der anderen Sache auf sie erstreckt. Beispiel: A vermacht dem X ein Haus, welches aber auf dem Grundstück des B steht. Gemäß § 946 BGB wird das Haus wesentlicher Bestandteil des Grundstückes; das Eigentum des B erstreckt sich nun auch auf das Haus. Natürlich gibt es für diesen Fall Entschädigungsregeln.

- Weiterhin darf das Vermächtnis nicht gegen ein gesetzliches Verbot im Sinne des § 134 BGB verstoßen. Entscheidender Zeitpunkt ist nicht die Errichtung der Verfügung, sondern der Erbfall. Beispiel: Verstoß gegen ein Einfuhrverbot oder gegen Devisenbestimmungen.

- Das Vermächtnis darf nicht gegen die guten Sitten verstoßen. Der Verstoß beurteilt sich nach den Verhältnissen zum Zeitpunkt der Testamentserrichtung. Als „gute Sitten" bezeichnet man die allgemein annerkannten moralischen Anschauungen der Gesellschaft.

- Wurde ein Vermächtnis unter einer Bedingung oder unter der Bestimmung eines Anfangstermins angeordnet und tritt der Termin oder die Bedingung nicht ein, so wird das Vermächtnis 30 Jahre nach dem Erbfall unwirksam. Wenn der Bedachte zum Zeitpunkt des Erbfalls noch nicht gezeugt war, wird das Vermächtnis ebenfalls nach 30 Jahren unwirksam, wenn er bis dahin immer noch nicht gezeugt wurde. Gesetzlich geregelt ist dies in § 2162 BGB. Von diesem Grundsatz gibt es zwei Ausnahmen, die in § 2163 BGB aufgezählt sind: ein Erbe oder ein Vermächtnisnehmer wurde mit einem Vermächtnis zugunsten einer (noch ungeborenen) Schwester oder eines Bruders beschwert. Beispiel: Großvater E vermacht seiner Enkelin A 10.000 EUR. Desweiteren belastet er A ihrerseits mit einem Vermächtnis von 5.000 EUR zugunsten eines noch ungeborenen Geschwisterkindes. Ist nach 30 Jahren noch keine Schwester bzw. kein Bruder gezeugt worden, bleibt das Vermächtnis dennoch wirksam. Die zweite Ausnahme von der dreißigjährigen Frist liegt in folgender Konstellation: das Vermächtnis ist für den Fall angeordnet, dass ein bestimmtes Ereignis eintritt, das die Person des Beschwerten oder des Bedachten betrifft. Das Ereignis kann der Erblasser frei wählen, (z. B. Erwerbsunfähigkeit, Tod, Wiederverheiratung).

10.6 Haftung für Mangel am Vermächtnis

Stellen Sie sich vor, Ihnen wurden 50 Flaschen französischen Rotweins aus dem Keller des Erblassers vermacht. Die Auswahl der Flaschen wurde ihm überlassen. Der Inhalt einer Flasche ist ungenießbar, d.h. die Sache ist mangelhaft. Nach § 2183 BGB können Sie nun vom Beschwerten Ersatz verlangen („eine andere Flasche französischen Rotweins") bzw. wenn der Beschwerte wusste, dass die Flasche Wein ungenießbar ist, Schadensersatz. Zu beachten ist aber, dass diese Haftung nur beim Gattungsvermächtnis gilt. Hat Ihnen der Erblasser 50 ganz bestimmte Flaschen französischen Rotweins hinterlassen („alle 50 Flaschen, die im ersten Regal auf der linken Seite stehen"), muss der Erbe nicht haften, da der Erblasser eine genau definierte Auswahl getroffen hat.

Das Gleiche gilt nach § 2182 BGB auch für Rechtsmängel, die der Sache anhaften. Es handelt sich hierbei um Rechte, die der Benutzung der Sache entgegenstehen, insbesondere dem Gebrauch und der Weiterveräußerung.

10.7 Vermächtnisverzicht und –unwürdigkeit / Ausschlagung

Der Erbe kann die Erbschaft ausschlagen oder auf sie verzichten. Das Gleiche gilt auch für denjenigen, der mit einem Vermächtnis bedacht wurde.

a. Der Vermächtnisverzicht ist in § 2352 BGB gesetzlich geregelt: Verzichtet der Bedachte auf das Vermächtnis (z. B. zugunsten des Erben), unterbleibt der Anfall der Zuwendung und der Bedachte wird so gestellt, als ob er den Erbfall nicht überlebt hätte. Zu beachten ist hier aber, dass ein notariell beurkundeter Verzichtsvertrag zwischen dem Erblasser und dem Bedachten geschlossen werden muss.

b. Ausschlagung eines Vermächtnisses: Der Bedachte ist nicht gezwungen, das Vermächtnis anzunehmen. Er kann es auch ausschlagen. Gesetzliche Regeln über die Annahme und die Ausschlagung befinden sich in § 2180 BGB. Sowohl Annahme als auch Ausschlagung erfolgen gegenüber dem Beschwerten, bei mehreren Beschwerten genügt die Erklärung gegenüber einem. Die Ausschlagung ist nicht an eine bestimmte Frist gebunden. Wenn sie jedoch einmal abgegeben wurde, ist sie unwiderruflich. Die Annahme schließt die Ausschlagung aus.

c. Zu berücksichtigen ist auch der Fall, in dem sich der Vermächtnisnehmer als „unwürdig“ erweist. Geregelt ist dieser in § 2345 BGB mit Verweis auf die Regelungen zur Erbunwürdigkeit. Vermächtnisunwürdig ist derjenige, der einen der in § 2339 BGB aufgelisteten Gründe erfüllt:

- „Wer den Erblasser vorsätzlich und widerrechtlich (z. B. nicht aus Notwehr) getötet oder zu töten versucht oder in einen Zustand versetzt hat, infolge dessen der Erblasser bis zu seinem Tode unfähig war, eine Verfügung von Todes wegen zu errichten oder aufzuheben; Darunter fällt allerdings nicht die Tötung auf Verlangen! Die Testierunfähigkeit ist verwirklicht, wenn der Erblasser aus rechtlichen oder tatsächlichen Gründen kein Testament mehr aufsetzen oder ändern kann.”

- „Wer den Erblasser vorsätzlich und widerrechtlich daran gehindert hat, eine Verfügung von Todes wegen zu errichten oder aufzuheben. Dies kann sowohl durch physische Gewalt wie durch Drohung oder Täuschung geschehen.”

- „Wer den Erblasser durch arglistige Täuschung oder widerrechtlich durch Drohung bestimmt hat, eine Verfügung von Todes wegen zu errichten oder aufzuheben.”

- „Wer sich in Ansehung einer Verfügung des Erblassers von Todes wegen einer Straftat nach den §§ 267, 271 bis 274 des Strafgesetzbuches (StGB) schuldig gemacht hat. Darunter fällt z. B. die Urkundenfälschung bzw. die Urkundenunterdrückung.“

Die Person (z. B. der Erbe), der der Wegfall des Vermächtnisunwürdigen zugute kommt, muss gegenüber dem “Unwürdigen” innerhalb eines Jahres eine formlose Erklärung abgeben. Dazu berechtigt ist jeder, dem die Anfechtungswirkung auch nur mittelbar zugute kommt. Zu beachten ist allerdings, dass die Anfechtung ausgeschlossen ist, wenn der Erblasser dem Unwürdigen verziehen hatte.

10.8 Formulierungsvorschläge

Bis hierhin die Theorie. Nun möchten Sie als Erblasser natürlich wissen, wie man seinen Wunsch genau formuliert. Dazu folgendes Beispiel: Sie möchten Ihren Sohn als Alleinerben einsetzen. Ihre Ehefrau soll aber zeitlebens finanziell versorgt werden. Auch ihre Tochter soll einen bestimmten Geldbetrag erhalten. Ihr Testament müssten Sie dann folgendermaßen formulieren: „Alleinerbe ist mein Sohn S. Meine Ehefrau E erhält lebenslängliches, unentgeltliches Wohnrecht in unserer jetzigen Wohnung auf meinem Hausgrundstück X. Sie ist von S standesgemäß bis zu ihrem Tode zu unterhalten. Meiner Tochter T vermache ich einen Geldbetrag in Höhe von .... Euro“.
In diesem Beispiel muss S dann E aus dem Erbe unterhalten sowie T den genannten Geldbetrag zukommen lassen.

Weitere Formulierungsbeispiele:

- „X soll eine Zuwendung in Höhe von................Euro erhalten.“
- „Ich vermache meine goldene Uhr..................................“
- „Ich vermache X den gesamten Hausrat, mit Ausnahme von.....................“
- „Ich räume meiner Tochter T den Nießbrauch an all meinen Aktien der Gesellschaft XY ein.“
- Ich vermache meinem Patenkind P die Forderung gegen F aus .... (genaue Bezeichnung der Forderung, z. B. aus einem Darlehen) nebst Zinsen.“

10.9 Exkurs: Auflage

Der Vollständigkeit halber wird an dieser Stelle noch die Auflage erläutert werden:

Besitzen Sie wertvollen Schmuck, den Sie im Familienbesitz belassen möchten? Oder möchten Sie Ihre Haustiere nach Ihrem Tod versorgt wissen? Dann ist es sinnvoll, in das Testament besondere Auflagen mit einzubeziehen. Die Auflage ist in den §§2192 bis 2196 gesetzlich geregelt und darunter versteht man die Auferlegung einer Verpflichtung ohne Zuwendung. Ein durch sie Begünstigter hat keinen Anspruch auf Leistung. Gegenstand der Auflage kann ein Tun oder Unterlassen sein, d.h. alles, wozu man sich verpflichten kann. Die Auflage muss nicht vermögensrechtlichen Inhalts sein. Folgende Beispiele für Auflagen sind denkbar:

- Die Bestattung soll in bestimmter Weise ausgerichtet werden.
- Aufstellen einer Büste.
- Verpflichtung des Erben, den Leichnam verbrennen zu lassen.
- Das Unternehmen des Erblasser weiterzuführen.
- Hinterlassenes Geld für eine bestimmte Zeit anzulegen.
- Grundbesitz nicht zu veräußern.
- Einer bestimmten Person die Schulden erlassen.
- Gegenstand einer Auflage kann auch die Verpflichtung sein, wieder zu heiraten oder nicht mehr zu heiraten, Wohnsitz, Beruf oder Konfession zu wechseln bzw. beizubehalten, einer Vereinigung beizutreten oder dies zu unterlassen. Hier ist aber zu beachten, dass derartige Auflagen sittenwidrig sein können!

Bitte beachten Sie, dass die zuvor genannten Auflagen nur Beispielformulierungen sind!

Desweiteren sind folgende Möglichkeiten denkbar:

- „Die Schulden von...........EUR sind..................................(Name) zu erlassen."
- „Meine Erben sollen dafür sorgen, dass sich meine Grabstätte (und die meines Ehegatten etc.) über einen Zeitraum von ....Jahren in gepflegtem Zustand befindet."
- „Der Familienschmuck darf nicht verkauft werden."

- „Mein Hund...................(Name des Tieres) soll nicht ins Tierheim kommen, sondern soll von................................. (Name) bis zu seinem Lebensende versorgt werden.“

Gegenstand einer Auflage kann jedoch nicht sein, ein bestimmtes Testament zu errichten, aufzuheben oder dies nicht zu tun (Verstoß gegen die Testierfreiheit).

Die Vollziehung der Auflage können der Erbe, der Miterbe und derjenige verlangen, welchen der Wegfall des mit der Auflage zunächst Beschwerten unmittelbar betreffen würde. Liegt die Vollziehung im öffentlichen Interesse, kann auch die zuständige Behörde diese verlangen.

Das Klagerecht auf Vollziehung der Auflage dient dazu, dass diese nicht unerfüllt bleibt.

Dazu folgendes Muster:

Hier wird ein Testament eines Ehemannes mit Vermächtnis an seine Ehefrau sowie an seine Kinder dargestellt.

EINZELTESTAMENT

Ich, ...,
geborene/r..,
geboren am ....in...
setze hiermit..,
geboren am .... in ....
zu meinem alleinigen Erben ein.

Selbstverständlich können auch mehrere Personen als Erben eingesetzt werden. Dann könnte der Absatz wie folgt lauten: „...setze hiermit (Name), geboren am (Datum), in (Ort) sowie (Name), geboren am (Datum) in (Ort) zu meinen Erben ein. Beide sollen zu gleichen Teilen erben."

Sie/ Er wird mit folgenden Vermächtnissen belastet:

1. Meine Ehefrau ....,
   geborene........................., geboren am ....
   in.., erhält ein lebenslänglich unentgeltliches Wohnrecht in unserer jetzigen Wohnung auf meinem Hausgrundstück ....

   An dieser Stelle muss die Adresse sowie die Lage der Wohnung („1. Stock Mitte") genau eingetragen werden.

   Sie ist von ....(dem oder den Erben) bis zu ihrem Tode standesgemäß zu unterhalten. Bei einer Wiederverheiratung soll diese Unterhaltsverpflichtung erlöschen.

   Das Erbe soll normalerweise der Familie erhalten bleiben. Heiratet die Ehefrau erneut, kann der Erblasser davon ausgehen, dass der neue Ehegatte die Unterhaltsversorgung übernimmt.

2. An meine Kinder ...., ...ist je ein Betrag in Höhe von ....Euro zu zahlen. Dieses Vermächtnis ist ein Jahr nach meinem Tod zu erfüllen.

3. Für den Fall, dass meine Tochter.................... berufsunfähig wird, vermache ich ihr einen weiteren Betrag in Höhe von ....Euro.

4. Meinem noch ungeborenen ersten Enkel vermache ich ....Euro.

Ortsangabe und Datum sind entbehrlich, sollten jedoch angegeben werden. Ihre eigenhändige, nicht notwendigerweise lesbare Unterschrift ist jedoch zwingend notwendig. Zudem muss das gesamte Testament handschriftlich geschrieben sein, um an dessen Echtheit keine Zweifel aufkommen zu lassen. →

....

Ort, Datum

....

Unterschrift (Vor- und Zuname)

11. Wie Sie ein Unternehmertestament aufsetzen

Sie sind Eigentümer einer Firma oder halten Gesellschaftsanteile an einem Unternehmen? Und Sie möchten sicherstellen, dass auch nach Ihrem Tod alles nach Ihren Wünschen weiterläuft? Dann sollten Sie sich frühzeitig um Ihr Testament kümmern. Ein Unternehmertestament ist nicht nur aus erbrechtlichen, sondern auch aus steuerrechtlichen Gesichtspunkten äußerst anspruchsvoll. Aus erbrechtlicher Sicht besteht die Aufgabe eines Testaments vor allem darin, Ihre Nachfolge im Unternehmen sicherzustellen. Sie können eine bestimmte Person zu Ihrem Nachfolger bestimmen, aber auch mehrere Personen als Erben einsetzen. Diese Personen bilden dann eine Erbengemeinschaft, die nur gemeinsam handeln kann. Der Nachlass muss unter diesen Personen aufgeteilt werden. Die Nachteile einer Erbengemeinschaft liegen auf der Hand: Je mehr Personen bei der Führung eines Unternehmens mitreden, desto schwieriger wird es, eine einheitliche Entscheidung zu treffen. Die Aufteilung des Betriebs führt unter Umständen zu finanziellen Einbußen mit der Folge, dass das Unternehmen „notverkauft“ werden muss.

Haben Sie kein Testament gemacht, tritt die gesetzliche Erbfolge ein. Danach werden der überlebende Ehepartner sowie die Abkömmlinge des Erblassers zu Erben. Diese bilden dann eine Erbengemeinschaft.

Natürlich haben Sie die Möglichkeit, eine Person, die Sie für geeignet halten, Ihre Nachfolge anzutreten, als Alleinerben einzusetzen. Sie möchten aber mit Sicherheit die anderen Personen nicht benachteiligen, geschweige denn deren Versorgung gefährden. Sie haben deshalb die Möglichkeit, diejenigen, die nicht zu Alleinerben benannt werden, mit einem Vermächtnis zu bedenken. Aber was ist überhaupt eine Vermächtnis? Wie erbt man? Wo befinden sich gesetzliche Regelungen zum Erbrecht? Und dann gibt es ja noch die Erbschaftsteuer... Gibt es diesbezüglich Sonderregeln für Unternehmen? Die Antwort auf diese und viele weitere Fragen finden Sie in den folgenden Kapiteln. Aber auch die praktische Seite kommt nicht zu kurz: Sie erfahren z. B., wie ein Testament aufgesetzt wird und ob dazu ein Notar benötigt wird. Weiterhin befinden sich in Kapitel 11.10 zwei Mustertestamente, die Sie nur noch abschreiben und mit Ihren Angaben versehen müssen.

11.1 Erbrechtliche Grundregeln

Mit dem Tod einer Person, dem Erbfall, geht deren Vermögen (die Erbschaft) als Ganzes auf eine oder mehrere Personen – die Erben – über. Gesetzlich geregelt ist das in § 1922 Absatz 1 des Bürgerlichen Gesetzbuchs (BGB). Aber wie genau funktioniert das? An dieser Stelle werden kurz die erbrechtlichen Grundregeln erläutert, ohne die ein umfassendes Verständnis der folgenden Kapitel nur schwer möglich ist.

Mit dem Tod des Erblassers geht die Erbschaft unmittelbar und von selbst auf den oder die Erben kraft Gesetz über. Man spricht von einem Vonselbsterwerb. Das bedeutet, dass die Erben nicht erst die Erbschaft beantragen müssen. Da das Erbe aber auch aus Schulden des Erblasser bestehen kann, haben die Erben die Möglichkeit, die Erbschaft auszuschlagen. „Mit dem Tod“ bedeutet den unmittelbaren Erbschaftserwerb, es gibt also keine Zeitspanne, in der der Nachlass ohne Eigentümer ist. Endgültig erwirbt der Erbe die Erbschaft wegen seines Ausschlagungsrechts erst mit der Annahme. Die Annahme kann ausdrücklich durch die Erklärung „Ich nehme das Erbe an“, aber auch durch schlüssiges Handeln erfolgen. Weiterhin gilt die Erbschaft als angenommen, wenn die sechswöchige Ausschlagungsfrist (bzw. sechsmonatige Frist, wenn der Erblasser oder der Erbe im Ausland leben) abgelaufen ist. Diese beginnt, wenn der Erbe Kenntnis vom Todesfall sowie seiner Berufung zum Erben erlangt. Schlägt er innerhalb dieser Frist die Erbschaft nicht aus, ist er Erbe.

Da das Gesetz von der Gesamtrechtsnachfolge ausgeht, geht die Erbschaft als Ganzes auf den Erben über. Der Erbe kann also nicht sagen, dass er z. B. nur die Wertpapiere und das Grundstück des Erblassers erben möchte, nicht aber dessen Hausrat und die Schulden. Gibt es mehrere Erben, bilden diese immer eine Erbengemeinschaft, auch wenn der Erblasser durch Verfügung von Todes wegen einer Person das Privatvermögen und der anderen Person das Betriebsgrundstück zugewiesen hat. Die Erbschaft bleibt nach dem Erbfall deshalb zunächst zusammen; der Nachlass steht den Miterben nur gemeinschaftlich zu. Der durch den Erbfall begründete Anteil des einzelnen Miterben an der Erbengemeinschaft verschafft diesem einen Anspruch auf Auseinandersetzung (Teilung) des Nachlasses, aber keine unmittelbare gegenständliche Beziehung zum Nachlass oder Teilen davon. Verfügt der Erblasser nichts anderes, geht das Erbe per Gesetz auf seine Familie über, nämlich auf seinen Ehegatten bzw. seinen eingetragenen Lebenspartner und auf seine nächsten Verwandten (Eltern, Kinder, Geschwister etc.). Der Ehegatte/eingetragene Lebenspartner erbt neben den Verwandten nach dem Prinzip der ehelichen Gemeinschaft.

Dabei wird vom Teilungsprinzip ausgegangen. Zweck dieses Prinzips ist, dass weder den Abkömmlingen (zum Erhalt des Vermögens in der Familie) noch dem Ehegatten/eingetragenen Lebenspartner (zu dessen Versorgung) absoluter Vorrang eingeräumt wird.

11.2 Sondererbfolge

Es gibt aber auch (wenige) Ausnahmen vom Grundsatz der Gesamtrechtsnachfolge: In einigen Fällen findet eine Sondererbfolge unmittelbar in einzelne Vermögensteile oder Rechte des Erblassers gesondert vom übrigen Nachlass statt.

Die praktisch wichtigste Sondererbfolge ist die in den Geschäftsanteil des persönlich haftenden Gesellschafters einer Offenen Handelsgesellschaft (OHG), einer Kommanditgesellschaft (KG) oder, unter bestimmten Voraussetzungen, auch einer Gesellschaft bürgerlichen Rechts (GbR). Die Besonderheit bei diesen Rechtsformen besteht darin, dass die Gesellschafter mit ihrem eigenen Vermögen haften, nicht nur mit dem der Gesellschaft.

Um den haftungsrechtlichen Zwiespalt zulösen, der dadurch entsteht, dass ein Gesellschafter mit seinem eigenen Vermögen, ein Erbe aber nur mit dem Nachlass haftet, haben die Gericht vorgesehen, dass der Gesellschaftsanteil aus dem übrigen Nachlass ausgegliedert wird und getrennt von diesem an den gesetzlichen Erben bzw. die durch Testament bestimmte Person fällt. Es gibt in diesen Fällen folglich zwei Erbmassen: Eine besteht aus dem Gesellschaftsanteil, die andere aus dem restlichen Vermögen des Erblassers.

11.3 Vererblichkeit von Unternehmen

a) Personengesellschaften: Beim Tod eines persönlich haftenden Gesellschafters – bei einer OHG, GbR und einer Partnerschaftsgesellschaft (PartG) sind das alle Gesellschafter, bei einer KG alle außer dem Kommanditisten – ist die Vererblichkeit eines Anteils nicht bereits von Gesetz wegen vorgesehen. Es ist deshalb stets auf die Vereinbarungen im Gesellschaftsvertrag abzustellen: Befindet sich dort keine erbrechtliche Nachfolgeklausel (vgl.dazu Kapitel 11.6), treten die gesetzlichen Regelungen ein. Bei einer GbR ist im Gesetz die Auflösung der Gesellschaft vorgesehen, die dann abgewickelt wird. Der Erbe bzw. die Erbengemeinschaft erben dann die Güter, die nach der Abwicklung übrig bleiben.

Bei einer OHG, einer PartG und einer KG dagegen hat der Tod eines persönlich haftenden Gesellschafters die gleichen Folgen wie das Ausscheiden eines Gesellschafters. Die Gesellschaft wird unter den verbleibenden Gesellschaftern fortgeführt. Diesen wächst dann der Gesellschaftsanteil des Verstorbenen zu. Die Erben haben einen Anspruch auf Abfindung. Befindet sich aber im Gesellschaftsvertrag eine entsprechende Klausel (vgl. dazu Kapitel 11.6), nach der der Gesellschaftsanteil vererblich ist, tritt entweder die gesetzliche Erbfolge ein, oder es wird derjenige Gesellschafter, den der Erblasser durch Testament dazu bestimmt hat.

Bereits bei Verfassen des Gesellschaftsvertrags sollten Sie an Ihre Nachfolger denken. Durch eine so genannte qualifizierte Nachfolgeklausel können Sie bestimmen, dass nur einer von mehreren Erben nachfolgen soll. Dabei kann auch bestimmt werden, dass der Erbe über eine gewisse Eignung (z. B. ein abgeschlossenes betriebswissenschaftliches Studium) verfügen soll. Ist testamentarisch nichts anderes vorgesehen, erhalten eventuelle Miterben einen Ausgleichsanspruch gegen den Erben des Gesellschaftsanteils.

Wurde keine Nachfolgeklausel in den Gesellschaftsvertrag aufgenommen, erwerben mehrere Erben den Gesellschaftsanteil einer KG oder OHG nicht als Erbengemeinschaft, sondern nach Bruchteilen. Jeder Miterbe wird dann Gesellschafter. Nur das übrige Erbe fällt den Erben als Erbengemeinschaft zu.

b) Stille Gesellschaft: War der Erblasser ein stiller Gesellschafter, wird die Gesellschaft nicht aufgelöst. Ein stiller Gesellschafter beteiligt sich mit einer Einlage am Vermögen der Gesellschaft, er tritt aber nach außen hin nicht in Erscheinung. Er erhält einen Anteil am Gewinn (aber auch an einem eventuellen Verlust) und hat das Recht, die Bücher des Unternehmens einzusehen. Er wird allerdings nicht Mitunternehmer oder nimmt an der Geschäftsführung teil. Der Erbe tritt unmittelbar an die Stelle des Erblassers, mehrere Erben als Erbengemeinschaft. Hier sehen Sie den Unterschied zu einem persönlich haftenden Gesellschafter deutlich: Dort wird jeder Miterbe Gesellschafter nach Bruchteilen.

c) Auch ein Handelsgeschäft oder ein vom Erblasser betriebenes gewerbliches Unternehmen, z. B. ein Handwerksbetrieb, kann natürlich vererbt werden. Das Handelsgeschäft eines Einzelkaufmanns wird vererbt wie jeder andere Nachlassgegenstand auch: Der Alleinerbe bzw. die Erbengemeinschaft wird durch den Erbfall der neue Inhaber des Handelsgeschäfts. Als Besonderheit gilt, dass der Name der vererbten Firma weitergeführt werden darf, und zwar entweder so, wie er ist, oder mit dem Zusatz, der die Rechtsnachfolge deutlich macht (z. B. „...und Söhne“). Mehrere Erben in einer Erbengemeinschaft können das Geschäft ungeteilt fortführen!

Es stellt sich aber die Frage, ob das wirtschaftlich gesehen sinnvoll ist. Die Fortführung hat für den oder die Erben die Konsequenz einer unbeschränkten Haftung für alle Geschäftsverbindlichkeiten der Firma des Erblassers. Eine Beschränkung auf den Nachlass ist nicht möglich. Diese weitgehende Haftung kann der Erbe nur dadurch vermeiden, dass er die Fortführung des ererbten Handelsgeschäfts innerhalb von drei Monaten ab Kenntnis vom Erbfall einstellt. Der Erblasser sollte deshalb in seinem Testament eine Verfügung treffen, nach der das Handelsgeschäft nur auf einen einzelnen Erben übergeht und die anderen Erben z. B. ein Vermächtnis erhalten.

d) GmbH und AG: Hält der Erblasser Anteile an einer Gesellschaft mit beschränkter Haftung (GmbH) oder einer Aktiengesellschaft (AG), kann er diese nach Belieben vererben. Im Gesellschaftsvertrag darf keine Vereinbarung getroffen werden, nach der die Anteile an einer AG oder an einer GmbH nicht vererblich sind; auch eine Sondererbfolge (vgl. dazu Kapitel 11.2) kann nicht vereinbart werden. Es kann allerdings beschlossen werden, wie der oder die Erben mit dem Gesellschaftsanteil umgehen müssen. Mehrere Erben erwerben den Anteil als Erbengemeinschaft. Das hat zur Folge, dass die Gesellschafterrechte nur gemeinschaftlich ausgeübt werden können. Sie können sich vorstellen, dass es oft zu Problemen und Streit kommen kann, wenn mehrere Personen eine einheitliche Entscheidung treffen sollen! Insbesondere Entscheidungen, die das Unternehmen des Erblassers betreffen, leiden darunter. Ziel einer Erbengemeinschaft ist (fast) immer die Auseinandersetzung des Vermögens. Können sich die Miterben allerdings nicht einigen, wie die Verteilung aussehen soll, muss das Unternehmen oft verkauft werden. Wollen Sie verhindern, dass Ihr Unternehmen einem „Notverkauf" zum Opfer fällt, sollten Sie deshalb nichts dem Zufall überlassen, sondern frühzeitig Ihr Testament machen.

e) Ist der Erblasser Mitglied einer eingetragenen Genossenschaft (e. G.), geht die Mitgliedschaft auf den Erben über. Dieser scheidet allerdings mit dem Ende des Geschäftsjahres (in der Regel zum 31.12.)aus. Es kann aber in der Satzung bestimmt sein, dass im Falle des Todes eines Genossen dessen Mitgliedschaft durch einen Erben weitergeführt werden kann. Für den Fall der Beerbung durch mehrere Personen kann auch bestimmt werden, dass die Mitgliedschaft endet, wenn sie nicht innerhalb einer bestimmten Frist einem Miterben überlassen wurde. So wird vermieden, dass sich z. B. zwei Erben eine Mitgliedschaft teilen.

11.4 Vermächtnis

Sie haben nicht nur die Möglichkeit, etwas zu vererben, sie können auch jemandem etwas vermachen. Unter einem Vermächtnis, welches in den §§ 2147 bis 2191 BGB geregelt ist, versteht man eine Einzelzuwendung eines Vermögensvorteils durch Verfügung von Todes wegen und damit gerade keine Erbeinsetzung. Derjenige, der die Zuwendung erhält, wird Bedachter genannt.

Die Zuwendung eines Vermächtnisses begründet mit dem Erbfall eine Forderung des Bedachten gegen den Beschwerten, der Erbe oder selbst Vermächtnisnehmer sein muss. Dazu folgendes Beispiel: Sie möchten Ihren Sohn als Alleinerben einsetzen. Ihre Ehefrau soll aber zeitlebens finanziell versorgt sein. Auch ihre Tochter soll einen bestimmten Geldbetrag erhalten. Im Testament müssten Sie dann folgendermaßen formulieren: *„Alleinerbe ist mein Sohn S. Meine Ehefrau E erhält ein lebenslängliches unentgeltliches Wohnrecht in unserer jetzigen Wohnung in meinem Hausgrundstück X. Sie ist von S standesgemäß bis zu ihrem Tode zu unterhalten. Meiner Tochter T vermache ich einen Betrag in Höhe von ...Euro."*

In diesem Beispiel muss S dann E aus dem Erbe unterhalten sowie T den Geldbetrag zukommen lassen. Was kann man vermachen? Gegenstand eines Vermächtnisses kann all das sein, was auch Gegenstand einer Leistung aus einem Schuldverhältnis sein kann. Beispiele: Aufnehmen des Bedachten in eine Gesellschaft, der Hausrat, Einräumung eines Ankaufsrechts oder eines Übernahmerechts an Nachlassgegenständen, Einräumung eines Nießbrauchs als lebenslanges Nutzungsrecht / an Aktien / an Grundstücken oder als lebenslängliches Wohnrecht, Zahlung einer monatlichen/jährlichen/einmaligen Geldsumme, Erlass oder die Abtretung einer Forderung.

11.5 Verteilung des Vermögens

Wie bereits in der Einleitung erwähnt, ist es äußerst wichtig, dass Sie einen (oder mehrere) Nachfolger für Ihr Unternehmen finden. Dieser Schritt ist oft der schwerste. Man möchte gern alle Personen, die einem nahe stehen, gleich behandeln und keine benachteiligen. Diese Entscheidungen kann Ihnen leider keiner abnehmen.

Haben Sie sich für eine ganz bestimmte Person, sei es Ihr Ehegatte, Ihre Tochter, Ihr Sohn oder Ihr Patenkind, entschieden, können Sie diese zum Alleinerben bestimmen. Somit ersparen Sie dieser Person langwierige Auseinandersetzungen innerhalb der Erbengemeinschaft; sie kann das Unternehmen ohne zeitliche Verzögerung weiterführen.

Es stellt sich dann die Frage nach der Versorgung der Personen, die nicht das Unternehmen erben. Zunächst ist das in der Regel der Ehegatte. Ist genug Privatvermögen vorhanden, d. h., haben Sie noch Vermögen, das nicht in Ihrem Unternehmen steckt (Beispiele: Wertpapiere, Grundbesitz, Bargeld, Edelmetalle etc.) besteht die Möglichkeit, dass Sie dieses Ihrem Ehepartner vermachen (vgl. dazu Kapitel 11.4).

Nicht nur die Versorgung des Ehegatten, auch die der Kinder, die nicht die Unternehmensnachfolge antreten, sollte gesichert sein. Optimal ist es, wenn diese eine Beteiligung am Privatvermögen erhalten oder dieses unter ihnen aufgeteilt wird. Sind jedoch nicht genug Mittel vorhanden, um die Versorgung aller zu gewährleisten, sollten Sie die übrigen Erben am Firmenvermögen beteiligen. Der Vorteil liegt darin, dass der Betrieb als Einheit erhalten bleibt und als Ganzes auf den Nachfolger übergeht. Aber wie funktioniert das am besten?

Es bietet sich an, die übrigen Personen als stille Gesellschafter oder als Unterbeteiligte an einer Mitgliedschaft des Gesellschafters zu beteiligen, der zum Erben berufen worden ist. Der stille Gesellschafter partizipiert, wie bereits in Kapitel 11.3 erläutert, an Gewinn und Verlust der Gesellschaft. Am Wert des Unternehmens oder an stillen Reserven ist er jedoch nicht beteiligt. Der Erblasser hat allerdings die Möglichkeit, sein Testament in der Form zu gestalten, dass er die Beteiligung des stillen Gesellschafters über die Beteiligung am Gewinn ausdehnen kann. Diese Person nennt man einen atypischen stillen Gesellschafter.

In beiden Fällen muss der Erblasser darauf achten, den Anteil des stillen Gesellschafters an Gewinn und Verlust in seinem Testament genau festzulegen. Er kann durch Testament einen Anteil am Verlust auch gänzlich ausschließen.

11.6 Fortsetzungs- und Nachfolgeklauseln im Gesellschaftsvertrag

Wie bereits in den vorhergehenden Kapiteln angedeutet, ist es möglich, im Gesellschaftsvertrag eine Klausel aufzunehmen, die die Art und Weise des Fortbestands einer Gesellschaft regelt. Diese Klausel geht den gesetzlichen Vorschriften vor und kann nicht durch anders lautende Bestimmungen in einem Testament umgangen werden. Wenn Sie Ihr Testament aufsetzen, sollten Sie deshalb auch stets die Regelungen im Gesellschaftsvertrag im Auge behalten.

Eine Fortsetzungsklausel im Gesellschaftsvertrag einer GbR sieht vor, dass die Gesellschaft nach dem Tod eines Gesellschafters mit den übrigen Gesellschaftern fortgesetzt wird. Der Gesellschaftsanteil des Verstorbenen wächst dann den Anteilen der übrigen Gesellschafter zu. Die Erben werden selbst nicht Gesellschafter, sondern es steht ihnen ein Anspruch auf Abfindung zu. Ist im Gesellschaftsvertrag nichts anderes vereinbart, bestimmt sich die Höhe des Anspruchs nach dem Betrag, der dem Verstorbenen zugestanden hätte, wenn bei seinem Tod die Gesellschaft aufgelöst und das Gesellschaftsvermögen verteilt worden wäre. Besteht die Gesellschaft nur aus zwei Personen und verstirbt eine davon, wird die Gesellschaft immer aufgelöst. Eine Ein-Mann-GbR gibt es nicht!

Diese Klausel bietet sich dann an, wenn sich alle Gesellschafter einig sind, dass keiner ihrer Erben als Nachfolger in die Gesellschaft aufgenommen werden soll.

Davon zu unterscheiden ist die Eintrittsklausel. In dieser ist bestimmt, dass an die Stelle des Verstorbenen dessen Erbe treten kann. Dieses Recht des Erben (das so genannte Eintrittsrecht) ist nicht zwingend. Er wird nur dann Gesellschafter, wenn er sich damit einverstanden erklärt. Entscheidet sich der Erbe für seinen Eintritt, stellt sich aber die Frage, ob der Erblasser wollte, dass der von ihm benannte Nachfolger neben der Stellung als Gesellschafter auch seinen Anteil am Gesellschaftsvermögen erhalten soll. Hier ist das Testament des Erblassers heranzuziehen.Ergibt sich aus diesem, dass der Erblasser dem Erben nur die Nachfolge, nicht aber den Anteil am Vermögen zuwenden wollte, muss der Abfindungsbetrag – genau wie bei der Fortsetzungsklausel – an den oder die Erben ausbezahlt werden. Der Nachfolger muss dann, um in die Gesellschaft eintreten zu können, den Anteil des Verstorbenen ersetzen. Diese Klausel sichert ihm folglich nur die Position, nicht aber den Anteil am Vermögen der Gesellschaft.

Eine Nachfolgeklausel, die in einem Gesellschaftsvertrag einer GbR, einer PartG, einer KG oder einer OHG enthalten sein kann, führt dazu, dass der oder die Erben mit dem Tod des Gesellschafters direkt Nachfolger in der Gesellschaft werden und keine Erklärung mehr notwendig ist.

Bitte beachten Sie aber, dass Sie den Nachfolger zum Erben einsetzen müssen – es genügt nicht die Zuwendung eines Vermächtnisses!!

Zu differenzieren ist dabei zwischen der einfachen und der qualifizierten Nachfolgeklausel. In Ersterer wird vereinbart, dass der oder die gesetzlichen Erben bzw. die durch das Testament bestimmten Erben zu Nachfolgern werden. Bei der qualifizierten Klausel wird, um die Nachfolge durch Erbengemeinschaften zu vermeiden, festgelegt, dass jeder Gesellschafter einen (oder auch mehrere) bestimmten Nachfolger festlegen darf, der bei seinem Tod seine Stellung übernimmt. Je nach Art der Gesellschaft wird zusätzlich festgelegt, dass der Nachfolger eine bestimmte Qualifikation mitbringen muss, so z. B. ein abgeschlossenes Jura- oder BWL-Studium oder eine abgeschlossene kaufmännische Ausbildung. Bei dieser Klausel erwirbt der Nachfolger den Anteil direkt, ohne dass dieser in die Miterbengemeinschaft fällt.

11.7 Form des Testaments

Wie wird ein Testament überhaupt aufgesetzt? Muss man dafür immer zu einem Notar oder einem Rechtsanwalt gehen?

Die Errichtung von Testamenten ist nur in gesetzlich festgelegten Formen möglich. Zweck der strengen Formvorschriften ist es zunächst, den wirklichen Willen des Erblassers zur Geltung kommen zu lassen. Er soll durch die Einhaltung der Form angehalten werden, sich selbst darüber klar zu werden, welchen Inhalt seine Verfügung von Todes wegen haben soll. Diesen Willen soll er so deutlich wie möglich zum Ausdruck bringen. Außerdem dienen die Formvorschriften dazu, Entwürfe und bloße Überlegungen von der maßgebenden Verfügung abzugrenzen. Schließlich soll die Echtheit der Erklärung sichergestellt und nach Möglichkeit auch die Selbständigkeit des Willens des Erblassers verbürgt werden.

Das BGB stellt zwei Testamentsformen zur Verfügung, die erbrechtlich gleichwertig sind und zwischen denen der Erblasser frei wählen kann:

a) Eigenhändiges oder privatschriftliches Testament: Geregelt ist diese Form in § 2247 BGB. Dort heißt es in den Absätzen 1 bis 3: „Der Erblasser kann ein Testament durch eine eigenhändig geschriebene und unterschriebene Erklärung errichten. Der Erblasser soll in der Erklärung angeben, zu welcher Zeit (Tag, Monat, Jahr) und an welchem Ort er sie niedergeschrieben hat. Die Unterschrift soll den Vornamen und den Familiennamen des Erblassers enthalten. Unterschreibt der Erblasser in anderer Weise und reicht diese Unterzeichnung zur Feststellung der Urheberschaft des Erblassers und der Ernstlichkeit seiner Erklärung aus, so steht eine solche Unterzeichnung der Gültigkeit des Testaments nicht entgegen."

Das bedeutet, dass der Erblasser das Testament handschriftlich verfassen und unterschreiben muss. Die Unterschrift muss nicht lesbar, sondern lediglich eindeutig als die des Erblassers zu identifizieren sein. Sinn und Zweck dieser Formvorschriften ist es zu gewährleisten, dass das Testament dem frei verantwortlichen und eigenen Willen des Erblassers entspricht. Eine Beglaubigung durch Zeugen ist nicht vorgesehen, schadet aber auch nicht. Zeit- und Ortsangabe sind nicht zwingend erforderlich („soll"), werden aber angeraten, um Beweisschwierigkeiten und damit eine Ungültigkeit des Testaments zu vermeiden. Von der Errichtung eines eigenhändigen Testaments sind Minderjährige und Leseunfähige ausgeschlossen.

Der Vorteil des privatschriftlichen Testaments ist der, dass es einfacher, bequemer und ohne Kosten zu errichten ist. Nachteil der privaten Form ist, dass die Gefahr des Verlustes, der Unterdrückung (z. B. die Vernichtung durch einen Dritten) oder der Fälschung höher ist.

Wo wird das privatschriftliche Testament aufbewahrt? Für die Aufbewahrung und das Auffinden des Testaments ist der Erblasser selbst verantwortlich. Er kann es beispielsweise in seinen Tresor oder in die Schreibtischschublade legen. Auf sein Verlangen wird es von jedem Amtsgericht amtlich verwahrt (§ 2248 BGB). Von dort kann das Testament jederzeit zurückverlangt werden, ohne dass es seine Gültigkeit verliert.

Zentrales Testamentsregister (ZTR)

Seit dem 01. Januar 2012 werden alle Testamente, die notariell oder amtsgerichtlich hinterlegt sind in das Zentrale Testamentsregister aufgenommen. Es handelt sich hierbei um eine Datenbank der Bundesnotarkammer, die auch im Internet abrufbar ist. Diese finden Sie unter www.testamentsregister.de. Das Register erfasst alle erbfolgerechtlichen Unterlagen, die notariell errichtet oder in gerichtliche Verwahrung gegeben wurden. Anders als beim Zentralen Vorsorgeregister ist die Eintragung in das ZTR nicht freiwillig möglich, sondern gesetzlich verpflichtend, sobald ein Testament o. ä. beim Notar erstellt, bzw. in amtliche Verwahrung gegeben wird.

Das ZTR dient der schnellen, einfachen und sicheren Abwicklung eines Erbfalls, da viele (zeit-) aufwendige Nachforschungsschritte künftig wegfallen. So wird die Bundesnotarkammer direkt von den Standesämtern über Sterbefälle informiert und überprüft die Datenbanken auf entsprechende Einträge.

Für die Registrierung werden folgende Daten unbedingt und vollständig benötigt:

- Der präzise Name des Erblassers, d. h. es müssen alle Vornamen genauso auftauchen, wie sie auf der Geburtsurkunde vermerkt sind. Künstlernamen und Pseudonyme werden nicht registriert, ebenso wenig wie akademische Titel.
- Das Geburtsdatum im Format Tag.Monat.Jahr (TT.MM.JJJJ), bei fehlendem Geburtsdatum soll sich mit der Bundesnotarkammer in Verbindung gesetzt werden.
- Geburtsort und -land in der amtlichen Schreibweise zum Zeitpunkt der Geburt. Bei Orten im Ausland gilt die im betreffenden Staat übliche Bezeichnung, es sei denn, es ist eine deutsche Bezeichnung üblich. In diesem Fall kann die fremde Bezeichnung in Klammern zugefügt werden.
- Geburtsstandesamt und Geburtenbuchnummer sind eine Pflichtangabe, d. h. sie müssen in jedem Fall (nachträglich) zugefügt werden, da sie für die eindeutige Identifizierung unerlässlich sind.
- Nicht registriert wird der Inhalt der erbfolgerelevanten Urkunde, auch nicht in Form einer kurzen Zusammenfassung.

Für die Registrierung im ZTR berechnet die Bundesnotarkammer einmalig aufwandsbezogene Gebühren in Höhe von 15,00 Euro, die direkt durch den Notar/das Amtsgericht vom Erblasser erhoben werden.

Berichtigungen, Ergänzungen und Rücknahmen können jederzeit kostenfrei durch den zuständigen Notar vorgenommen werden. Dieser hat außerdem unter Angabe seines Geschäftszeichens und mit Ihrer Einverständniserklärung die Möglichkeit, eine Registerabfrage durchzuführen und Ihnen einen Auszug auszuhändigen. Ausschließlich Notare, Nachlassgerichte und die Bundesnotarkammer haben Zugriff auf die Datenbanken des ZTR und können diese nach bestimmten Einträgen befragen, was einen zuverlässigen Schutz Ihrer Daten ermöglicht. Hierzu trägt auch das Prinzip der sogenannten Datensparsamkeit bei, was bedeutet, dass die Datenmenge auf das absolut erforderliche Maß reduziert wird. Außerdem werden Ihre Daten vollständig verschlüsselt abgespeichert und können nur über gesondert gesicherte Netze und Verbindungen abgerufen werden. Auch für Notsituationen wie Stromausfall wird vorgesorgt – eine Notstromversorgung ist gesichert.

Weiterführende Informationen finden Sie auf den Seiten des Zentralen Testamentsregisters unter www.testamentsregister.de.

b) Öffentliches Testament: Das öffentliche Testament (§§ 2231 Nr. 1, 2232 BGB) ist in zwei Formen möglich: Zur Niederschrift oder durch Erklärungsschrift. In § 2232 BGB heißt es: „Zur Niederschrift eines Notars wird ein Testament errichtet, indem der Erblasser dem Notar seinen letzten Willen erklärt oder ihm eine Schrift mit der Erklärung übergibt, dass die Schrift seinen letzten Willen enthalte. Der Erblasser kann die Schrift offen oder verschlossen übergeben; sie braucht nicht von ihm geschrieben zu sein." Was bedeutet das im Einzelnen?
- Zunächst zur ersten Möglichkeit, „Errichtung durch Erklärung": Der Erblasser erklärt seinen Willen in der Regel mündlich dem Notar gegenüber. Das mündlich Erklärte schreibt der Notar nieder und beglaubigt es. Sprachbehinderte können ihren Willen auch durch Gebärden, Zeichen oder Kommunikationshilfen zum Ausdruck bringen. Es kommt nur darauf an, dass der Notar die Erklärungen eindeutig versteht. Der Notar und der Erblasser müssen unmittelbar miteinander kommunizieren, also nicht etwa nur am Telefon. Ist der Erblasser auf der Intensiv- oder Isolierungsstation und ist dort eine unmittelbare Kommunikation aus Sicherheitsgründen nicht möglich, kann das Testament auch durch

eine Sprechanlage errichtet werden. Voraussetzung ist jedoch, dass zwischen dem Erblasser und dem Notar Sichtkontakt besteht.

Sinn dieser strengen Regelungen ist die Vermeidung von Täuschungen und Verfälschung des wahren Willen des Erblassers.

Die Niederschrift des Willens soll in deutscher Sprache erfolgen. Sie muss die Erklärung des Erblassers enthalten und wird diesem vorgelesen. Ist dies geschehen, wird die Niederschrift beurkundet, in einen Umschlag gelegt und mit einem Prägesiegel verschlossen. Geregelt ist dies in § 34 des Beurkundungsgesetzes (BeurkG). Jedoch sind auch Gründe gesetzlich geregelt, in denen die Beurkundung unwirksam ist, z. B. wenn der Notar selbst durch das Testament begünstigt wird.

- Zweite Möglichkeit: Der Erblasser kann durch Überreichung einer Schrift mit der Erklärung, dass diese seinen letzten Willen enthalte, sein Testament errichten. Die Schrift kann dabei sowohl offen als auch verschlossen überreicht werden und braucht nicht vom Erblasser selbst geschrieben zu sein. Die Schrift kann in jeder Form, also handschriftlich, maschinenschriftlich, in Kurzschrift, Blindenschrift, auch in fremden Schriftzeichen oder einer fremden Sprache gefertigt sein. Der Erblasser muss den Inhalt kennen. Datum, Ortsangabe und Unterschrift sind entbehrlich, da der Notar die Übergabe mit diesen Angaben protokollieren wird.

Um es noch einmal deutlich zu machen: Es ist ganz wichtig, dass der Erblasser sinngemäß zum Ausdruck bringt: „Dies ist mein letzter Wille: So wie ich es aufgeschrieben habe, so soll mit meinem Vermögen nach meinem Tod verfahren werden. Ich wurde bei der Abfassung nicht unter Druck gesetzt, sondern die Schrift repräsentiert meinen eigenen freien Willen!" Die verschlossen übergebene Schrift ist erst bei der Testamentseröffnung zu öffnen. Auch hier ist der Notar berechtigt, Fragen nach dem Inhalt zu stellen.

Bei der offen übergebenen Schrift soll der Notar vom Inhalt Kenntnis nehmen, sofern er der Sprache, in der die Schrift verfasst ist, mächtig ist. Seine Prüfungs- und Belehrungspflicht umfasst in diesem Fall auch den Inhalt der Schrift!

Das notarielle Testament hat den Vorteil der rechtskundigen Beratung. Es wird stets in besondere amtliche Verwahrung genommen. Zu beachten sind allerdings die entstehenden Notarkosten!

11.8 Steuerrechtliche Aspekte

Bei einem Unternehmertestament ist nicht nur die personelle Besetzung, sondern auch die steuerliche Situation zu berücksichtigen. In einem ersten Schritt sollten Sie darauf achten, dass die Erbschaftsteuer so gering wie möglich bleibt – Sie möchten sicherlich nicht, dass Ihre Erben dem Staat Geld schenken müssen.

Der Staat begünstigt die Vererbung von Unternehmen. Der Grund liegt darin, die Erben nicht durch eine erhebliche steuerliche Belastung dazu zu zwingen, dass Unternehmen zu verkaufen. So soll der Abbau von Arbeitsplätzen vermieden werden. Seit dem 1.1.2009 gibt es weitere weitreichende Entlastungen von Erwerbern von Betriebsvermögen. Der Erwerber hat nun die Wahl zwischen den verschiedenen Optionen:

- Erben von Firmen, die für das erworbene Betriebsvermögen eine Verschonung von 85 % in Anspruch nehmen, müssen den ererbten Betrieb im Kern sieben Jahre lang fortführen. Voraussetzung ist allerdings dann, dass die Lohnsumme nach Ablauf dieses Zeitraums nicht weniger als 650 % der Lohnsumme zum Zeitpunkt des Erbfalls beträgt. Weitere Voraussetzung ist, dass der Anteil des Verwaltungsvermögens am betrieblichen Gesamtvermögen (z. B. Anteile an Kapitalgesellschaften, Dritten zur Nutzung überlassenen Grundstücke) nicht mehr als 50 % beträgt. So kann Unternehmensvermögen im Wert von bis zu einer Million Euro steuerfrei bleiben.

- Option Nummer 2 sieht eine vollständige Verschonung der Firmenerben von der Erbschaftsteuer vor, wenn der ererbte Betrieb im Kern zehn Jahre fortgeführt wird. Hier werden jedoch höhere Anforderungen an die Lohnsumme gestellt: Diese darf nach zehn Jahren nicht weniger als 1.000 % der Lohnsumme zum Erbzeitpunkt betragen. Der Anteil des Verwaltungsvermögens darf nicht mehr als 10 % betragen.

Zu beachten ist, dass die Entscheidung für eine der Optionen bindend ist! Wird der Betrieb vor Ablauf der Sieben- bzw. Zehn-Jahresfrist aufgebeben, wird die Besteuerung anteilig vorgenommen. Das bedeutet, dass z. B. bei Aufgabe des Betriebs nach vier Jahren die Steuerbefreiung nur für die vier Jahre gilt.

Weiterhin stehen dem Erben noch ein persönlicher Freibetrag sowie ggf. noch ein Versorgungsfreibetrag zu. Eine umfassende Übersicht über die einzelnen Freibeträge finden Sie in Kapitel 4 „Alles zur Erbschaftsteuer".

Sie sollten es auf jeden Fall vermeiden, die Erben durch Ausgleichszahlungen finanziell gleichsetzen zu wollen. Das hat nämlich zum Teil schwerwiegende Konsequenzen bei der Höhe der Erbschaftsteuer. Dazu ein Beispiel: Erblasser E setzt seinen Sohn S zum Erben seines Unternehmens und seine Tochter T zur Erbin eines Teils seines Privatvermögens ein. Das Unternehmen hat einen tatsächlichen Wert von 600.000 Euro (der Bilanzwert beträgt 100.000 Euro), der Teil des Privatvermögens, der an T fallen soll, einen Wert von 400.000 Euro. E möchte aber, dass beide Kinder gleich viel Geld erhalten. Er legt deshalb in seinem Testament fest, dass S an T einen Betrag von 100.000 Euro bezahlen soll. Beide Kinder sollen so ein Vermögen von je 500.000 Euro vor Abzug der Steuern erhalten. S hat das Unternehmen mit einem Wert von 600.000 Euro geerbt. Die Ausgleichszahlung an T wird steuerrechtlich als entgeltliches Anschaffungsgeschäft bewertet. S wird so betrachtet, als ob er dem E 1/6 des Unternehmens abgekauft hätte. Das führt bei S zu einer Steuerbelastung auf Grund des Veräußerungserlöses.

Setzen Sie ein Testament auf, sollten Sie die Ausgleichszahlung und die Entnahme von betrieblichen Gütern vermeiden. Besser ist es, wenn Sie den Ausgleich in Form einer Unterbeteiligung schaffen, durch die das Familienmitglied, welches nicht das Unternehmen erbt, zumindest an dem Ertrag des Unternehmens beteiligt wird. Zudem besteht die Möglichkeit, den Erben des Unternehmens mit der Übernahme von privaten Verbindlichkeiten, z. B. der Tilgung einer Grundschuld, zu belasten. Dadurch entstehen keine steuerlichen Nachteile.
Bitte beachten Sie: Wenn Sie mehrere Personen zu Erben Ihres Unternehmens eingesetzt haben, darf der Freibetrag von 256.000 Euro nur einmal geltend gemacht werden. Den persönlichen Freibetrag darf jeder für seinen Anteil am Erbe geltend machen.

Befindet sich im Gesellschaftsvertrag eine qualifizierte Nachfolgeklausel, muss der Erblasser bei Errichtung seines Testaments bestimmte Dinge beachten. Dazu ein Beispiel: E ist Kommanditist einer KG. Er hält einen Anteil von 50 %; dieser Anteil hat einen Wert von 500.000 Euro. Im Gesellschaftsvertrag der KG befindet sich eine qualifizierte Nachfolgeklausel. Weiterhin ist E Eigentümer von zwei Grundstücken. Ein Grundstück, welches einen Wert von 400.000 Euro hat, bewohnt er mit seiner Familie, seiner Ehefrau F und seiner Tochter T. Das andere Grundstück im Wert von 600.000 Euro hat er an die KG vermietet. Man spricht hier von einem Sonderbetriebsvermögen, für das bestimmte steuerliche Vergünstigungen gelten. Es handelt sich dabei um Wirtschaftsgüter, die dem Unternehmen dienen, aber im Eigentum eines Mitunternehmers stehen. Wenn E seine beiden Erben T und F als Miterben in seinem Testament einsetzt und bestimmt, dass T seine Nachfolgerin werden sowie das betrieblich genutzte Grundstück erhalten soll, E das Geldvermögen sowie das Privathaus, bilden diese zunächst eine Erbengemeinschaft. Davon ausgenommen ist der Gesellschaftsanteil, der T direkt zufällt (vgl. dazu Kapitel 11.3). An den beiden Grundstücken sowie am Geldvermögen des E sind beide zunächst Miterben, auch wenn eine Verteilung durch E erfolgte. Um eine erhebliche steuerliche Belastung oder die Aufdeckung von stillen Reserven zu vermeiden, sollte der Erblasser darauf achten, dass der Gesellschaftsanteil und ein betrieblich genutztes Grundstück zusammen bleiben, das Sondervermögen als solches mit seinen steuerlichen Vergünstigungen also bestehen bleibt.

Sinnvoller ist es deshalb, wenn E die T als Alleinerbin einsetzt und F mit einem Vermächtnis in Form des Privatvermögens und des privat genutzten Grundstücks bedenkt. Um einen gerechten Ausgleich zu schaffen, kann er T zusätzlich mit der Tilgung einer eventuell auf dem Privatgrundstück lastenden Hypothek belasten. In dieser Konstellation bleiben Gesellschaftsanteil und betrieblich genutztes Grundstück in einer Hand. Das Grundstück bleibt somit Sonderbetriebsvermögen. Eine steuerliche Mehrbelastung durch die Trennung wird vermieden.

11.9 Testamentsvollstrecker

Sie haben zudem die Möglichkeit, in Ihrem Testament einen oder mehrere Testamentsvollstrecker (§§ 2197 bis 2228 BGB) zu bestimmen. Testamentsvollstrecker kann jede Person sein, die voll geschäftsfähig ist, also das 18. Lebensjahr vollendet hat und nicht unter einer geistigen Behinderung leidet. Der Alleinerbe kann dieses Amt jedoch nur zusammen mit einem Mittestamentsvollstrecker wahrnehmen.

Der Aufgabenkreis umfasst die Ausführung des Willens des Erblassers. Seine Aufgaben können sehr umfangreich sein und die Verwaltung des gesamten Erbes über Jahrzehnte umfassen. Es besteht aber auch die Möglichkeit, dass der Testamentsvollstrecker nur einzelne Maßnahmen wahrnimmt wie z. B. die Durchführung der Bestattung, die Auflassung eines Grundstücks an sich selbst oder die Vollziehung einer Auflage.

11.10 Mustertestamente

1. Variante: Unternehmertestament, welches günstig für den Betriebsnachfolger ist. Im folgenden Beispiel handelt es sich um eine verheiratete Erblasserin mit zwei Kindern:

An dieser Stelle tragen Sie bitte Ihren vollständigen Namen sowie Ihre derzeitige Anschrift ein. Die Erklärung, dass Sie in Ihrer Verfügungsbefugnis nicht beschränkt sind, ist für den Fall gedacht, dass Ihre Erben eventuell einmal beweisen müssen, dass Sie bei der Errichtung des Testaments in der Lage waren, eigenverantwortliche Entscheidungen zu treffen.

Testament / Mein letzter Wille

Im Vollbesitz meiner geistigen Kräfte erkläre ich,

....

(Vorname und Name),

geboren am ....,in ....,
wohnhaft...
....
....,

hiermit mein Testament. Ich bin in meiner testamentarischen Verfügungsbefugnis nicht beschränkt und habe bislang noch kein Testament errichtet. Hilfsweise widerrufe ich hiermit alle meine letztwilligen Verfügungen.

Mein Vermögen vererbe ich wie folgt:
1. Zu meinem Alleinerben bestimme ich meinen Sohn..........................
....................................,geboren am..in
....Er ist auf Grund seiner bisherigen Ausbildung/Berufserfahrung geeignet, meinen Betrieb..
(Name, Sitz) weiterzuführen. Ich erteile ihm hiermit eine unbeschränkte, umfassende, über den Tod hinauswirkende Vollmacht, alle Rechtsgeschäfte und tatsächlichen Handlungen für und wider den Betrieb vornehmen zu können. Eine Bankvollmacht für diesen Fall ist ebenfalls hinterlegt.

2. Mein Ehemann ....
....
(Vornamen, Namen,Geburtsdatum und -ort) sowie meine beiden Töchter...
....(Vorname, Name, Geburtsdaten und -orte) sollen wertmäßig dem Alleinerben gleichgestellt werden. Zu ihren Gunsten setze ich folgende Vermächtnisse aus:

- Mein Ehemann erhält als Vermächtnis unser Haus in der...
....
....
(genaue Bezeichnung, Straße, -ort) nebst Hausrat, Zubehör und Bestandteilen.

- Meine Tochter.. erhält mein Wertpapierdepot bei der Bank..................................
....

- Meine Tochter.. erhält das Guthaben bei der Bank...
....

Weitere Verfügungen treffe ich nicht.

Ortsangabe und Datum sind entbehrlich,sollten jedoch angegeben werden.Ihre eigenhändige, nicht notwendigerweise lesbare Unterschrift ist jedoch zwingend notwendig. Zudem muss das gesamte Testament handschriftlich geschrieben sein, um an seiner Echtheit keine Zweifel aufkommen zu lassen; vgl. Kapitel 11.8. →

....
Ort, Datum Unterschrift

2. Variante: Unternehmertestament, welches günstig für die übrigen Familienmitglieder ist. Im folgenden Beispiel handelt es sich um eine verheiratete Erblasserin mit drei Kindern:

Testament /Mein letzter Wille

Im Vollbesitz meiner geistigen Kräfte erkläre ich,

....

(Vorname und Name),

geboren am..................................in...

wohnhaft...

....

....

hiermit mein Testament. Ich bin in meiner testamentarischen Verfügungsbefugnis nicht beschränkt und habe bislang noch kein Testament errichtet. Hilfsweise widerrufe ich hiermit alle meine letztwilligen Verfügungen.

An dieser Stelle tragen Sie bitte Ihren vollständigen Namen sowie Ihre derzeitige Anschrift ein. Die Erklärung, dass Sie in Ihrer Verfügungsbefugnis nicht beschränkt sind,ist für den Fall gedacht,dass Ihre Erben eventuell einmal beweisen müssen,dass Sie bei der Errichtung des Testaments in der Lage waren, eigenverantwortliche Entscheidungen zu treffen.

Mein Vermögen vererbe ich wie folgt:

1. Zu meinem Alleinerben bestimme ich meinen Sohn..........................
....,geboren am ....in............
....

Er ist auf Grund seiner bisherigen Ausbildung/Berufserfahrung geeignet, meinen Betrieb...
....

(Name, Sitz) weiterzuführen. Ich erteile ihm hiermit eine unbe-schränkte, umfassende, über den Tod hinauswirkende Vollmacht, alle Rechtsgeschäfte und tatsächlichen Handlungen für und wider den Betrieb vornehmen zu können. Eine Bankvollmacht für diesen Fall ist ebenfalls hinterlegt.

2.Mein Ehemann ....
(Vorname, Name, Geburtsdatum und -ort) sowie meine beiden Töchter..
....(Vornamen, Namen, Geburtsdaten und -orte) sollen wertmäßig dem Alleinerben gleichgestellt werden. Zu ihren Gunsten setze ich folgende Vermächtnisse aus:

- Mein Ehemann erhält als Vermächtnis unser Haus in der..
....(genaue Bezeichnung, Straße, Ort) nebst Hausrat, Zubehör und Bestandteilen. Weiterhin erhält er mein Guthaben bei der
Bank..,
Kontonummer...
Mein Ehemann erhält hiermit eine über meinen Tod hinauswirkende Vollmacht, über dieses Konto zu verfügen. Weiterhin erhält er das Recht, sich als stiller Gesellschafter an meinem Gesellschaftsanteil mit einer Einlage in Höhe von .... Euro an der
....
....
(Name der Firma) als Unterbeteiligter zu beteiligen. Für diese Einlage ist ihm ein Gewinnanteil von ....% zu gewähren. Mein Ehemann ist berechtigt, die Einlageverpflichtung durch anfallende Gewinne zu erbringen. Sollte im Fall der Insolvenz die Einlagenverpflichtung noch nicht vollständig erfüllt sein, so ist mein Sohn
....
......................verpflichtet, meinen Ehemann von seiner Einlageverpflichtung freizustellen.

- Meine Tochter.. erhält mein Wertpapierdepot bei der Bank..................................
....,
Kontonummer...

• Meine Tochter...
erhält das Guthaben bei der Bank...
....,
Kontonummer...

Weitere Verfügungen treffe ich nicht.

....
Ort, Datum Unterschrift

Ortsangabe und Datum sind entbehrlich,sollten jedoch angegeben werden.Ihre eigenhändige, nicht notwendigerweise lesbare Unterschrift ist jedoch zwingend notwendig. Zudem muss das gesamte Testament handschriftlich geschrieben sein, um an seiner Echtheit keine Zweifel aufkommen zu lassen; vgl. Kapitel 11.8.

12. Der Pflichtteilsanspruch – Was passiert, wenn gesetzliche Erben enterbt werden

Sie möchten Ihr Testament errichten, und Sie ziehen dabei in Erwägung, eine bestimmten nahen Verwandten nicht zu bedenken? Bevor Sie diesen Schritt vollziehen, sollten Sie genau darüber informiert sein, was dieser zur Folge hat. Kann man eine Person auch vollständig enterben? Enterben bedeutet zunächst einmal, dass jemand nur den Pflichtteil erhält. Wem steht ein solcher überhaupt zu? Kann man auch diesen entziehen? Und wenn ja, unter welchen Voraussetzungen? Müssen die Worte „enterben" ausdrücklich im Testament Verwendung finden? Oder reicht es aus, wenn die entsprechende Person nicht in der letztwilligen Verfügung erwähnt wird? Antwort auf diese Fragen und viele mehr finden Sie in den nachfolgenden Kapiteln.

Diese Kapitel richten sich aber nicht nur an den potentiellen Erblasser, sondern auch an Personen, die enterbt wurden oder denen unter Umständen der Pflichtteil zu Unrecht entzogen wird. Zudem finden Sie Ausführungen zur Erb-, Pflichtteils- und Vermächtnisunwürdigkeit.

Gesetzlich geregelt ist die „Enterbung" eigentlich nur in § 1938 des Bürgerlichen Gesetzbuches (BGB). Aber auch eine Vielzahl weiterer Paragrafen aus dem 5. Buch des BGB, in dem das Erbrecht geregelt ist, findet Anwendung.

12.1 Erbrechtliche Prinzipien

Das Erbrecht hat die Funktion, das Eigentum als Grundlage der eigenverantwortlichen Lebensgestaltung mit dem Tod des Eigentümers nicht untergehen zu lassen. Der Fortbestand soll im Wege der Rechtsnachfolge gesichert werden. Das bedeutet: Auch nach dem Tod soll mit dem Eigentum des Erblassers so umgegangen werden, wie er das möchte. Die erbrechtlichen Regeln geben der Klarheit, der Leichtigkeit des Rechtsverkehrs und der Überschaubarkeit Vorrang vor der Einzelfallgerechtigkeit. Mit anderen Worten: Obwohl Sie über Ihr Vermögen verfügen können, wie Sie es wünschen, müssen bestimmte Regeln eingehalten werden.

Es existieren fünf grundsätzliche Prinzipien, die zum Teil von der Verfassung garantiert werden. Dazu zählen

a. Privaterbfolge: Das Vermögen des Verstorbenen wird an Privatpersonen abgegeben. Nur wenn kein privater Erbe vorhanden ist, erbt der Fiskus des Bundeslandes, in dem der Erblasser zum Zeitpunkt seines Todes seine Niederlassung hatte. Er beteiligt sich allerdings über die Erbschaftsteuer wertmäßig am Nachlass und beschränkt dadurch das private Erbrecht.

b. Familienerbrecht: Verfügt der Erblasser nichts anderes, geht das Erbe per Gesetz auf seine Familie über, nämlich auf seinen Ehegatten bzw. seinen eingetragenen Lebenspartner und auf seine nächsten Verwandten (Eltern, Kinder, Geschwister etc.). Der Ehegatte/eingetragene Lebenspartner erbt neben den Verwandten nach dem Prinzip der ehelichen Gemeinschaft. Zweck dieses Prinzips ist es, dass weder den Abkömmlingen (zum Erhalt des Vermögens in der Familie) noch dem Ehegatten/eingetragenen Lebenspartner (zu dessen Versorgung) absoluter Vorrang eingeräumt wird.

c. Gesamtrechtsnachfolge: Das Vermögen des Erblassers geht als Ganzes auf die Erben über (§ 1922 BGB). Das bedeutet, dass die Erben den gesamten Nachlass inklusive eventueller Schulden annehmen oder das Erbe als solches ausschlagen müssen. Ausnahmen sind jedoch möglich.

d. Testierfreiheit: Der Erblasser kann selbst durch Verfügung von Todes wegen bestimmen, wer was erbt. Diese Freiheit ist vertraglich unbeschränkbar und wird nur durch das Pflichtteilsrecht sowie durch das Verbot sittenwidriger Verfügungen begrenzt. Aus dem Grundsatz der Testierfreiheit folgt, dass der Erblasser sogar nächste Angehörige übergehen kann, d. h. er kann sie enterben.

e. Vonselbsterwerb: Mit dem Tod des Erblasser fällt sein Nachlass dem Erben per Gesetz zu. Eine Mitwirkung seitens des Erbens ist nicht erforderlich. Er kann sogar ohne Kenntnis und gegen seinen Willen erben. Aus diesem Grunde haben die Erben auch das Recht, das Erbe auszuschlagen.

12.2 Grundbegriffe aus dem Erbrecht

An dieser Stelle sollen einige Begriffe aus dem Erbrecht erläutert werden, ohne die ein Verständnis der Materie nicht möglich ist.

a. Erblasser: Darunter versteht man eine natürliche Person (im Unterschied zu einer juristischen, z. B. einer Stiftung), durch deren Tod die Erbschaft auf den oder die Erben übergeht.

b. Verfügung von Todes wegen: Es handelt sich dabei um das Testament (einseitige V. v. T. w., d. h., nur der Erblasser gibt eine Willenserklärung ab) oder um einen Erbvertrag (zweiseitige V. v. T. w., d. h. wie bei einem Kaufvertrag macht der Erblasser ein Angebot und der Vertragspartner nimmt es an oder nicht; der Vertrag kommt aber nur zustande, wenn sich beide Willenserklärungen decken).

c. Gesetzliche Erbfolge: Darunter versteht man die Erbfolge in der Reihenfolge, wie sie vom Gesetz angeordnet ist. Grob vereinfacht gesagt erben erst diejenigen, die dem Erblasser verwandtschaftlich am nächsten standen, d. h. zuerst die Abkömmlinge des Erblassers (Kinder und Enkelkinder), dann die Eltern und Geschwister etc. Der Ehegatte oder eingetragene Lebenspartner in einer gleichgeschlechtlichen Beziehung erbt neben den Verwandten. (Bitte beachten Sie: Durch die Heirat/Eintragung der Lebenspartnerschaft entsteht kein Verwandtschaftsverhältnis!). Die gesetzliche Erbfolge kommt zur Anwendung, wenn z. B. der Erblasser kein Testament gemacht hat (vgl. dazu auch Kapitel 12.3).

d. Gewillkürte Erbfolge: Das Gegenteil zur gesetzlichen Erbfolge. Der Erblasser kann durch Testament bestimmen, wen er als Erben einsetzen möchte. Dies können neben Verwandten und Ehepartner auch Freunde, Bekannte und Institutionen wie z. B. Stiftungen sein.

e. Vermächtnis: Unter einem Vermächtnis versteht man eine Einzelzuwendung eines Vermögensvorteils durch Verfügung von Todes wegen und damit gerade keine Erbeinsetzung. Derjenige, der die Zuwendung erhält, wird Bedachter genannt.

Die Zuwendung eines Vermächtnisses begründet mit dem Erbfall eine Forderung des Bedachten gegen den Beschwerten, der Erbe oder selbst Vermächtnisnehmer sein muss. Was kann man vermachen? Gegenstand eines Vermächtnisses kann all das sein, was auch Gegenstand einer Leistung aus einem Schuldverhältnis sein kann. Beispiele: Aufnehmen des Bedachten in eine Gesellschaft, der Hausrat, Einräumung eines Ankaufsrechts oder eines Übernahmerechts an Nachlassgegenständen, Einräumung eines Nießbrauchs als lebenslanges Nutzungsrecht / an Aktien / an Grundstücken oder als lebenslängliches Wohnrecht, Zahlung einer Geldsumme, der Erlass oder die Abtretung einer Forderung, ein Anteil an einer GmbH oder ein Urheberrecht.

12.3 Enterben

Wer durch ein Testament nun eine Erbfolge bestimmt, die von der gesetzlichen abweicht, bewirkt damit automatisch eine Enterbung des oder der übergangenen gesetzlichen Erben. Dazu ein Beispiel: Der verwitwete Vater hat zwei Kinder. Nach der gesetzlichen Erbfolge würden die Kinder beim Tod des Vaters zu gleichen Teilen erben. Setzt nun der Vater eines der Kinder zu seinem Alleinerben im Testament ein, würde das automatisch eine Enterbung des anderen Kindes bedeuten. Es bedarf nicht einer ausdrücklichen Enterbung durch die Worte „Ich enterbe mein Kind Y".

Es ist aber auch möglich, in einem Testament ausdrücklich die Enterbung einer bestimmten Person anzuordnen. Beispiel: In dem oben genannten Fall enterbt der Vater ein Kind. Das andere wird dann automatisch Alleinerbe. Man spricht dann von einem negativen Testament. Die Enterbung ohne Erbeinsetzung ist geregelt in § 1938 BGB. Dort heißt es: „Der Erblasser kann durch Testament einen Verwandten, den Ehegatten oder den Lebenspartner von der gesetzlichen Erbfolge ausschließen, ohne einen Erben einzusetzen."

Der Ausschluss kann auch nur für einen Teil des Nachlasses erfolgen, ebenso unter einer Bedingung. Eine Begründung, warum eine bestimmte Person enterbt werden soll, ist nicht notwendig. Erfolgt eine solche und ist diese nicht zutreffend, ist die Enterbung dennoch wirksam; es besteht aber dann für den Übergangenen die Möglichkeit, das Testament anzufechten.

Eine genaue Verwendung des Wortes „enterben" im Testament ist nicht notwendig, jedoch muss der Ausschließungswille unzweifelhaft zum Ausdruck kommen. Auch ein Ausschluss aller Abkömmlinge ist möglich, jedoch sollte dieser möglichst genau im Testament erwähnt sein.

Der Ausschluss führt zur gesetzlichen Erbfolge ohne den Ausgeschlossenen. Dieser ist so zu behandeln, als ob er beim Erbfall gar nicht vorhanden wäre. Handelt es sich bei dem Enterbten um den Ehegatten oder den eingetragenen Lebenspartner, erhöhen sich die Erbteile der Verwandten. Handelt es sich bei dem Ausgeschlossenen um einen Verwandten der ersten drei Ordnungen, wird er durch seine Abkömmlinge ersetzt, es sei denn, diese wurden auch ausgeschlossen. Anbei ein kurzer Überblick, welche Verwandten zu den ersten drei Ordnungen gehören.

1. Ordnung (§ 1924 BGB): Zu dieser Ordnung zählen die Abkömmlinge des Erblassers, also die mit ihm in gerader Linie verwandten Personen wie Kinder (eheliche und nichteheliche, die nach dem 1.7.1949 geboren sind), Adoptivkinder, Enkel, Urenkel etc. Sie erben zu gleichen Teilen mit der Maßgabe, dass Enkel bzw. Urenkel erst dann zum Zuge kommen, wenn die Kinder bzw. die Enkel vorverstorben sind, also ihre eigenen Kinder überlebt haben. Hier spricht man von der Erbfolge nach Stämmen (§ 1924 Absatz 3 BGB). Solange ein Mitglied der 1. Ordnung vorhanden ist, schließt es alle anderen Verwandten von der Erbfolge aus. Zu beachten ist an dieser Stelle, dass der Ehepartner/eingetragene Lebenspartner kein Verwandter ist. Dieser erbt neben den Verwandten!
Sind mehrere Kinder vorhanden, kommt es zur Erbteilung nach Köpfen. Das bedeutet nichts anderes, als dass die Kinder zu gleichen Teilen erben. Beispiel für die gesetzliche Erbfolge 1. Ordnung: Frau X stirbt, ohne ein Testament gemacht zu haben. Sie hinterlässt ihren Ehemann, zwei Söhne und zwei Enkelkinder (Kinder ihrer vor einiger Zeit verstorbenen Tochter). Diese fünf Personen leben nun in einer Erbengemeinschaft zusammen. An dieser ist der Ehemann zur Hälfte (im Falle der Zugewinngemeinschaft, die der gesetzliche Regelfall nach § 1363 BGB ist), die beiden Kinder zu je einem Sechstel und die beiden Enkelkinder zu je einem Zwölftel beteiligt. Diese Zahlen ergeben sich wie folgt: Der Ehepartner bekommt die Hälfte, alle Kinder zusammen die restliche Hälfte. Ursprünglich waren es drei Kinder, d. h., jedes Kind bekommt von der Hälfte ein Drittel, dies entspricht einem Sechstel vom gesamten Erbe. Da die Tochter vorverstorben ist, erben ihre Abkömmlinge, also die beiden Enkelkinder des Erblassers das Sechstel. Dieses Sechstel müssen sie sich teilen, d. h. jeder erhält ein Zwölftel.

2. Ordnung (§ 1925 BGB): Diese besteht aus den Eltern des Erblasser, den Geschwistern und, falls diese vorverstorben sind, aus Neffen und Nichten. Sie kommen nur zum Zuge, wenn keine Erben 1. Ordnung vorhanden sind bzw. das Erbe ausgeschlagen haben oder enterbt wurden. Beispiel für die gesetzliche Erbfolge 2. Ordnung: In der Grundkonstellation wird davon ausgegangen, dass ein kinderloser, unverheirateter Erblasser mit zwei Schwestern und zwei Nichten, den Töchtern seiner vorverstorbenen dritten Schwester, verstirbt. Zu differenzieren ist zwischen folgenden Fällen:

1. Variante: Beide Eltern des Erblassers leben noch. Sie erben dann zu gleichen Teilen, d. h., bei einem angenommenen Erbe von 120.000 Euro erhält jedes Elternteil 60.000 Euro.

2. Variante: Nur ein Elternteil lebt noch. Dieser erbt die Hälfte des Nachlasses, die andere Hälfte fällt an die Abkömmlinge des verstorbenen Elternteils, d. h. an die Geschwister und, ist einer davon oder alle vorverstorben, an dessen Abkömmlinge. Hier kann dann wieder das Beispiel der 1. Ordnung herangezogen werden: Die verbleibende Hälfte wird aufgeteilt zwischen den drei Geschwistern des Erblassers. Da eine Schwester vorverstorben ist, fällt der ihr ursprünglich zustehende Erbteil von einem Sechstel an ihre beiden Töchter, d. h. an die Nichten des Erblassers. Diese erhalten je ein Zwölftel. Sind keine Geschwister oder Kinder der Geschwister vorhanden, erbt der überlebende Elternteil allein.

3. Variante: Beide Eltern sind vorverstorben. Dann treten deren Abkömmlinge an deren Stelle, d. h. wie in der Variante 2 erben zunächst die Geschwister des Erblassers zu gleichen Teilen; ist einer der Geschwister vorverstorben, erben diesen Anteil dann deren Abkömmlinge. Bei der Ausgangskonstellation und einem Erbe von 120.000 Euro bedeutet das, dass die beiden Schwestern je ein Drittel, also 40.000 Euro erhalten, und die beiden Nichten je ein Sechstel, also jeweils 20.000 Euro erhalten.

3. Ordnung (§ 1926 BGB): Gesetzliche Erben dieser Ordnung sind Großeltern des Erblassers und deren Abkömmlinge, also Onkel und Tanten des Erblassers. Hier gelten ähnliche Vorschriften wie bei der Erbfolge 2. Ordnung: Leben beide Großeltern zur Zeit des Erbfalls, erben diese allein und zu gleichen Teilen. Lebt zur Zeit des Erbfalls von einem Großelternpaar ein Teil nicht mehr, so treten an dies Stelle des Verstorbenen dessen Abkömmlinge (z. B. Tante und Onkel des Erblassers). Sind Abkömmlinge nicht vorhanden, so fällt der Anteil des Verstorbenen dem anderen Teil des Großelternteils und, wenn dieser nicht mehr lebt, dessen Abkömmlingen zu. Lebt zur Zeit des Erbfalls ein Großelternpaar nicht mehr und sind Abkömmlinge nicht vorhanden, so erben die anderen Großeltern oder ihre Abkömmlinge allein. Wie erkennbar ist, gestaltet sich die Verteilung in diesen Fällen schon etwas schwieriger, da nicht mehr von einem Elternpaar, sondern von zwei Großelternpaaren auszugehen ist. Der Ehegatte des Erblassers erhält neben den Großeltern die Hälfte, bei Zugewinngemeinschaft drei Viertel. Ist von den Großeltern keiner mehr vorhanden, erbt er allein. Auch diese Ordnung soll anhand eines Beispiels erläutert werden. Ausgangsfall ist der, dass ein kinderloser unverheirateter Erblasser stirbt und Erben 1. und 2. Ordnung (also Eltern, Kinder und Geschwister etc.) nicht vorhanden sind.

Variante 1: Alle vier Großelternteile leben noch. Von dem Erbe erhält jeder ein Viertel.

Variante 2: Der Großvater mütterlicherseits ist bereits verstorben. Das Viertel, das ihm eigentlich zustehen würde, fällt sodann an seine Abkömmlinge. Hat er zwei Söhne und zwei Enkelkinder (die Töchter einer vorverstorbenen Tochter), fällt dieses Viertel nach den Regeln der Erbfolge 1. Ordnung zu je einem Drittel an die beiden Söhne (also die Onkel des Erblassers) und zu je einem Sechstel an die beiden Enkelkinder (also die Kusinen des Erblassers). Bei einem Gesamterbe von 120.000 Euro bedeutet das, dass Großmutter und Großvater väterlicherseits sowie die Großmutter mütterlicherseits je 30.000 Euro erhalten. Von den restlichen 30.000 Euro erhalten die Onkel des Erblassers je 10.000 Euro und die Töchter seiner vorverstorbenen Tante, also die Kusinen des Erblassers je 5.000 Euro.

Variante 3: Beide Großeltern mütterlicherseits sind bereits verstorben, diese haben auch keine Abkömmlinge. Das gesamte Erbe fällt sodann an die Großeltern väterlicherseits. Lebt auch hier nur noch ein Teil, fällt die Hälfte des Erbes nach oben genannter Verteilung seinen Abkömmlingen zu.

Sofern der Enterbte nicht nur zum Personenkreis der gesetzlichen Erben gehört, sondern zugleich auch pflichtteilsberechtigt ist, führt die Enterbung im Regelfall dazu, dass nach Eintritt des Erbfalls der Pflichtteilsanspruch ausgelöst wird (vgl. dazu Kapitel 12.4 und 12.5).Die grundsätzlich unentziehbare und bedarfsunabhängige wirtschaftliche Mindestbeteiligung der Kinder des Erblassers an dessen Nachlass wird durch die Erbrechtsgarantie des Art. 14 Abs. 1 Satz 1 in Verbindung mit Art. 6 Abs. 1 des Grundgesetzes (GG) gewährleistet. Der Pflichtteilsanspruch kann allerdings auch wirksam entzogen werden (vgl. dazu Kapitel 12.4).

Zu unterscheiden von obigen Ausführungen ist die so genannte „vorläufige“ Enterbung, so z. B.beim Berliner Testament.

Beim Berliner Testament setzen die Ehegatten/Lebenspartner sich gegenseitig als Alleinerben ein und bestimmen gleichzeitig, dass nach dem Tod des Längstlebenden der beiderseitige Nachlass an einen Dritten (meist die Kinder) fallen soll. Durch solche gemeinsame Verfügungen soll sichergestellt werden, dass nach dem Tod des ersten von ihnen das gemeinsame Vermögen zunächst dem Überlebenden verbleibt und dessen Versorgung sichergestellt ist. Nach dessen Ableben geht dann das restliche Vermögen auf den gemeinsam bestimmten Dritten (oder mehrere Dritte) über.

Wollen die so genannten „Schlusserben“ allerdings nicht so lange warten, bis auch der zweite Elternteil stirbt, können sie ihren Pflichtteilsanspruch geltend machen.

12.4 Pflichtteilsrecht

a. Definition des Pflichtteils: Die Testierfreiheit des Erblassers wird durch das Pflichtteilsrecht naher Angehöriger eingeschränkt. Sind nämlich Abkömmlinge, die Eltern oder der Ehegatte/Lebenspartner des Erblassers durch Verfügung von Todes wegen enterbt, so können sie von dem Erben den Pflichtteil verlangen. Der Pflichtteil, der nur unter bestimmten engen Voraussetzungen entfällt, ist kein gesetzlicher Erbteil, sondern ein persönlicher Anspruch auf Zahlung einer Geldsumme in Höhe der Hälfte des Wertes des gesetzlichen Erbteils im Zeitpunkt des Erbfalls. Wurde der überlebende Ehegatte enterbt und lebten beide im gesetzlichen Güterstand der Zugewinngemeinschaft, so erhöht sich dessen Anteil um ein Viertel. Der Anspruch auf den Pflichtteil entsteht mit dem Erbfall. Er ist wiederum vererblich und übertragbar. Der Pflichtteilsberechtigte muss innerhalb von drei Jahren nach Kenntnis vom Erbfall Anspruch auf den Pflichtteil erheben, da der Anspruch sonst verjährt (§ 2332 Absatz 1 BGB).

b. Entziehung des Pflichtteils: Wie bereits in Kapitel 4 angedeutet, kann auch der Pflichtteil entzogen werden. Die Pflichtteilsentziehung ermöglicht es dem Erblasser, einem pflichtteilsberechtigten nahen Angehörigen nach Enterbung unter bestimmten Voraussetzungen ausnahmsweise (!) auch noch die vom Gesetz an sich garantierte Mindestbeteiligung am Nachlass zu verwehren, so dass dieser gar nichts mehr erhält. Dies kann nur unter den Voraussetzungen der §§ 2333 bis 2337 BGB erfolgen, diese sind abschließend aufgezählt. Zu beachten ist, dass voraussichtlich noch im Jahr 2009 die geplante Reform im Erbrecht in Kraft treten soll. Die Änderungen sind deshalb hier bereits mitaufgenommen.

- **Zur Zeit:** Wenn der Abkömmling Abkömmling dem Erblasser, den Ehegatten oder einem anderen Abkömmling des Erblassers nach dem Leben trachtet: Dies setzt den ernsten Willen zur Herbeiführung einer der genann-ten Personen voraus. Die Anstiftung, Beihilfe, der Versuch oder die bloße Vorbereitungshandlung genügen (§ 2333 Nr. 1 BGB).

Neu: Zukünftig soll auch ein Enterbungsgrund vorliegen, wenn dies den Stiefkindern oder dem Lebenspartner passiert („eine dem Erblasser ähnlich nahestehende Person“).

- **Zur Zeit:** Wenn der Abkömmling sich einer vorsätzlichen körperlichen Misshandlung des Erblassers oder des Ehegatten des Erblassers schuldig macht, im Falle der Misshandlung des Ehegatten jedoch nur, wenn der Abkömmling von diesem abstammt. Die Misshandlung muss kein grober oder schwerer körperlicher Angriff sein, sich aber als schwere Verletzung der dem Erblasser geschuldeten familiären Achtung erweisen. Seelische Misshandlungen fallen nur darunter, wenn dadurch auf die körperliche Gesundheit des Erblassers eingewirkt werden sollte und wurde (§ 2333 Nr. 2 BGB). Diese Nummer soll nach der Reform gestrichen werden.

- **Zur Zeit:** Wenn der Abkömmling sich eines Verbrechens oder eines schweren vorsätzlichen Vergehens gegen den Erblasser oder dessen Ehegatten schuldig macht: **Neu:** Auch hier soll der Kreis der betroffenen Personen ebenfalls erweitert werden. Unter Verbrechen versteht man nach dem Strafgesetzbuch alle Straftaten, die im Mindestmaß mit Freiheitsstrafe nicht unter einem Jahr bestraft werden, so z. B. Raub. Verfehlungen gegen das Eigentum oder Vermögen des Erblassers können darunter fallen, wenn sie eine grobe Missachtung des Eltern-Kind-Verhältnisses darstellen (§ 2333 Nr.3 BGB; **neu:** § 2333 Nr. 2 BGB).

- **Zur Zeit:** Wenn der Abkömmling die ihm dem Erblasser gegenüber gesetzlich obliegende Unterhaltspflicht böswillig verletzt: Dieser Fall ist praktisch bedeutungslos, da der bedürftige Erblasser, der auf gesetzliche Unterhaltsleistungen in Geld angewiesen ist, dem leistungsfähigen Abkömmling in der Regel keinen nennenswerten Pflichtteil entziehen kann (§ 2333 Nr. 4 BGB). Hier sind keine Änderungen geplant – da jedoch Nr. 2 ersatzlos gestrichen werden soll, wird aus Nr. 4 entsprechend § 2333 Nr. 3 BGB.

- **Zur Zeit:** Wenn der Abkömmling einen ehrlosen oder unsittlichen Lebenswandel (auf Dauer, nicht nur einige Verfehlungen) wider den Willen des Erblassers führt: Dies ist wohl der problematischste Entziehungsgrund. Der vorwerfbare Lebenswandel darf zum Zeitpunkt des Erbfalls noch nicht aufgegeben worden sein. Er muss schutzwürdige Interessen des Erblassers verletzen, ohne dass es aber allein auf seine Maßstäbe eines „unsittlichen Lebenswandels" ankommt. Seine Wertvorstellungen und die Lebensführung seiner Familie sind zwar zu berücksichtigen,j edoch muss ein objektiver Maßstab angesetzt werden. Beispiele: Prostitution, Glückspiel, im Einzelfall auch wiederholter Ehebruch. Nicht darunter fällt hingegen Trinksucht, wenn sie auf krankhafter Veranlagung beruht (§ 2333 Nr. 5 BGB). Nr. 5 soll komplett gestrichen werden, da er sich als zu unbestimmt erwiesen hat. Dafür soll eine neue Nr. 4 eingefügt werden: Wenn der Abkömmling ..."wegen einer vorsätzlichen Straftat zu einer Freiheitsstrafe von mindestens einem Jahr ohne Bewährung rechtskräftig verurteilt wird und die Teilhabe des Abkömmlings am Nachlass deshalb für den Erblasser unzumutbar ist. Gleiches gilt, wenn die Unterbringung des Abkömmlings in einem psychiatrischen Krankenhaus oder in einer Entziehungsanstalt wegen einer ähnlich schwerwiegenden vorsätzlichen Tat rechtskräftig angeordnet wird."

- **Neu:** Die neuen Nummern 1-4 sollen ebenfalls für die Entziehung des Eltern- und Ehegattenpflichtteils gültig sein.

Die folgenden fünf Punkte sollen nach der Reform gestrichen werden, da sie durch den obigen Satz (neuer § 2333 Abs. 2 BGB) überflüssig werden.

- Der Erblasser kann seinem Vater oder/und seiner Mutter den Pflichtteil entziehen, wenn sich diese eines der in § 2333 Nr. 1, 3 oder 4 BGB aufgezählten Verfehlungen schuldig gemacht haben.

- Wenn der Ehegatte dem Erblasser oder einem Abkömmling des Erblassers nach dem Leben trachtet. Zu den Abkömmlingen zählen auch nichteheliche Kinder, sofern die Vaterschaft förmlich feststeht (§ 2335 Nr. 1 BGB).

- Wenn der Ehegatte sich einer vorsätzlichen körperlichen Misshandlung des Erblassers schuldig gemacht hat, § 2335 Nr. 2 BGB: Vgl. dazu die Ausführungen oben zu § 2333 Nr. 2 BGB.

- Wenn der Ehegatte sich eines Verbrechens oder eines schweren vorsätzlichen Vergehens gegen den Erblasser schuldig macht: Straftaten gegen den Ehegatten setzen keine Strafbarkeit oder Bestrafung voraus, aber Vorsatz. Was „schwer" bedeutet, ist nach den Umständen des Einzelfalls der konkreten Ehe zu bestimmen (§ 2335 Nr. 3 BGB).

- Wenn der Ehegatte die ihm den Erblasser gegenüber gesetzlich obliegende Unterhaltspflicht böswillig verletzt (§ 2335 Nr .4 BGB).

Die Entziehung des Pflichtteils kann nur durch Testament erfolgen. Der Grund, warum die Entziehung erfolgen soll, muss im Testament (anders als bei der „bloßen" Enterbung) angegeben sein. Es ist allerdings nicht ausreichend, wenn z. B. lediglich der Straftatbestand angegeben wird. Vielmehr muss der konkrete Vorgang beschrieben sein, d. h. der Erblasser muss fassbar und unverwechselbar die Tatsachen festlegen, also eine gewisse Konkretisierung der Gründe vornehmen. Falsche, irrtümlich genannte, nicht erweisliche oder fehlende Gründe machen die Entziehung unwirksam und können nicht durch andere (nicht genannte) Gründe ersetzt werden! Neu eingefügt werden soll in § 2336 BGB, dass für eine Entziehung nach § 2333 Abs. 1 Nr. 4 BGB (siehe oben) die Tat zur Zeit der Errichtung des Testaments begangen sein, und der Grund für die Unzumutbarkeit vorliegen muss, beides muss zudem im Testament angegeben werden.

Zu beachten ist in diesem Zusammenhang die Vorschrift des § 2337 BGB. Danach erlischt das Recht zur Entziehung des Pflichtteils durch Verzeihung. Verzeihung liegt vor, wenn der Erblasser zum Ausdruck gebracht hat, dass er die Kränkung, die er durch das in Rede stehende Verhalten erfahren hat, nicht mehr als solche empfindet, wenn also das Verletzende der Kränkung als nicht mehr existent betrachtet wird. Die Verzeihung kann formlos, also auch durch schlüssiges Verhalten erfolgen. Die Wirkung der Verzeihung ist folgende: Sie macht eine bereits ausgesprochene Entziehung unwirksam, aber nur diese. Eine in der Entziehung liegende Enterbung nach § 1938 BGB kann daher grundsätzlich nicht allein durch Verzeihung, sondern nur durch ein neues Testament beseitigt werden.

12.5 Erbunwürdigkeit

In diesem Zusammenhang ist die Erbunwürdigkeit zu erwähnen. Erbunwürdig ist derjenige, der eine der in § 2339 BGB aufgelisteten Gründe erfüllt:

- Wer den Erblasser vorsätzlich und widerrechtlich (z. B. nicht aus Notwehr) getötet hat oder zu töten versucht oder in einen Zustand versetzt hat, infolge dessen der Erblasser bis zu seinem Tode unfähig war, eine Verfügung von Todes wegen zu errichten oder aufzuheben: Darunter fällt allerdings nicht die Tötung auf Verlangen! Die Testierunfähigkeit ist verwirklicht, wenn der Erblasser aus rechtlichen oder tatsächlichen Gründen kein Testament mehr aufsetzen oder ändern kann.

- Wer den Erblasser vorsätzlich und widerrechtlich daran gehindert hat, eine Verfügung von Todes wegen zu errichten oder aufzuheben: Dies kann sowohl durch physische Gewalt wie durch Drohung oder Täuschung begangen werden.

- Wer den Erblasser durch arglistige Täuschung oder widerrechtlich durch Drohung bestimmt hat, eine Verfügung von Todes wegen zu errichten oder aufzuheben.

- Wer sich in Ansehung einer Verfügung des Erblassers von Todes wegen einer Straftat nach den §§ 267, 271 bis 274 des Strafgesetzbuches (StGB) schuldig gemacht hat. Darunter fällt z. B. die Urkundenfälschung bzw. die Urkundenunterdrückung.

Die Erbunwürdigkeit führt allerdings nicht automatisch zum Ausschluss des Betroffenen. Voraussetzung ist, dass der Nachberechtigte, also derjenige, der anstelle des Erbunwürdigen erben würde, binnen eines Jahres Klage erhebt. Zudem darf der Erblasser dem Erbunwürdigen nicht verziehen haben.

Im Einzelnen sieht das dann folgendermaßen aus:

Die Person, der der Wegfall des Erbunwürdigen zustatten kommen würde, muss Klage erheben. Man spricht hier vom Anfechtungsberechtigten. Die Anfechtung kann erst dann erfolgen, wenn der Erbfall eingetreten ist, also nicht schon bereits im Voraus. Natürlich kann die Anfechtung wegen Erbunwürdigkeit nicht zeitlich unbegrenzt erfolgen. Vielmehr ist man an die Frist des § 2340 Absatz 3 in Verbindung mit § 2082 BGB gebunden. Die dort aufgeführte Jahresfrist beginnt mit zuverlässiger Kenntnis des Anfechtungsberechtigten vom Anfechtungsgrund.Beispiel: Der Erbfall ist am 22.4.2005 eingetreten. Am 5.8.2005 erfährt X davon, dass Y den Erblasser bei Erstellung des Testamentes durch Drohung dazu bestimmt hat, das Testament zum Vorteil des Y zu ändern. X kann dann binnen eines Jahres Klage vor dem zuständigen Gericht erheben.

Die Klage muss darauf gerichtet sein, den Erben für erbunwürdig zu erklären. Der Berechtigte muss zunächst einen Antrag bei dem Gericht stellen. Welches Gericht ist zuständig? Das richtet sich nach dem Streitwert, d. h. nach der Höhe der Geldsumme, um die es bei dem Erbteil des Erbunwürdigen geht. Bei einem Streitwert bis zu 5.000 Euro ist das Amtsgericht zuständig, ab 5.000 Euro das Landgericht. Die örtliche Zuständigkeit des Gerichts richtet sich nach dem Wohnsitz des Beklagten (also desjenigen, der für erbunwürdig erklärt werden soll) bzw. nach § 27 der Zivilprozessordnung (ZPO). Danach ist auch das Gericht zuständig, an dem der Erblasser zum Zeitpunkt seines Todes seinen Wohnsitz hatte.

Liegen triftige Gründe vor, erklärt das Gericht den Beklagten in einem Urteil für erbunwürdig. Die Erbschaft fällt sodann an denjenigen, der berufen sein würde, wenn der Erbunwürdige den Erbfall nicht erlebt hätte. Dies sind normalerweise die gesetzlichen Erben, zu denen aber auch Abkömmlinge des Erbunwürdigen zählen können!

Zu unterschieden von der Erbunwürdigkeit sind die Vermächtnis- und die Pflichtteilsunwürdigkeit. Beide sind geregelt in § 2345 BGB und nehmen Bezug auf die gesetzlichen Regelungen zur Erbunwürdigkeit (§§ 2339 bis 2344 BGB). Der Unterschied ist, dass Vermächtnis- und Pflichtteilsunwürdigkeit nicht in einer Klage geltend gemacht werden müssen. Vielmehr genügt eine formlose, allerdings auch binnen einer Jahresfrist abzugebende Erklärung gegenüber dem Unwürdigen. Dazu berechtigt ist jeder, dem die Anfechtungswirkung auch nur mittelbar zugute kommt. Anfechtungsgründe sind die oben genannten; Verzeihung beseitigt sie.

Buch-Tipp

Anderen etwas Gutes tun: Wie eine Schenkung ohne Probleme möglich ist

Eigentlich scheint es doch ganz einfach zu sein: Ich möchte jemandem aus Familie oder Verwandtschaft etwas Gutes tun und ihm etwas schenken, zum Beispiel einen Geldbetrag, ein Haus oder ein altes Familienerbstück. Doch halt – so einfach ist das nicht! Wie in so vielen Bereichen des Lebens hat auch hier Vater Staat seine Hände mit im Spiel: Natürlich unterliegt auch etwas so Einfaches wie eine Schenkung gewissen Rechtsbestimmungen; in diesem Fall sind es Paragraphen aus dem Bürgerlichen Gesetzbuch.

Wie die Vorbereitung und Erstellung eines Schenkungsvertrags vonstatten geht, zeigt ein Ratgeber aus dem Bonner Fachverlag interna, der vermittelt, worum es geht und auf welche Punkte die Vertragsparteien besonders achten sollten. Die behandelten Themen reichen dabei von den rechtlichen Grundbegriffen bis hin zu den Regelungen über Schenkungen unter Auflagen und die Haftung des Schenkers und eine eventuelle Rückforderung des Geschenks. Zu allen Punkten bekommt der Leser hier praxisbewährte Tipps zu seinem Vorteil — wertvolle Informationen, leicht verständlich aufbereitet. Kernstück des Ratgebers sind dabei drei Muster-Schenkungsverträge, die der Leser sofort für sich übernehmen kann.

Printed in Dunstable, United Kingdom

91226146R00137